教育部规划基金项目（项目批准号14YJA820001）

继承法修订难点问题研究

安宗林 等著

山东人民出版社
国家一级出版社 全国百佳图书出版单位

图书在版编目（CIP）数据

继承法修订难点问题研究/安宗林等著．-- 济南：山东人民出版社，2017.8

ISBN 978-7-209-11027-3

Ⅰ．①继… Ⅱ．①安… Ⅲ．①继承法－研究－中国 Ⅳ．①D923.54

中国版本图书馆CIP数据核字(2017)第212250号

继承法修订难点问题研究

安宗林　等著

主管部门　山东出版传媒股份有限公司

出版发行　山东人民出版社

社　　址　济南市胜利大街39号

邮　　编　250001

电　　话　总编室（0531）82098914

　　　　　市场部（0531）82098027

网　　址　http://www.sd-book.com.cn

印　　装　山东省东营市新华印刷厂

经　　销　新华书店

规　　格　16开（169mm×239mm）

印　　张　13.25

字　　数　200千字

版　　次　2017年8月第1版

印　　次　2017年8月第1次

印　　数　1-1000

ISBN 978-7-209-11027-3

定　　价　32.00元

如有印装质量问题，请与出版社总编室联系调换。

目　录

导　论 …………………………………………………… 1

第一章　继承权本质之分析与展开 …………………… 9

一、关于继承权本质的学说梳理与评析 ……………… 9
二、我国理论和立法对继承权本质的认识 …………… 13
三、对继承权本质的重新认定 ………………………… 16
四、继承权本质之立法展开 …………………………… 20
五、结语 ………………………………………………… 24

第二章　关于遗赠的相关问题研究 …………………… 25

一、关于遗赠的立法模式比较研究 …………………… 25
二、遗赠与相关概念的比较研究 ……………………… 27
三、遗赠法律关系的各要素研究 ……………………… 31
四、遗赠的有效条件研究 ……………………………… 38
五、遗赠的放弃、接受及执行等问题研究 …………… 46

第三章　遗产保护与管理制度研究 …………………… 52

一、遗产管理制度概述 ………………………………… 52
二、遗产管理的现实意义 ……………………………… 56
三、遗产管理制度与相关制度比较 …………………… 59
四、国外遗产管理制度比较及其借鉴 ………………… 62
五、我国当前立法之评析及完善 ……………………… 67

第四章　从比较法角度解析和构建遗产的物权变动过程 ………… 77

一、关于遗产物权变动的理论概述 ………………………………………… 77
二、运用比较法方法解析因继承引起的物权变动类型 ……………… 78
三、从对“受遗赠开始”的理解入手解析遗赠引起的物权变动 ……… 82
四、解析遗赠扶养协议等其他方式的遗产取得过程 ………………… 86
五、对我国遗产物权变动的整体解析和构建 ……………………………… 88

第五章　遗赠扶养协议的改进与完善 ………………………………………… 92

一、遗赠扶养协议的性质 ……………………………………………………… 92
二、遗赠扶养协议的价值取向 ………………………………………………… 96
三、遗赠扶养协议与相关概念之比较 ………………………………………… 97
四、遗赠扶养协议的效力 ……………………………………………………… 107
五、遗赠扶养协议在我国的实际运行状况及立法改进 ………………… 111

第六章　关于无人承认继承问题的研究 ………………………………… 118

一、无人承认继承的含义 ……………………………………………………… 118
二、无人承认继承制度的历史沿革 ………………………………………… 119
三、我国无人承认继承制度的现状与不足 ………………………………… 122
四、我国无人承认继承制度的完善 ………………………………………… 125

第七章　论我国限定继承相关制度的完善 ……………………………… 128

一、我国继承法限定继承相关制度的缺失 ………………………………… 129
二、未来民法典限定继承相关制度的完善与立法建议 ………………… 131

第八章　遗产继承与遗产债务清偿法律关系考察 ……………………… 137

一、无限概括继承：遗产债务清偿被遗产继承吸收 ………………… 137
二、限定继承的确立：遗产债务清偿问题凸显 ………………………… 140
三、现代各国继承法：遗产继承与遗产债务清偿的交织与并行 …… 143
四、我国立法和理论：遗产债务清偿在继承法中的被忽视及其修正 … 145
五、结语 ………………………………………………………………………… 150

第九章　遗产债务清偿中的实体法律问题 …………………… 151

一、现行法关于遗产债务实体问题的规定 …………………… 151

二、遗产债务范围的厘定 …………………… 152

三、遗产债务清偿顺序 …………………… 163

四、共同继承人对遗产债务的责任 …………………… 170

五、结语 …………………… 175

第十章　遗产债务清偿中的程序法律问题 …………………… 176

一、遗产债务清偿程序中的遗产债权人利益 …………………… 176

二、大陆法系遗产债务清偿中的典型程序 …………………… 178

三、我国遗产债务清偿程序的立法现状 …………………… 184

四、完善我国遗产债务清偿程序的建议 …………………… 186

第十一章　财产传承与信托制度的完善 …………………… 191

一、信托之高度灵活性的实现 …………………… 192

二、信托之“意思冻结机能”的实现 …………………… 204

三、结语 …………………… 206

后记 …………………… 207

导 论

《易经·系辞》有言曰："形而上者谓之道，形而下者谓之器。"学术研究的创新之处，应体现于形而上的"道"与形而下的"器"中。形而上之道，为学术研究中的理论探讨；形而下之器，为学术研究中的制度设计。本书的创新，一言以蔽之，为深入骨髓的理论探讨与细致入微的制度设计。

深入骨髓的理论探讨，体现于本书的第一章。本书的第一章，涉及继承权本质的分析与展开。继承法律制度是以继承权为核心展开的，继承人的范围，继承权的取得、丧失、行使、保护等均以此为基础。但是，法律规则只是法的精神和理念的外化，在法律规则之外，我们还应该关注继承权的本质。长期以来，不少学者没有认识到继承权本质在权利配置中的基础作用，对继承权本质的探讨也较为少见。继承权的本质受到社会生产力发展水平、家庭结构功能以及法律文化和意识形态的影响。从目前的著述来看，关于继承权本质的观点主要有家族协同说、死后扶养说、被继承人意思说、无主财产说。家族协同说认为继承是由于家族协同生活而发生，没有共同生活则不应该继承。因为继承制度产生之初为家族财产的继承，继承人不过是财产管理人的更换，后来遗产虽然为个人的私产，但对它的处分仍然受到种种限制，个人死亡后应该尽量使其财产保留在一定的家族或亲属集团内部。死后扶养说认为，一定范围内的宗族或者亲属，负有扶养义务的人在生存期间和死亡之后都应该扶养，这种死后接受扶养的权利，实质上就是继承权。为贯彻此思想，立法上扶养权利人应该与继承人一致，如果不需要扶养的宗族或亲属，无论与被继承人如何密切，都不能享有继承权，而且遗产继承的范围应该以扶养所必要者为限。被继承人意思说认为被继承人有设立遗嘱的自由，因此继承的根据在于被继承人的意愿。无主财产说认为，自然人死亡以后，其财产就成为无主财产，应该归属于何人，全凭立法政策来决定。通过对上述学说观点的分析整理。结合我国的立法及司法实践经验，本书对继承权的本质进行了重新认定：在法定继承中，家庭维持是继承权存在的基本依据；在遗嘱继承中，被继承人的个人意思是继承权产生的主要依据，同时也应该兼顾家本位的理念，规定以家庭维持为目的的继承权。但是，无论在何种继承中，脱离了血缘和婚姻基础的单纯扶养关系都不宜作为取得继承权的依据。未来的立法应该从继承权本质出发，重新审视继承权的价值、功能和目标，进而构建相应的制度和规则。

细致入微的制度设计，体现于本书的第二至十一章之中。第二章对与遗赠有关的问题进行了探讨；第三章对遗产保护与管理制度进行了研究；第四章从比较法的角度解析和构建了遗产的物权变动过程；第五章对遗赠扶养协议的改进与完善进行了研讨；第六章关注于无人承认继承问题；第七章讨论了我国限定继承相关制度的完善；第八章对遗产继承与遗产债务清偿法律关系进行了考察；第九、十章从实体法与程序法角度对遗产债务清偿问题进行了研究；第十一章着眼于财产传承与信托制度的完善。

本书第二章详细论述了遗赠相关法律问题，主要包括如下内容：其一，遗赠的立法模式。比较法上就是否区分遗嘱继承与遗赠存在肯定与否定两种立法模式，各有利弊，我国采纳的是前者。其二，遗赠与相关概念的联系与区别。遗赠与遗嘱继承、赠与、死因赠与既有联系又有区别，本部分对之进行了详细论述，试图通过这种对比凸显遗赠的独特地位。其三，遗赠法律关系的各要素分析。本部分详细阐述了遗赠法律关系的主体、客体以及内容，就主体而言，对国家、集体作为受遗赠人以及胎儿的受遗赠权等特殊问题进行了反思性探讨；就客体而言，细致分析了不同类型权利遗赠的具体问题；就内容而言，仔细探讨了受遗赠权的法律属性、附义务遗赠中的义务等问题。其四，遗赠的有效条件。本部分首先详细论述了遗嘱能力的相关问题，对现行规定的不足及改进方案进行了探讨；然后分析了遗赠意思表示瑕疵及公序良俗违反问题，在后一问题上，结合域外经验对我国司法实践中的做法进行了反思并提出了自己的看法；最后论述了遗嘱形式要件，对实践中争议较大的打印遗嘱的效力等问题进行了细致的探讨。其五，遗赠的接受、放弃和执行。本部分对现行法中关于遗赠接受、放弃和执行的相关规定进行了检讨，提出了自己的看法。本章的创新之处有三：其一，在遗赠的客体方面，对物权、债权、知识产权和社员权遗赠时的具体问题进行了细致探讨，在一定程度上弥补了学界仅笼统提及不同类型权利的不足；其二，在遗赠的效力方面，对现行法关于遗嘱能力的规定进行了检讨，并结合域外经验针对向第三者遗赠问题提出了区分不同类型处理的见解，这些思考应当对民法典的起草有所助益。其三，细致论述了遗赠的执行问题，能够在一定程度上改观当下继承法研究过分注重实体规则而疏忽程序的现状。遗产继承领域，程序问题尤为重要，只有强化并严格遵守相关程序，才能确保死者意思的真正实现并充分保护各方当事人的利益。

本书第三章对遗产保护与管理制度进行了研究，主要研究内容包括如下几个方面：1. 遗产管理制度概述。首先，对遗产管理制度的内涵予以界定；其次，阐述了遗产管理制度的功能。2. 遗产管理的现实意义。首先，设立遗产管理制度有利于保护遗产的完整和安全；其次，设立遗产管理制度有利于保护继承人的合法权益，确保遗产公平分配；再者，设立遗产管理制度有利于维护遗产债权人的合法权益；此外，设立遗产管理制度有助于保护无人继承的财产。3. 遗产管理制度与相关制度比较。将遗产管理与遗产保管、遗嘱执行以及遗嘱信托予以比较。4. 国外遗产管理制度比较及其借鉴。通过对两大法系关于遗产管理人的资格和选任、遗产管理人的职责及责任、遗产管理人的权利以及遗产管理终止的原因进行比较，其先进的立法经验可资借鉴。5. 我国当前立法的评析及完善。具体包括：我国当前立法的评析以及我国当前立法的完善。本章的创新之处主要表现为：1. 对国外遗产管理制度进行比较和分析，其先进的立法经验可资借鉴。2. 提出应当完善立法，建议我国借鉴国外的立法经验，同时结合我国民众的继承习惯，设立系统、全面的遗产管理制度；有关遗产管理人的规定适用于遗嘱执行人，但是遗嘱另有规定的除外。3. 建议增设无限继承制度，确立明示放弃继承制度以及限期分割遗产制度，以利于遗产的保护和管理。

本书第四章从比较法的角度解析和构建了遗产的物权变动过程，指出《中华人民共和国继承法》（以下简称继承法）和《中华人民共和国物权法》（以下简称物权法）在遗产的物权变动方面规定不一致，在对法条的理解上也众说纷纭。遗产的物权变动因具体原因不同而有所区别，不能一概而论。在继承开始后，遗产发生第一次物权变动，即由继承人概括取得遗产所有权；

再根据遗赠、遗赠扶养协议等具体原因和法律确定的遗产分配规则进行划分，完成遗产最终的物权变动。第一次物权变动是基于被继承人死亡而发生，属于事件；第二次物权变动是根据法律行为而发生，应当符合我国物权变动模式的要求。

本书第五章对遗赠扶养协议的改进与完善进行了研讨。本章主要以继承法和老年人权益保障法为平台和基础，通过对上述法律实施过程中因遗赠扶养协议产生的争论和遇到的实际问题进行探讨，主要研究内容包括以下几个方面：1．遗赠扶养协议的性质。就其性质而言，遗赠扶养协议是一种民事合同，而且是财产合同，并非身份合同。2．遗赠扶养协议的价值取向。首先，有利于保障需要他人扶养的社会弱势群体的合法权益；其次，有利于弘扬中华民族的传统美德；再者，有利于维护家庭和社会的和谐稳定；此外，有利于减轻国家的财政负担。3．遗赠扶养协议与相关概念之比较。对遗赠扶养协议与遗赠、“五保”协议、继承契约以及继承扶养协议予以比较。4．遗赠扶养协议的效力。遗赠扶养协议的效力主要体现在如下三个方面：适用效力的优先性、遗赠扶养协议的对内效力和遗赠扶养协议的对外效力。5．遗赠扶养协议在我国的实际运行状况及立法改进。具体包括：遗赠扶养协议在我国的实际运行状况；遗赠扶养协议的不足之处；遗赠扶养协议的立法改进。本章的创新之处在于：1．鉴于相关法律的废止和修订，对遗赠扶养协议与“五保”协议进行比较时，应与时俱进，摈弃传统的“五保”协议的概念，而采现行的“五保”协议的概念。2．提出应当完善立法，确保法律的可操作性；建议适当扩大扶养人的范围，完善扶养人的权利保障制度，构建遗赠扶养协议的监督机制。

本书第六章关注于无人承认继承问题。在继承法中，无人承认继承制度解决的是继承人有无不明时，遗产利害关系人的利益分配问题。关于无人承认继承制度，我国继承法中没有设立专门的规定，该制度的具体内容散见于我国继承法第24、32、33条及《最高人民法院关于贯彻执行〈中华人民共和国继承法〉若干问题的意见》第57条。概而言之，为无人承认继承遗产的确定、无人承认继承遗产的管理以及无人承认继承遗产的最终归属。针对继承人有无不明的情形，我国继承法、《〈继承法〉解释》及民事诉讼法虽做出了相应的规定，但不足之处亦显而易见。第一，我国无人承认继承制度欠缺完备的遗产临时保管制度。第二，欠缺继承人、遗产债权人和其他利害关系人的搜索程序。第三，欠缺无人承认继承遗产的清算程序。本部分，笔者首先澄清了无人承认继承制度的含义，其次扼要介绍了古今中外无人承认继承制度的历史沿革，再次分析了我国无人承认继承制度的现状与不足，最后就我国无人承认继承制度的完善提出了自己的建议。笔者认为，针对无人承认继承制度，我国应结合比较法上的规定进行完善。对于继承人有无不明时的调整，有两种立法例值得借鉴。一种以《法国民法典》《日本民法典》为代表，对继承人有无不明的相关规定设有专门章节。另一种以《德国民法典》为代表，将国家规定为最后顺序的继承人，从而未对无人承认继承制度设定专门章节。不论是否对无人承认继承制度设专章节规定，在血亲继承人和配偶继承人有无不明的情况下，完备的遗产临时保管制度都应规定于民法典继承编中。此外，潜在继承人、遗产债权人和其他利害关系人的搜索程序和无人承认继承遗产的清算程序也必不可少。

本书第七章讨论了我国限定继承相关制度的完善。我国继承法于第 33 条第 1 款确立了限定继承的原则。与无限继承相比较，限定继承原则更加尊重继承人的独立人格，有助于继承人的人格自由发展。但为了平衡继承人与被继承人的债权人的利益，限定继承原则应有相应的制度作为配合，而我国继承法及其司法解释对于这些相应的制度却鲜有规定。笔者认为，在我国民法典继承编的制定过程中，应考虑我国的具体国情，结合我国法律体系中的相关规则，并充分发挥法院之外其他组织的作用，对限定继承相关制度做出规定。第一，应保留我国继承法第 33 条第 1 款的规定，增加继承人丧失以遗产之上积极财产为限偿还债务利益的特定情形的内容；第二，增加继承人制定遗产清册申报法院的规定。考虑到我国人口众多、基层人民法院任务繁重、司法资源有限等现实国情，在制度设计上应以减轻基层人民法院工作压力、节约司法资源为重要考虑因素。建议公证机构参与到继承活动中来，承担遗产清册的实质审查责任，基层人民法院只承担形式审查责任；第三，增加遗产清偿程序。遗产清偿程序应包括法院公告程序、遗产清偿顺序程序和继承人未按遗产清偿程序规定清偿债务的法律后果。

本书第八章对遗产继承与遗产债务清偿法律关系进行了考察。自然人的死亡并不会导致财产关系的消灭，在一个尊重私人财产权利、注重个人信用关系的社会中，自然人死亡以后，一方面要有新的权利人继受剩余财产，才能维持财产私有的铁序；另一方面要对现存的债务关系进行清理，才能维护正常的社会信用。遗产继承和遗产债务清偿因为被继承人死亡这一事实而紧密联系在一起。从继承法的发展历程来看，早期继承制度注重身份转移和家庭延续，在财产继承方向实行无限责任概括继承，遗产债务清偿被财产继承所吸收。随着身份继承的剥离和限定继承的兴起，遗产债务清偿的重要性凸显。近现代各国的继承立法中，遗产债权清偿已经不能被财产继承所涵盖，而是成为与遗产继承同等重要的命题。我国继承立法和理论长期认为，继承就是将死者遗留的财产转移给其继承人的法律制度，死者债务清偿仅仅是遗产处理中的一个环节。这种观点导致遗产债务清偿问题被边沿化，继承法过于偏重内部的遗产继承和分配而忽视了外部的遗产债务清偿，对遗产债权人极为不公。在继承法入典之际，应该重新审视和匡正继承立法目的，从保护交易安全的高度来看待遗产债务清偿问题，将保护继承人的继承权和维护遗产债权人处益共同作为继承立法宗旨。

本书第九、十章从实体法与程序法角度对遗产债务清偿问题进行了研究。遗产债权人利益的保护有赖于实体规则和程序规则的共同构建，继承法在实体法律规则方面存在严重不足，比如继承法实行无条件的限定继承、没有遗产债务的规定、没有系统规定遗产债务的清偿顺序、没有规定遗产处理顺序和共同继承人的责任。由于缺乏合理的制度支撑，遗产债权人的权益得不到有效的保护。在民法典制定之际，继承立法首先要引入有条件的限定继承原则，同时还需要从以下方面完善关于遗产债务清偿的实体规则：一是厘清遗产债务范围，将遗产债务限定为被继承人生前所欠的债务、继承开始时的债务、以及继承费用；二是确定遗产债务清偿的顺序，按照继承费用随时偿付、生存利益优先、维护交易安全、有偿之债优先于无偿之债的原则确定各项遗产债务的偿付顺序；三是在共同继承人的责任方面，应该要求先清偿债务再分配遗产，共同继承人之间对于遗产债务承担连带责任，但是受遗赠人在接受遗产以后不需要再返还财产清偿遗产债务。完备的法律程序不仅是实体规则运行的条件，而且也承载着法律的公平、正义等价值。在继承这一财产转移过程中，遗产债权人权益的保障程度与法律程序的设置密切相关。在英美法系的间接继承主义之下，遗产债务清偿和遗产继承在第三方的组织下分阶段独立进行，可以有效避免继承人对遗产债权人利益的侵害。在大陆法系的直接继承主义之下，遗产所有权自继承开始即由被继承人转移到继承人，遗产处理程序面临着两方面的问题：一是查明遗产状况并保持被继承人遗产的完整性，避免死者遗产与继承人的固有财产混同在一起，确保被继承人的遗产首先用于清偿其遗留的债务；二是为遗产债权人申报债权、了解遗产状况以及保护自身权利提供必要的途径。大陆法系各国家和地区为了保护遗产债权人利益，确保遗产债权人获得公平、合理的偿付，都设计了完备的程序。我国继承法实行无条件的限定继承原则，遗产债务清偿程序规定的极为粗略，无法为遗产债权人提供有效的保护。未来的继承立法需要借鉴大陆法系各国普遍采纳的遗产清册制度、遗产债权公示催告制度、财产分离制度，从长远来看，还有必要建立遗产破产制度。

本书第十一章着眼于财产传承与信托制度的完善。在民商事法律提供的诸多制度工具中，信托制度在财产传承方面具有独特的优势，其可以在实现财产保值增值的同时，实现财产的多次转移或者向将来可能出生的人转移财产。其独特的构造特征使其可以兼具高度的灵活性与“意思冻结机能”两项优势。只有实现了这两项优势，信托才能最大限度实现财产传承的自由。本部分围绕这两项优势在财产传承领域中如何实现，探讨了我国信托制度相关规则的设计。关于信托的高度灵活性，其表现在多方面，但核心体现在受益权的设计方面。本部分探讨了体现信托高度灵活性的两类信托在我国的构建。第一类是遗嘱代用信托，其作为生前信托，较之包括遗嘱信托在内的其他财产传承工具，具有诸多优势。在我国现行信托法下，可以实现委托人死亡时即告终止的遗嘱代用信托，但是否可以实现委托人死亡后继续存续的遗嘱代用信托则不明确，这限制了信托灵活性的发挥。因此，我国信托法应确立完整的遗嘱代用信托制度。通过对美国及日本的遗嘱代用信托制度现状的考察，本部分得出下列结论：首先，应明确界定遗嘱代用信托的概念，即在信托文件中规定有委托人死亡后接受信托利益给付的受益人；其次，为符合委托人通常之意思并留下意思自治空间，应将遗嘱代用信托中委托人享有撤销权规定为任意性规范；再次，鉴于委托人享有撤销权的遗嘱代用信托的特殊性，应将此类信托的信托财产视为委托人的责任财产，但由于委托人死亡后遗嘱代用信托便开始实现遗嘱处分功能，所以为保障遗嘱自由原则的实现，应规定当委托人死亡后此类信托的信托财产作为委托人遗产的补充性责任财产；此外，为保障债权人实现其债权的途径，应明确例外允许委托人之债权人强制执行此类信托的信托财产；最后，作为任意性规范，应以委托人丧失行为能力作为时间界点，强化遗嘱代用信托之委托人的生前知情权及各类监督权，同时剥夺委托人死亡后之受益人在委托人生存时的权利。第二类是连续受益人信托。在我国现行的信托法下，一定程度上可实现连续受益人信托，但在信托终止时最终接受信托财产的受益人之前，是否可以指定不同的受益人按时间的先后顺序在不同的时期接受信托利益的给付则并不明确。为最大限度实现信托的灵活性，我国信托法亦应明确连续受益人信托的有效性，且没有必要限定受益权消灭及重新产生的事由。为保障“意思冻结机能”的实现，我国信托法应明确遗嘱信托及遗嘱代用信托之委托人的权利，原则上不被其继承人继承。

第一章　继承权本质之分析与展开

继承法律制度是以继承权为核心展开的，继承人的范围，继承权的取得、丧失、行使、保护等均以此为基础。但是，法律规则只是法的精神和理念的外化，在法律规则之外，我们还应该关注继承权的本质。继承权本质蕴含着继承法的基本立法理念，它是连接继承制度精神内核和外在规范的纽带，也是沟通继承制度历史渊源与现代发展的桥梁，它回答了哪些人可以享有继承权进而取得遗产，赋予这些人继承权的缘由或依据何在。长期以来，学界对继承权本质在权利配置中的基础地位认识不足，导致继承法律规范和制度运行中出现了一些难以解决的利益冲突。时值民法典编纂之际，作为民法典重要组成部分的继承法必然要纳入其中，借此机会梳理继承权本质的各种观点及背后的价值功能，检讨我国当前的立法与学说，对于未来的立法完善无疑具有极其现实的意义。

一、关于继承权本质的学说梳理与评析

继承权的本质受到社会生产力发展水平、家庭结构功能以及法律文化和意识形态的影响。从目前的著述来看，关于继承权本质的观点主要有家族协同说、死后扶养说、被继承人意思说、无主财产说。

（一）家族协同说

该学说认为继承是由于家族协同生活而发生，没有共同生活则不应该继承。因为继承制度产生之初为家族财产的继承，继承人不过是财产管理人的更换，后来遗产虽然为个人的私产，但对它的处分仍然受到种种限制，个人

死亡后应该尽量使其财产保留在一定的家族或亲属集团内部①。

家族本位说揭示了继承制度发展初期的状态，即继承是从家族共同生活体中发展出来的。在原始的母系氏族社会时期，依照氏族内最初的继承制度，氏族成员死亡以后由他的同氏族亲属继承，财产必须留在氏族以内。当女子死亡时，其财产由她的同族人继承；当男子死亡后，其财产属于他们母亲的氏族而不是他的子女，因为他的子女并不属于他的氏族也就没有继承权利②。自父系社会直至漫长的封建社会时期，家族协同说的突出表现是家族财产由男性后裔继承，排斥女性的继承权。

从经济的观点来看，家族协同说是有积极意义的。因为早期的生产活动是在家族共同劳动的基础上进行的，将死者的遗产保留在家族内部满足共同生活就顺理成章。虽然当今社会的生产活动绝大多数不再以家庭或家族为组织展开，但是家庭仍然是最基本的社会单位，亲属仍然是最重要的社会关系，因此家族协同说在现代各国继承法中仍然占据重要地位。比如，法定继承主要以婚姻和血缘关系作为确定继承人范围和顺序的依据，体现了对传统家族关系的尊重；大多数国家继承法都认可的特留份制度，旨在对特定范围近亲属的继承权给予特别保护，也表明了对亲属关系的维护。

（二）死后扶养说

该学说认为，一定范围内的宗族或者亲属，负有扶养义务的人在生存期间和死亡之后都应该扶养，这种死后接受扶养的权利，实质上就是继承权。为贯彻此思想，立法上扶养权利人应该与继承人一致，如果不需要扶养的家族或亲属，无论与被继承人如何密切，都不能享有继承权，而且遗产继承的范围应该以扶养所必要者为限③。

死后扶养说以被扶养人的生存需要为出发点，体现了基本的人情道义。早期的家族继承说尽管着眼于家产共有，家庭成员之间的扶养需求也是不容忽视的一个重要因素，“故纵在往时继承法制下，新家长继承旧家长，亦非与

① 参见史尚宽：《继承法论》，中国政法大学出版社2000年版，第4页。

② 参见恩格斯：《家庭、私有制和国家的起源》，人民出版社1972年版，第52页。

③ 参见史尚宽：《继承法论》，中国政法大学出版社2000年版，第5页。

个人（继承人）生活保障毫无关系”[①]。在很多国家的继承制度中，死后扶养说主要表现为将扶养关系作为获得扶养费的依据。比如，德国、法国、瑞士等国规定，被继承人死亡后，受其扶养的家庭成员可以请求支付一定期间的生活费[②]。甚至在少数国家，扶养关系被当作取得继承权的直接依据。比如苏联 1922 年民法典中，与死者共同生活一年以上的无劳动能力的人也属于法定继承人的范围，且为第一顺序的继承人，或与第二顺序的继承人共同继承遗产，从此开创了以扶养关系作为取得继承权根据的历史。20 世纪四五十年代，东欧等社会主义国家的继承立法也纷纷效仿，相继出现了把与死者生前共同生活、共同经营家产并关心家产的人，或将与死者生前同居并实行照顾的人列入法定继承人的范围[③]。

死后扶养说将遗产视为一种家庭抚养金，将继承权的存在依据归结为扶养关系，体现了养老育幼的社会观念。但是，这种观点在以下两方面难以给出令人满意的回答：一是在已经构建了完善社会保障体系和实行普遍福利政策的国家，继承权的意义何在？二是在遗嘱继承中，如果用扶养说来解释继承权，显然与事实不符。

（三）被继承人意思说

该学说认为被继承人有设立遗嘱的自由，因此继承的根据在于被继承人的意愿。

意思说根源于自然法思想，即凡有权利与权利变动，其根据均应求诸个人意思，继承权亦是如此[④]。比如，自然法学派创始人格劳秀斯将遗嘱比拟为一种契约，认为是一种让与行为，以死亡为条件，在让与人一息尚存之前可以撤回，并由让与人保留占有及用益。康德也认为，遗产的取得，系根据于一种拟制的契约，以让与人与其继承人为当事人，这契约推定继承人将依其规定而为承诺，因为不论什么人都追求财富[⑤]。资产阶级革命胜利之后，私有

---

① 参见陈棋炎、黄宗乐、郭振恭：《民法继承新论》，三民书局 2006 年版，第 4 页。

② 参见《德国民法典》第 1969 条，《法国民法典》第 815－1 条，《瑞士民法典》第 606 条。

③ 参见刘春茂：《中国民法学·财产继承》，中国人民公安大学出版社 1990 年版，第 134 页。

④ 参见陈棋炎、黄宗乐、郭振恭：《民法继承新论》，三民书局 2006 年版，第 2 页。

⑤ 参见［意］密拉格利亚：《比较法律哲学》，朱敏章等译，中国政法大学出版社 2005 年版，第 548 页。

财产神圣不可侵犯以及个人意志自由成为近现代民法的基本理念，继承被视为财产私有制度的必然逻辑延伸，各国立法都允许死者按照自己的意愿确定遗产的归属。甚至在有的理论中，法定的继承规则也被视为是对当事人意思的推定，认为“立法机关应该去弄清楚有财产的普通人若立遗嘱的话，他应对其财产做些什么，然后才来制定无遗嘱继承规则，这样的规则应该使他获得与其若立遗嘱同样的效果”①。

在个人意志凸显的近现代社会，意思说对遗嘱继承中的继承权具有较强的说服力，但是，将法定继承中的继承权也解释为当事人的意思，则显得过于牵强。同时，继承制度与生俱来的深刻伦理性决定了立法在继承权的配置上不可能对家庭关系置若罔闻。因此，现代各国一方面尊重私法自治并承认遗嘱自由，另一方面也以立法手段对遗嘱自由进行必要的限制。

（四）无主财产说

该说认为，自然人死亡以后，其财产就成为无主财产，应该归属于何人，全凭立法政策来决定②。

罗马法中的“继承人时效”制度就是以此为依据的。如果一人死亡后无当然继承人或必然继承人，在任意继承人接受继承前，其遗产就成为无主物，任何市民均可以继承人的地位自居“先占”管理，经过一年以后，其占有即受法律的保护，死者的合法继承人也不能提出保护。根据盖尤斯的解释，此项规定的目的在于促进任意继承人及时接受继承，避免死者的家祀中断和债务拖延不清。不过，随着宗法观念的淡薄，代祭家祀已无必要，清偿债务也可以直接拍卖死者的财产，继承人时效也就失去了存在的理由③。

无主财产说避免了原所有人死亡以后遗产支配无序的状态，具有一定的积极意义。但是它将遗产视同普通无主财产，将继承制度产生的历史根源和社会基础完全剥离，是令人难以接受的。现代各国虽然普遍规定了无人承受遗产处理制度，但立法并没有将遗产作为无主财产按照先占规则来对待，也

① 参见［英］F. H. 劳登、B. 拉登：《财产法》，施天涛等译，中国大百科全书出版社1998年版，第207页。

② 参见史尚宽：《继承法论》，中国政法大学出版社2000年版，第6页。

③ 参见周枏：《罗马法原论》，商务印书馆2001年版，第347页、第356页。

不是任何人都可以取得无人承受的遗产，而要经过法定公示程序之后才可以由国家取得。因此，无主财产说在当前的立法和理论上几无存在空间。

二、我国理论和立法对继承权本质的认识

（一）理论界对继承权本质的认识

长期以来，我国法学界没有认识到继承权本质在权利配置中的基础作用，对继承权本质的探讨也较为少见。

早期的学者受到当时社会环境和意识形态等方面的影响，在论及继承权本质时大多以所有制为依据，认为奴隶社会继承制度的本质是阶级剥削和阶级压迫的不平等制度、封建社会继承制度的本质是封建的土地所有制、资本主义社会继承制度的本质是资本主义所有制、社会主义社会继承制度的本质是生产资料的社会主义公有制①。还有学者提出，“继承的根据是由一定的生产力发展水平所决定的人民的生活共同体的需要，以及由物质生活关系决定的人们的愿望”②。近年来，随着理论研究的逐步深入，关于继承权本质的探讨开始进入学者的视野。有人认为，我国继承法的设计一直以死后抚养说为基本理念，并且认为未来的立法应该以意思说为主，死后抚养说为辅③。还有学者以继承立法理念的变迁为视角，认为继承法经历了家族本位主义、个人利益主义和社会本位主义的发展④。上述观点摆脱了以往社会制度决定论的观念窠臼，对于深入了解继承权的本质具有一定的启发意义。

任何权利和制度都根植于一定的经济和政治土壤，但是，“正如对一个事物的政治分析从来不能替代本专业的技术分析一样，对法律的政治分析也不

① 参见刘春茂：《中国民法学·财产继承》，中国人民公安大学出版社1990年版，第33－48页；刘文：《继承法比较研究》，中国人民公安大学出版社2004年版，第8－10页；李志敏：《比较家庭法》，北京大学出版社1988年版，第308－309页；于静：《比较家庭法》，人民出版社2006年版，第297－302页。

② 参见张玉敏：《继承法律制度研究》，法律出版社1999年版，第16页。

③ 参见冯乐坤：《继承权本质的法律透视》，载《法律科学》2004年第4期。

④ 参见王艳慧：《西方继承法理念变迁的法哲学分析》，载《云南大学学报法学版》2013年第6期。

能替代对法律关系的技术性分析”①。将继承权的本质认定为宏观的社会经济关系和社会制度，表面看起来似乎很有道理，终有隔靴搔痒之感。生产力和生产关系是继承的最终依据，但它并不直接决定继承制度，而是通过家庭制度间接对继承制度起作用。生产力和生产关系也不仅仅作用于继承法领域，它广泛地作用于所有的法律领域。将继承权的本质归结为生产关系，不能解释为什么在同样的社会制度下，继承权的设置会有所差异，也不能说明为什么在不同的历史时期，继承权的功能又存在相似之处。而且，不区分继承的具体类型，忽视不同继承类型之间的差异，笼统地对继承权本质进行分析，也过于武断。

从法律自身的技术性来看，研究继承权的本质要从继承制度本身出发，其关注点在于，立法在继承权配置上所考虑的政策目标或价值追求是什么？被继承人的遗产究竟是基于何种原因让特定的人取得？不同继承类型中继承权的本质是否相同？只有从这一角度来认识继承权的本质，才能更加精确地把握继承权的意义，才能在未来的立法中对法定继承权人的范围、顺序和份额，遗嘱自由的行使和限制，扶养关系人利益保护等问题进行科学合理的规范和调整。

（二）当前立法关于继承权本质的规定

法定继承（又称无遗嘱继承）和遗嘱继承是各国继承法中基本的继承类型，我国立法也是如此。在法定继承中，我国继承法将亲属关系的远近作为继承权取得的决定性因素，此外，扶养关系也是取得继承权以及分得遗产的依据。在遗嘱继承中，我国继承法将被继承人的意思作为享有继承权的主要依据，被继承人可以指定法定继承人中的一人或者数人继承，也可以将个人遗产赠给国家、集体或者法定继承人以外的自然人。和其他国家相比，我国继承法在继承权本质认定和遗产分配上呈现出两大特点。

1. 在法定继承中过于注重扶养关系

在法定继承权中，扶养关系不仅是取得继承权的重要依据，也是影响遗产分配多寡的因素。这表现在：首先，扶养关系是确定法定继承人范围的决

---

① 参见孙宪忠：《中国物权法总论》（第2版），法律出版社2009年版，第49页。

定条件。比如，继承法中第一、二顺序的法定继承人与婚姻法中扶养义务人的范围几乎完全一致。再如，尽了主要赡养义务的丧偶儿媳、丧偶女婿以及存在扶养关系的继父母子女等单纯的扶养关系也可以作为取得继承权的依据[①]，这与绝大多数国家将姻亲排除在继承人之外的做法不相一致。其次，法定继承人在分配遗产时，是否履行扶养义务是遗产分配多寡的重要参考因素。比如，对于生活有特殊困难的缺乏劳动能力的继承人、尽了主要扶养义务或者与被继承人共同生活的继承人，可以予以倾斜照顾；对有扶养能力和扶养条件但是不尽扶养义务的法定继承人，应当不分或者少分[②]。最后，在法定继承中，扶养关系还是享有遗产酌取权的基础。比如，继承人以外的依靠被继承人扶养的缺乏劳动能力又没有生活来源的人，或者继承人以外的对被继承人扶养较多的人，可以酌情取得遗产[③]。

继承法对于扶养关系的偏重，有着较为复杂的时代背景和社会因素。从时代背景来看，我国的立法工作长期受到马克思主义哲学和苏联立法的影响。马克思曾经提出，继承权的消亡是废除生产资料私有制的自然结果，但在此之前，继承权还不能废除，因为“人们为自己的子女储蓄，他们的主要目的就是要保证子女有生活资料，如果子女的生活在双亲死后能够得到保障，那双亲就不会再去操心给子女留下生活所需的资料了”[④]。受此类观点的影响，继承制度的主要功能被认为是保障子女和亲属的基本生存。另一方面，从社会经济状况来看，由于我国的社会保障和社会福利制度不健全，养老育幼的责任主要由家庭承担，遗产继承成为家庭成员之间经济互助和减轻社会负担的重要方式。

然而，继承毕竟不同于社会保障和社会救济制度，如果过于强调扶养关系甚至以扶养关系来解释继承权，会使继承权沦为简单的抚养金请求权，使家庭和亲属之间的伦理感情简化为供给基本生活条件的义务。而且，死后扶养说让继承制度承担了过多的社会保障功能，如果社会保障制度发达的话，继承权的存在意义就会大打折扣，甚至会得出以社会保障制度取代继承制度

① 参见继承法第10条、第12条。

② 参见继承法第13条。

③ 参见继承法第14条。

④ 《马克思恩格斯全集》（第16卷），人民出版社1964年版，第652页。

的结论，这显然不符合继承制度的发展逻辑。

2．在遗嘱继承中赋予了被继承人过度的遗嘱自由

遗嘱自由是近现代继承法的原则之一，但是过度的自由也可能导致权利被滥用，各国立法往往对其多加限制。我国继承法对被继承人遗嘱处分的限制只有两点：一是要求“遗嘱应当对缺乏劳动能力又没有生活来源的继承人保留必要的遗产份额”①，即为“双缺人”保留“必留份”的制度；二是“遗产分割时，应当保留胎儿的继承份额”②。实践中，缺乏劳动能力又没有生活来源的“双缺人”少之又少，为胎儿保留继承份额的情况也并非常态。因此，现行法与世界各国继承立法的总体趋势不相一致，无法对被继承人的遗嘱自由形成有效的约束。

继承法对遗嘱自由的过度放任，一是受“宜粗不宜细”立法理念的影响，对遗嘱自由可能带来的弊端缺乏深入的研究，笼统地赋予了被继承人过于宽泛的自由和权利；二是立法之际人们的私有财产极为有限，通过遗嘱处分财产的现象并不普遍，限制遗嘱自由似乎没有必要。上述因素导致“我国是当今世界上对遗嘱自由限制最少的国家之一”③，遗嘱继承沦为被继承人滥用私权的领域。

绝对的遗嘱自由不仅会否认家庭的价值，伤害亲属之间的伦理感情，而且掩盖了继承制度背后的道德伦理色彩。在司法实践中，绝对的遗嘱自由也造成了一些合情不合法、合法不合情的典型案件，引起了人们对遗嘱继承制度的质疑和诘问，比如本世纪初引起广泛讨论的“杭州遗赠案”“泸州遗赠案”即为其例。因此，即使在遗嘱继承领域，将意思说作为继承权的唯一依据也是不合适的。

三、对继承权本质的重新认定

自然人死亡以后，应该基于何种考虑，由哪些人取得其遗产，是继承法上最为重要的问题之一。由于继承制度涉及社会关系的复杂性，在继承权的

---

① 参见继承法第19条。

② 参见继承法第28条。

③ 参见刘春茂：《中国民法学·财产继承》，中国人民公安大学出版社1990年版，第340页。

配置上不能仅仅考虑某一方面的因素，而应该根据不同的继承类型进行综合考虑和差异化选择。

（一）维持家庭功能是法定继承中继承权的基本依据

法定继承是比遗嘱继承更为古老的一个制度，它源自于家族共同体的需要。在早期的家族共同体时代，继承的目的在于维持宗族家庭的存续，“继承人准确地说曾是宗亲集团或家族最高权力的接班人”①。即使在遗嘱继承中，“遗嘱权的主要价值似乎是在它的能够帮助一个‘家族’作好预备，并在分配继承财产中能比较按照‘无遗嘱继承法’分配得更加公平不偏”②。因此，早期的法定继承和遗嘱继承其实都是建立在家族共同体的基础之上，家族协同是继承权配置的基本依据。

到了近现代社会，私有制的发展使传统的大家族被小家庭取代，随着家庭的生产和保障职能不断弱化以及个人主义的兴起，遗嘱继承又进一步从法定继承中分化并逐步盛行。在有的理论中，法定继承甚至被认为是对死者意愿的推定③。我国也有学者认为，无论遗嘱继承还是法定继承都是依据被继承人的生前遗愿，遗嘱继承直接反映了被继承人的意愿，法定继承则是间接地反映了被继承人的意愿④。这种观点不仅不符合继承制度的发展历史，也混淆了两种继承方式的差异。正如法谚所云：“法律是社会习俗和思想的结晶”⑤。法定继承以本民族传统风俗和生活习惯为基础，是对长期习惯规则的认可和升华，体现的是人们共同的价值观念，但不能据此将法定继承中蕴含的普遍意愿等同于个体意愿，更不能因为个人意志的盛行就否认法定继承背后的家本位观念。

当然也应该认识到，由于家庭本身的演变，家庭维持的价值基础和法定继承人的确定标准已经发生了变化。在早期的宗法社会，法定继承的经济基础是共同生产和家产共有，继承人通常为嫡系长子，继承权的目的和功能在

---

① 参见［意］彼德罗·彭梵得：《罗马法教科书》，黄风译，中国政法大学出版社 2005 年版，第 324 页。

② 参见［英］梅因：《古代法》，沈景一译，商务印书馆 1996 年版，第 124 页。

③ 参见［英］F. H. 劳登、B. 拉登：《财产法》，施天涛等译，中国大百科全书出版社 1998 年版，第 207 页。

④ 参见冯乐坤：《继承权本质的法律透视》，载《法律科学》2004 年第 4 期。

⑤ 此言出自美国第 28 届总统托马斯·伍德罗·威尔逊。

于延续和转移宗法家族的权力。到了近现代社会，宗亲家族被感情依赖更为密切的自然家庭所替代，继承的目的在于维护自然家庭和亲属之间的伦理情感，血缘和婚姻关系成为确定法定继承人的直接依据，继承法中的亲属、亲等这些概念都是远古家族共同生活远近在现代法中的映射。因此，现代社会的法定继承仍然以家庭维持为基本目的，法定继承中的继承权也以此为依据。

申言之，法定继承在不同时代的表现形式尽管大相径庭，其本质上却是一脉相承的，它们都是围绕家庭共同生活关系而展开，符合家人共处的理想，目的都是为了维护血统关系和家庭成员的利益。

（二）被继承人意思是遗嘱继承中继承权的主要依据

最初的遗嘱继承并不是分配死者财产的方式，而是为了规定家族权利的移转，其后经由中世纪教会的奖劝及渐次加强的个人主义思想，才使得“为家之遗嘱”变为“为个人之遗嘱”①。到了近现代社会，脱离了身份关系的遗嘱最终成为一种单纯的财产处分方式。

遗嘱自由意味着财产所有人的意志是赋予他人继承权的直接依据，这是保护财产私有制和尊重个人意志自由的必然结果。一方面，财产私有制使被继承人获得了独立的财产，他不仅可以享有和处分其生前财产，也可以处分其死后财产；另一方面，被继承人依照法定方式做出的意思表示，不依赖其生命就可以存在和实现，体现了对个人意志的最大尊重。正因为如此，遗嘱自由被视为现代继承法的基本原则之一，在各国立法中均有充分的体现：被继承人可以依法设立、变更、撤回遗嘱，可以指定继承人、选择遗嘱执行人，可以决定遗产分配份额、方式，等等。

但是，正如黑格尔指出的：“不能把死亡者赤裸裸的直接任性建立为立遗嘱权的原则，尤其如果这种人性违反了家庭的实体性的法”②。因为被继承人并非都是情操高尚的理性人，他们可能从个人的偏见出发滥用遗嘱自由，而且，将遗产处理视为纯粹个人的事务，是将人作为抽象的孤立的个体，割裂了他与家庭、亲属之间的关联，也是将遗产继承视为普通的财产流转，抽离了继承背后的社会基础。从古至今，继承制度都肩负着维护家庭权利和社会

① 参见史尚宽：《继承法论》，中国政法大学出版社 2000 年版，第 397 页。
② 参见［德］黑格尔：《法哲学原理》，范扬、张企泰译，商务印书馆 2009 年版，第 218 页。

秩序的使命，遗嘱自由也一直受到种种限制。早在罗马法中就存在“遗嘱逆伦诉”，如果遗嘱人违背人伦道德，把财产全部遗给第三人，使其父母、子女无法维持生活的，其近亲属可以请求撤销遗嘱①。现今大陆法系国家常常设定特留份制度，保障一定范围的亲属享有不可剥夺的最低限度份额。对遗嘱自由的种种限制表面上是为了保护亲属的个体利益，实则是维护公共利益的强有力手段，它通过维护家庭成员的利益进而维持社会的稳定。因此，从维持家庭关系稳定、维护社会利益的角度出发，遗嘱继承中被继承人的意思固然是取得继承权的主要依据，但不应该也不可能是唯一依据，在此之外，还应该兼顾家本位的传统理念，保障特定范围的近亲属享有法定的继承权。

（三）单纯的扶养关系不应该作为取得继承权的依据

在任何社会，遗产继承都能够起到保障继承人生活的作用，“继承即因家族共同生活体内之一构成员死亡，为避免其他构成员之生活陷于绝境，而使其与此生活共同体曾有关系之特定生存人，承继该死亡人遗产之制度”②。但在大多数立法中，扶养关系并不是取得继承权的决定因素，比如，法定继承权的直接依据是血缘、婚姻关系，遗嘱继承中的特留份也不是基于扶养的需要，而是为了保护特定近亲属的利益。上述情形中，继承权的扶养功能是家庭维持或亲属关照的体现，不具有典型意义。在这里，我们要分析的是不存在血缘或婚姻等亲属身份的单纯扶养关系。

当代各国继承立法中，除了俄罗斯和我国将单纯的扶养关系作为继承权的取得依据以外，其他国家鲜有其例③。更为常见的做法是赋予被扶养人一定的扶养费请求权，这是一种债权请求权，请求权人不具有继承人的身份，也不享有遗产所有人的管理和处分权。比如，《德国民法典》《瑞士民法典》允许受死者生前扶养的继承人请求1个月的生活费④。《日本民法典》规定在无

---

① 参见周枏：《罗马法原论》，商务印书馆2001年版，第524－525页。

② 参见陈棋炎、黄宗乐、郭振恭：《民法继承新论》，三民书局2006年版，第5页。

③ 《俄罗斯民法典》在法定继承和遗嘱继承中均认可单纯被扶养人的继承权。在法定继承中，被继承人生前扶养并共同生活1年以上的无劳动能力者，可以作为法定继承人（第1148条第2款）。在遗嘱继承中，前述人员可以继承不少于依法定继承时应得份额的1/2（第1149条第1款）。〔参见《俄罗斯新民法典·继承权》，鄢一美译，罗利伟校，载《清华法学》（第3辑），清华大学出版社2003年版，第393－394页。〕

④ 参见《德国民法典》第1969条，《瑞士民法典》第606条。

人继承时，与被继承人共同生活的人、悉心治疗护养被继承人的人以及其他与被继承人有特别关系的人，可以请求法院分得清算剩余遗产的全部或一部①。《英国继承法（家庭和被扶养人的供养）》中，被继承人全部或部分供养的人员及其他共同居住者，在被继承人死亡后可以提出合理的供养费请求权②。澳大利亚也有类似做法③。我国继承法第 14 条规定的遗产酌给制度也可以归入此类。

与直接赋予扶养关系当事人继承权相比较，赋予扶养费请求权的做法更为合理，其原因在于：首先，绝大多数国家都将单纯扶养关系中的当事人排除在继承人范围之外，因为“不同社会类型中大多数人内心的共同愿望都是要把自己的遗产尽量留给子孙，而不是流向家庭外部”④。长期的继承习惯根源于人之本性，法律规则应该建立在尊重人性的基础上而不应该违反人性。其次，保障弱者生存、对生活有困难的扶养关系人进行救助是国家应尽的义务和责任，建立完善的社会保障制度才是根本的解决途径，而且，如果被继承人有意为扶养关系当事人保留一定的财产，完全可以通过遗嘱进行安排，以立法形式直接赋予扶养关系人继承权会侵蚀和削弱其他继承人的应有利益，是对私人财产的不合理分配。最后，在继承人范围这一重大事项上，法律规则应该尽量明晰便于操作，是否形成扶养关系的判断标准模糊、认定困难，赋予扶养关系当事人继承权的做法不仅会增加继承中的纠纷，而且可能造成各地认定标准不统一，影响法律的权威。基于上述分析，笔者认为，单纯的扶养关系不应该作为取得继承权的依据。

四、继承权本质之立法展开

按照前述分析，在不同的继承类型中，继承权的本质是有差异的。在法定继承中，家庭维持是继承权存在的基本依据；在遗嘱继承中，被继承人的个人意思是继承权产生的主要依据，同时应该兼顾家本位的理念，规定以家

---

① 参见《日本民法典》第 958 条之 3。

② 《英国婚姻家庭制定法选集》，蒋月等译，法律出版社 2008 年版，第 80 - 81 页。

③ 参见陈苇：《外国继承法比较与中国民法典继承编制定研究》，北京大学出版社 2011 年版，第 402 - 403 页。

④ 参见陈苇、杜江涌：《我国法定继承制度的立法构想》，载《现代法学》2002 年第 3 期。

庭维持为目的的继承权。但是，无论在何种继承中，脱离了血缘和婚姻基础的单纯扶养关系都不宜作为取得继承权的依据。根据这一认识，结合我国继承法中存在的问题，笔者认为需要从以下方面对相关制度进行适当的调整，从而使法律规则更加符合权利本质。

（一）在法定继承中强调家庭关系的维持

1. 扩大法定继承人的范围。与其他国家相比，我国是法定继承人范围最窄的国家之一，第一顺序的继承人为配偶、子女、父母，第二顺序继承人为兄弟姐妹、祖父母、外祖父母。在现实中，长期的计划生育政策导致近亲属的类型和数量大大减少，加之一些失独家庭的出现，如果死者生前没有另立遗嘱，则可能出现大量无人继承遗产的情况。考虑到亲属之间的经济关系和感情联系，同时保护人们创造财富的积极性，有必要扩大法定继承人的范围，将三亲等以内的叔、伯、姑、舅、姨和侄子女、外甥子女纳入法定继承人范围。

2. 调整法定继承人的顺序。许多国家的立法规定子女优先于父母继承，在我国民间也长期存在晚辈继承优于长辈继承的习惯。现行法却将父母和子女作为同一顺序的法定继承人，这种做法虽然有利于对父母的死后扶养，却与遗产代际传承、家族世代绵延的继承理念相违背，因此在法定继承顺序中，应该将子女及其直系卑亲属列为第一顺序，将父母及其直系卑亲属列为第二顺序，将祖父母及直系卑亲属列为第三顺序。

3. 调整配偶的继承份额。婚姻关系是家庭和其他亲属关系的基础，在家庭规模日益小型化和核心化的当代社会，配偶之间的支持和照料是家庭财富增长的重要条件。我国继承法将配偶作为第一顺序的继承人，但如果死者有多个子女并且父母健在，配偶所得遗产则十分有限。为了保护配偶的利益，可以借鉴其他国家的做法，不将配偶列入固定的顺序，而与其他的血亲继承人一起继承，并根据血亲继承人的实际情况确定具体份额。

4. 废除丧偶儿媳、丧偶女婿以及有扶养关系的继父母子女之间的继承权。我国继承法将尽了主要赡养义务的丧偶儿媳和丧偶女婿作为第一顺序的法定继承人，不仅欠缺必要的正当性，而且还导致丧偶儿媳、女婿与未丧偶儿媳、女婿之间的不公平，因此丧偶儿媳和丧偶女婿不宜作为法定继承人。

有扶养关系的继父母子女之间也不宜直接赋予继承权，否则不利于再婚家庭关系的融洽和对未成年子女的照顾，当然，如果继父母子女之间符合收养条件的，可以形成收养关系，按照养父母子女对待。

（二）在遗嘱继承中增加对遗嘱自由的限制，同时给予遗嘱人更多的选择空间

1. 增设特留份制度。限制遗嘱自由已是学界共识，但究竟是完善现有的必留份还是增设大陆法系通行的特留份却有不同认识。笔者以为，必留份和特留份的价值取向是不同的，前者注重生存保障，后者注重家庭伦理。限制遗嘱自由的主要目的不是让家庭承担养老育幼、保障弱者的功能，而是为了维持家庭成员之间的亲情人伦，因此，我国继承法在保留必留分的基础上可以增设特留份制度。特留份的权利人可以限定为与被继承人关系密切的近亲属，包括配偶、直系尊亲属、直系卑亲属，具体份额可以规定为其法定应继份的1/2。

2. 增加遗嘱继承人的种类。在大陆法系继承立法中，遗嘱继承人常见的类型有指定继承人、后位继承人、替补继承人。我国继承法将通过遗嘱取得遗产的人分为遗嘱继承人和受遗赠人，前者为法定继承人范围内的人，类似于其他立法中的指定继承人，后者为法定继承人以外的人，通常认为他们不是继承人，而是一种特殊的遗产债权人。替补继承人是当遗嘱指定的继承人不能继承或者不愿继承时，被继承人在遗嘱中预先指定的替补参加继承的人，替补继承人的存在可以充分实现遗嘱自由，而且不会影响社会公益，大部分国家均予以承认，我国未来的立法中也有必要加以规定。一些立法中还存在后位继承的概念，它指的是遗嘱人指定前位继承人取得遗产，并规定一定条件成就或者期限到来时将遗产交给后位继承人。立法和理论对于后位继承均存在不同态度①，笔者以为，后位继承虽然体现了遗嘱人的意愿，但是其中的法律关系极为复杂，前位继承人不能对遗产进行处分，妨碍了财产的流通，而且遗嘱人还可能通过后位继承逃避遗产债务，成为滋生纠纷的根源，立法

---

① 在立法上，法国、匈牙利等国明文禁止后位继承，日本虽然没有在民法中明文禁止后位继承，但是法律解释上也不承认后位继承制度。瑞士、德国、奥地利等国则明文规定了后位继承。（参见刘春茂：《中国民法学·财产继承》，中国人民公安大学出版社1990年版，第395－396页。）

还是不规定为宜。

3．完善遗嘱形式的规定。我国继承法已经规定了公证遗嘱、自书遗嘱、代书遗嘱、录音遗嘱、口头遗嘱等五种形式，但仍存在较多不足，比如国外常见的密封遗嘱未予规定，公证遗嘱的效力位阶还需斟酌，实践中常见的打印遗嘱、录像遗嘱以及电子数据遗嘱等新型遗嘱的效力问题，均需要从立法层面予以应对，为遗嘱自由提供更加便利的条件。

4．健全遗嘱效力的规定。现行法规定了遗嘱的变更和撤销，但是此处的“撤销”一词有失妥当。一般来说，撤回针对的是尚未发生效力的行为，撤销针对的是已经发生效力的行为，而遗嘱人死亡时遗嘱才会发生效力，继承法所规定的实际上是遗嘱的撤回，未来的立法应该严格区分遗嘱的撤回和撤销。在遗嘱撤回方面，需要规定遗嘱撤回的方式，明确撤回遗嘱的意思被撤回后原来遗嘱的效力；在遗嘱撤销方面，应该规定遗嘱撤销的事由或条件，撤销权的主体、撤销遗嘱的程序和期间等，从而使遗嘱的处分更加符合遗嘱人的真实意愿。

（三）基于保护社会利益的要求，在遗产处理中对扶养关系予以特别考虑

单纯的扶养关系不应该是取得继承权的依据，但考虑到扶养关系在我国继承制度中的长期影响，同时也是出于社会道义的一般要求，对于存在扶养关系的特殊人员，应该在立法中根据情况特别考虑。

1．赋予共同生活者和被扶养人临时扶养费请求权。对于存在事实上的共同生活关系或者依靠被继承人扶养的人，不论其是否为法定继承人或者应召顺序的法定继承人，如果因为被继承人的死亡而陷入生活困顿的，可以请求法院从被继承人的遗产中支付一定期间的扶养费。

2．完善遗产酌给制度。遗产酌给制度以扶养关系为依据，它并不是继受外国立法例而来，而是沿袭我国固有的制度[①]。这一制度在未来的立法中可以继续保留，但是还需加以完善：一是适用范围不能仅限于法定继承，遗嘱继承中也应该适用；二是适用对象可以适当扩张，尽了主要赡养义务的丧偶儿媳、丧偶女婿以及形成扶养关系的继父母、继子女之间也可以适用。

---

① 参见林秀雄：《继承法讲义》，元照出版有限公司2009年版，第86页。

3. 继续将扶养关系作为遗产分配中的参考因素。在法定继承中，可以继续沿用继承法第13条的规定，允许同一顺序的法定继承人继承份额不均等，以及将是否有特殊生活困难及是否履行了扶养义务作为遗产分配多少的参考因素。

五、结语

由于社会生活本身的复杂性以及继承类型的差异，对继承权本质的认定不是非此即彼的。正如学者所言："如果继承的法律，全部以家庭为根据，则个人将完全为集体所吸收，而失其人格；除了成文法规定者外，它将不再承认别的任何继承。反之，如果继承的法律，完全以个人的意志为根据，则家庭将被否认，而个人将有毫无限制的权利，以决定他自己的义务。在这情形之下，势将没有法定继承的法律，而遗嘱继承将包括一切了。所以，继承的法律，应调和家庭的权利与个人的正当要求，不可忽视继承的权利与家庭有直接的关联，足以影响于公共团体，故与国家有重大的利害关系"①。继承法是以亲属身份关系为基础的财产法，血缘、婚姻对于继承权的配置具有直接影响。同时，继承法也是私法的组成部分，私权神圣、意思自治等观念应该贯彻其中。因此，家庭维持和个人意志理应成为继承权配置的两大基本依据。基于维护社会道义和公共利益的要求，扶养关系是影响遗产分配的因素，但单纯的扶养关系不足以成为取得继承权的理由。未来的立法应该从继承权本质出发，重新审视继承权的价值、功能和目标，进而构建相应的制度和规则。

① 参见［意］密拉格利亚：《比较法律哲学》，朱敏章等译，中国政法大学出版社2005年版，第541－542页。

第二章　关于遗赠的相关问题研究

一、关于遗赠的立法模式比较研究

在比较法上，主要存在如下两种遗赠的立法模式：

（一）区分遗赠与遗嘱继承的模式

此种模式之下，对于遗赠与遗嘱继承之间的区分标准存在不同的立法例：

其一，以遗产承受人是否须同时承担遗产债务为标准区分遗嘱继承和遗赠。如果答案是肯定的，就属于遗嘱继承；如果是否定的，则属于遗赠。在这种立法例之下，受遗赠人享有接受遗赠财产的权利，但是不承担清偿遗产债务的责任[①]。德国和瑞士采此种模式，《德国民法典》关于遗嘱继承的规定是第1937条，即“被继承人可以以一方的死因处分（遗嘱、终意处分）指定继承人”。第1938条规定：“被继承人可以以遗嘱排除血亲或配偶或同性生活伴侣于法定继承之外，而不指定继承人”。既然遗嘱继承涉及的是指定继承人，那么根据第1922条第1款的规定，其概括承受了遗产，该款规定“某人死亡时（继承开始），其财产（遗产）作为总体转移给一个或一个以上的他人（继承人）”；根据第1967条第1款，遗嘱继承人也必须对遗产债务负责，该款规定：“继承人就遗产债务负责任”。《德国民法典》关于遗赠的规定是第1939条，该条规定：“被继承人可以以遗嘱将财产上的利益给予他人，而不指定其为继承人（遗赠）”。根据第1967条的规定，遗赠属于继承债务，即“除由被继承人招致的债务外，涉及继承人本人的债务，特别是因特留份、遗赠和负担而发生的债务，

① 参见房绍坤：《遗赠能够引起物权变动吗》，载《当代法学》2012年第6期。

也属于遗产债务”。《瑞士民法典》关于遗赠的规定是第484条第1款，该款规定：“被继承人可以将某种财产上的利益遗赠给某人，而并不指定其为继承人”。一般认为，“瑞士民法中，受遗赠人对遗赠义务人仅有债权的请求权。如继承人不履行其义务，可促其移交遗赠之物；如其行为构成对遗嘱的违抗，可向其请求损害赔偿（《瑞士民法典》第562条）”①。

其二，在第一种立法例的基础上对遗嘱继承人的范围加以限定，遗嘱继承人只能是法定继承人范围之内的人。在此种立法例之下，遗嘱人实际上只能在不违反特留份的情况下，对法定继承人范围内各继承人的份额做出安排。与第一种立法例相同，法律对受遗赠人的范围不作限制，受遗赠人可以是法定继承人范围之内的人，也可以是范围之外的人②。

其三，遗嘱继承人只能是法定继承人范围之内的人，而受遗赠人只能是法定继承人范围之外的人，我国大陆地区采纳此种立法例。继承法第16条规定：“公民可以依照本法规定立遗嘱处分个人财产，并可以指定遗嘱执行人。（第1款）公民可以立遗嘱将个人财产指定由法定继承人的一人或者数人继承。（第2款）公民可以立遗嘱将个人财产赠给国家、集体或者法定继承人以外的人（第3款）”。

（二）不区分遗赠与遗嘱继承的模式

在不区分遗赠与遗嘱继承的立法模式之下，通过遗嘱将遗产指定给他人承受的，无论遗产承受人是否为法定继承人，也不论承受人所承受的遗产的内容，都统一地称为遗赠。不过，值得注意的是，此种模式区分概括遗赠和特定遗赠。所谓概括遗赠，是指受遗赠人不仅承受遗产权利，还须承受遗产债务；而所谓特定遗赠，是指受遗赠人仅有承受特定的遗产权利，但是并不承受遗产债务。法国采纳此种立法模式。《法国民法典》第1002条规定：“遗嘱处分，或为遗产的全部概括处分，或为遗产的部分概括处分，或为遗产中的特定财产的处分。（第1款）每一种处分，不论其属于以指定继承人的名义还是属于遗赠名义，均依下列关于全部概括遗赠、部分概括遗赠与特定财产遗赠的规定而发生效力（第2款）”。就全部概括遗赠，该法典第1003条规

① 参见房绍坤：《遗赠能够引起物权变动吗》，载《当代法学》2012年第6期。
② 参见张平华、刘耀东：《继承法原理》，中国法制出版社2009年版，第318页。

定："全部概括遗赠是遗嘱人将其死后留有的财产整体给予一人或者数人的遗嘱处分"。关于部分概括遗赠以及特定遗赠，该法典第1010条规定："部分概括遗赠，是指遗嘱人用法律允许其处分的遗产之一部分进行的遗赠，例如，遗赠其可处分财产部分的一半、三分之一，或者遗赠遗产中的全部不动产或全部动产，或者其全部不动产或动产中确定的部分。（第1款）其他一切遗赠均仅构成特定财产的遗赠（第2款）"。

二、遗赠与相关概念的比较研究

（一）遗赠与遗嘱继承的比较

1．相同点

遗赠与遗嘱继承的相同之处主要包括：

其一，二者都以有效的遗嘱为前提，属于自然人对自己死后遗产的自主处分，体现了民法上的意思自治原则。

其二，二者原则上都在自然人死亡时发生法律效力，死亡之前，遗嘱人原则上可以自由撤销（或者撤回）。值得注意的是，我国继承法第20条第3款规定，"自书、代书、录音、口头遗嘱，不得撤销、变更公证遗嘱"，因此，遗嘱采用公证形式的应当以公证形式撤销；而采用其他形式的，则不受此种限制。

2．不同点

根据继承法的规定，遗赠与遗嘱继承主要存在以下差异：

其一，受遗赠人与遗嘱继承人的范围不同。受遗赠人范围宽泛，可以是国家、集体、法人、非法人组织以及法定继承人之外的自然人；遗嘱继承人则只能是法定继承人之内的自然人，根据继承法第10条的规定，法定继承人包括：配偶、子女、父母（第一顺序），兄弟姐妹、祖父母、外祖父母（第二顺序）。对照《最高人民法院关于贯彻执行〈中华人民共和国民法通则〉若干问题的意见（试行）》中关于近亲属范围的规定，可以发现法定继承人中缺少了孙子女和外孙子女，笔者以为，为更充分地保护他们的利益，应当将之列为第二顺位继承人。另外，值得注意的是，继承法第12条规定："丧偶儿媳对公、婆，丧偶女婿对岳父、岳母，尽了主要赡养义务的，作为第一顺序继承人”。既然如此，在遗嘱中，应当也可以将尽了主要赡养义务的丧偶儿媳和丧偶女婿作为遗嘱继承人。

其二，受遗赠权与遗嘱继承权的客体范围不同。受遗赠权的客体只能是遗产中的财产权利，遗赠虽然可以附义务，但所附义务是对受遗赠者新施加的负担，本来的遗产债务则不属于遗赠的对象。值得注意的是，在我国大陆地区，解释论上应当认为，遗赠的客体只能是特定的财产权利，而不能是概括性的权利授予①。相对地，继承权的客体既包括遗产权利也包括遗产债务，不过在限定继承原则之下，除非继承人有相反的表示，遗产债务的清偿以遗产权利为限。遗嘱继承所涉及的财产权利可以是概括性的，比如被继承人可以通过遗嘱规定整体财产的五分之四由某一个法定继承人继承。

其三，受遗赠权与遗嘱继承权的行使方式不同。继承法第 25 条第 2 款规定：“受遗赠人应当在知道受遗赠后两个月内，做出接受或者放弃受遗赠的表示。到期没有表示的，视为放弃受遗赠”。不过，本条仅规定了“知道受遗赠后”，实践中可能存在问题，如果利害关系人主张受遗赠人已经由于错过期间而被“视为放弃受遗赠”就应当证明此点，但是对于此种主观状态的证明难度相当大，受遗赠人完全可以否认，为了避免可能引发的不确定，如果未来民法典继续沿用现在的立场，似应增加“应当知道”的表述，以便于实践应用。相反，遗嘱继承则与其他的继承一样，适用第 25 条第 1 款的规定，即“继承开始后，继承人放弃继承的，应当在遗产处理前，做出放弃继承的表示。没有表示的，视为接受继承”。两个“视为”均属于法律拟制，反映的是立法者的价值判断，不容许当事人提出相反的证据予以推翻，从中可以看出继承法将遗产保留给被继承人近亲属（法定继承人限于近亲属的一部分）的取向，体现了“养老育幼、互助互济”的原则，不过，现行法的做法是否妥当，值得再予斟酌。

其四，受遗赠人与遗嘱继承人取得遗产的方式存在差异。受遗赠人不能直接参与遗产的分配，而是从遗嘱执行人处取得遗赠的财产；遗嘱继承人则可以通过直接参与遗产分配而取得遗产。不过，从物权法的相关规定来看，受遗赠人从遗嘱执行人处取得遗产似乎仅仅程序上的，受遗赠人的权利应当是继受自被继承人，否则，以下规定就是不成立的，即物权法第 28 条，“因

① 相同的见解，参见张平华、刘耀东：《继承法原理》，中国法制出版社 2009 年版，第 343 页。

继承或者受遗赠取得物权的，自继承或者受遗赠开始时发生效力”。该条对继承和受遗赠一体对待，似乎不尽妥当，后者属于民事法律行为，笔者倾向于将之定位成基于民事法律行为的物权变动。

其五，能否指定候补人方面存在差异。在遗赠场合，遗赠人不能在指定受遗赠人之后再指定候补受遗赠人；遗嘱继承中则可以指定候补遗嘱继承人。这似乎构成了对立遗嘱人意思自治的不当限制，未来应当参酌比较法上的经验，放开遗赠场合，遗嘱人再指定的权利。不过，现行法的立场充分体现了“养老育幼”原则，未来能否突破，还要看相关的配套是否能够跟上，特别是被继承人遗嘱的社会保障和自我谋生能力，这两方面越强，就越能充分彰显遗嘱人的自由处分权。

（二）遗赠与赠与的比较

1. 相同点

其一，遗赠和赠与都属于依据自然人自己的意思处分财产的行为，均体现了民法上的意思自治原则。

其二，遗赠和赠与原则上都属于无偿增加他人财产的行为，由于财产取得人获得权利无须支付对价，因此在法律保护上相较于有偿取得要更弱，典型的体现是标的物存在瑕疵场合之下的责任；合同法第 191 条规定：“赠与的财产有瑕疵的，赠与人不承担责任。附义务的赠与，赠与的财产有瑕疵的，赠与人在附义务的限度内承担与出卖人相同的责任。赠与人故意不告知瑕疵或者保证无瑕疵，造成受赠人损失的，应当承担损害赔偿责任”。虽然法律对于遗赠没有明确规定，但也应当作相同的处理。

其三，遗赠和赠与都可以对财产接受者附加义务，在不履行附加义务的情况下，财产接受者都要承受不利后果，不过该后果的具体内容则存在差异。

2. 不同点

其一，行为的性质不同。遗赠属于无相对人的单方民事法律行为，其做出和生效没有财产接受者的参与；只是在行为生效之后，受遗赠人有权选择接受或放弃。赠与则属于双方民事法律行为——合同，是双方意思表示一致的产物，合同法第 185 条规定，“赠与合同是赠与人将自己的财产无偿给予受赠人，受赠人表示接受赠与的合同”，因此在赠与行为的形成和生效阶段就需要有受赠人的参与，没有受赠人的同意，赠与合同就不存在。

其二，发生效力的时间不同。遗赠在遗嘱人死亡时发生法律效力，遗嘱做出之后，可以自由撤销（或撤回），只是在公证遗嘱中要受到形式的限制，只能以公证的形式撤销（或撤回），《最高人民法院关于贯彻执行〈中华人民共和国继承法〉若干问题的意见》第42条规定："遗嘱人以不同形式立有数份内容相抵触的遗嘱，其中有公证遗嘱的，以最后所立的公证遗嘱为准；没有公证遗嘱的，以最后所立的遗嘱为准"。赠与则原则上自合同成立时发生法律效力，只是根据合同法第186条的规定，在赠与财产转移之前，赠与人有任意撤销权，但是具有救灾、扶贫等具有社会公益、道德义务性质的赠与或经过公证的赠与除外。

其三，附条件或期限方面的差异。赠与合同可以附条件或期限。条件包括停止条件与解除条件。停止条件，又称延缓条件，是指民事法律行为中所确定的民事权利和民事义务要在所附条件成就时才能发生法律效力；解除条件，又称消灭条件，是指民事法律行为中所确定的民事权利和民事义务在所附条件成就时失去法律效力。期限包括始期和终期，始期又称延缓期限，是指民事法律行为虽然已经成立，但在所附期限到来之前不发生效力，待到期限届至时，当事人双方的权利义务才开始发生法律效力；终期，又称解除期限，是指在约定的期限到来时，民事法律行为所确定的民事权利和义务归于消灭。遗赠可以附停止条件，这使遗赠的效力推迟发生。不过，对于附解除条件，笔者则持否定态度，如果遗赠能附解除条件，遗赠人死亡之后，受遗赠人可以从遗产中取得遗赠财产，但一旦条件成就，其将丧失对遗赠财产的权利，该财产将被收回，而一旦被收回，如果需要再按照法定继承重新进行遗产的分割、分配，则会耗费太多的社会资源，使继承事务变得过于复杂，并且很有可能在条件成就时，其他权利人的利益已经无法保障。因此，我国未来民法典不宜认可遗赠附解除条件，如果遗赠人附加了该条件，则视为条件不存在。遗赠可以附始期，但不可以附终期。如果能够附终期，遗赠在遗赠人死亡时发生效力，但其效力将确定地在某个时间消灭，这会徒增当事人的困扰①。

其四，遗赠和赠与对财产接受者附加义务而后者违反义务时的处理不同。对于遗赠，《〈继承法〉意见》第43条规定，"附义务的遗嘱继承或遗赠，如

---

① 参见张平华、刘耀东：《继承法原理》，中国法制出版社2009年版，第353－354页。

义务能够履行，而继承人、受遗赠人无正当理由不履行，经受益人或其他继承人请求，人民法院可以取消他接受附义务那部分遗产的权利，由提出请求的继承人或受益人负责按遗嘱人的意愿履行义务，接受遗产”。而对于赠与，合同法第 192 条规定：“受赠人有下列情形之一的，赠与人可以撤销赠与：……不履行赠与合同约定的义务。……赠与人的撤销权，自知道或应当知道撤销原因之日起一年内行使”。这种区别的原因在于，遗赠是遗嘱人死亡之后发生效力的行为，赠与则原则上自合同成立时生效。

其五，物权变动方面的差异。赠与属于民事法律行为的一种，根据物权法的相关规定，对于不动产，物权变动原则上自登记时发生效力；对于动产，物权变动原则上自交付时发生效力；而对于特殊动产原则上自交付时发生效力，登记仅为对抗要件。虽然遗嘱也属于民事法律行为，但物权法第 29 条却规定，“因继承或者受遗赠取得物权的，自继承或者受遗赠开始时发生效力”。此种规定的妥当性值得怀疑。

（三）遗赠与死因赠与的比较

所谓死因赠与，是指赠与人生前与受赠人订立的以赠与人死亡之时发生法律效力的、赠与财产利益的双方法律行为，是一种附期限的赠与合同[①]。值得注意的是，其所附的期限属于不确定期限，即期限事实确定会发生，但其发生时间不确定。既然死因赠与在本质上属于赠与合同，其与遗赠的联系和区别与上面的论述相同。不过，遗赠与死因赠与都自死亡时发生效力，这是二者之间的相同之处。

三、遗赠法律关系的各要素研究

（一）遗赠法律关系的主体

1. 遗赠人

遗赠人只能是自然人，其必须具有遗嘱行为能力，关于该能力详见后述。

① 参见刘文：《继承法律制度研究》，中国政法大学出版社 2016 年版，第 272 页。

2. 受遗赠人

根据继承法的规定，受遗赠人可以是“国家、集体或者法定继承人以外的人”，以下分别予以说明。

国家是一个公法概念，在现行民法中，并没有将国家整体作为一个民事主体，目前民法的法人分类中，只有机关法人与之最相近。所谓机关法人，是指因行使职权的需要而享有相应的民事权利能力和民事行为能力的国家机关。不过，机关法人与职权行使密切相关，从而与受遗赠人关联不大。未来可以考虑引入“国库”的概念，并将之定位成受遗赠人。需要指出的是，外国也可以成为遗赠的对象，但构成“资助危害国家安全犯罪活动罪”的除外。

集体在民法中的地位也存在模糊之处，有的集体组织本身构成法人，有的则属于非法人组织，我国《民法典总则》（草案）（二审稿）第76条就规定：“农村集体经济组织具备法人条件的，依法取得法人资格”。由此可见，集体经济组织只有在具备法人条件的情况下才能作为法人。民法通则第37条规定：“法人应当具备下列条件：（一）依法成立；（二）有必要的财产或者经费；（三）有自己的名称、组织机构和场所；（四）能够独立承担民事责任”。

所谓“法定继承人之外的人”指向的是自然人。另外，从继承法的表述来看，其对受遗赠人的规定并不符合民事主体的一般表述，不尽合理，未来建议根据民法总则的相关规定予以修订，即将受遗赠人的范围表述为“法人、非法人组织和法定继承人以外的自然人”。

值得注意的是，遗嘱人死亡时的胎儿可以作为受遗赠人，设立中的法人类似于胎儿，也可以作为受遗赠人，法人以未设立终结的，视为死产的胎儿①。另外，从继承法的相关规定来看，受遗赠人应当是已经存在或受孕的民事主体，但是遗嘱人死亡时尚未怀孕者，尚未设立的法人是否可以成为受遗赠人值得斟酌。笔者以为，对于尚未怀孕的胎儿应持否定见解，以免过分增加法律的不确定性。不过，在现代社会中，很多人会希望通过遗嘱规定一个捐助行为，将自己的遗产捐助给将来成立的财团法人，这也属于遗赠。但问题是，在遗赠发生法律效力时，受遗赠人还没有成立，如何处理就显得颇为

① 参见史尚宽：《继承法论》，中国政法大学出版社2000年版，第509页。

棘手。就此《日本民法典》的规定应当值得借鉴。该法典第 41 条规定：“（一）以生前处分实施捐助行为时，准用关于赠与的规定。（二）以遗嘱实施捐助行为时，准用关于遗赠的规定”。根据该条，遗嘱实行捐助行为，如果受捐助人还不存在，可以参照胎儿在继承法中的地位处理，即“胎儿就其利益视为已出”，对于受捐助法人而言，即使尚未设立，也可以推定为已经成立[①]。

最后需要指出的是，受遗赠人是自然人的情况下，其在遗嘱生效时必须没有死亡。如果已经死亡的，遗赠不发生效力。我国台湾地区所谓“民法”第 1201 条规定：“受遗赠人于遗嘱发生法律效力前死亡者，其遗赠不发生效力”。《日本民法典》第 994 条规定：“受遗赠人于遗嘱人死亡以前死亡时，遗赠不发生效力。（第 1 款）附停止条件的遗赠，在受遗赠人于条件成就前死亡时，亦与前款相同。但遗嘱人于遗嘱中表示了另外意思时，从其意思”。我国现行继承法没有就此做出明确规定，但是也应当作相同的处理。比较而言，《日本民法典》的相关规定较为妥当，值得未来民法典借鉴。

（二）遗赠法律关系的客体

在我国大陆地区，遗赠法律关系的客体应是特定的财产，而不能是抽象的遗产份额。举例言之，遗赠的财产主要包括以下类型：

1. 物权

物权包括所有权、用益物权和担保物权。所有权作为遗赠的客体原则上并没有限制，不过，如果将按份共有中的份额遗赠给他人的，则要受到一定限制，如果共有人之间协议排除了一定期间内转让的可能性，则遗赠无法发生效力。需要指出的是，在所有权作为遗赠客体的场合，从表象上来看，遗赠的是物本身，但是从更本质的层次上来看，遗赠的应当是所有权。在我国，自然人能够享有的所有权范围有限，土地等的所有权专属于国家或集体，并且不得进行私法上的移转，因此无法作为遗赠的客体。

用益物权能否作为遗赠的对象需要进行具体分析：自然人通常只有在拥有房屋所有权的情况下才能享有房屋占用范围内的国有土地上的建设用地使

① 参见张平华、刘耀东：《继承法原理》，中国法制出版社 2009 年版，第 320 页。

用权，而物权法第 146 条规定：“建设用地使用权转让、互换、出资或者赠与的，附着于该土地上的建筑物、构筑物及其附属设施一并处分”；第 147 条规定：“建筑物、构筑物及其附属设施转让、互换、出资或者赠与的，该建筑物、构筑物及其附属设施占用范围内的建设用地使用权一并处分”。因此建设用地使用权通常无法单独成为遗赠的客体，而是与建筑物等一同作为客体。就土地承包经营权而言，农村土地承包法第 31 条规定：“承包人应得的承包收益，依照继承法的规定继承。林地承包的承包人死亡，其继承人可以在承包期内继续承包”；第 50 条规定：“土地承包经营权通过招标、拍卖、公开协商等方式取得的，该承包人死亡，其应得的承包收益，依照继承法的规定继承；在承包期内，其继承人可以继续承包”。由此可见，土地承包经营权可分为两种类型，以家庭承包方式取得的土地承包经营权和通过招标等方式取得的土地承包经营权。对于后者而言，其可以由继承人在承包期内继续承包，说明该权利可以作为遗产的一部分，虽然法律没有明确规定遗赠，但应当解释为也可以作为遗赠的客体。对于以家庭承包方式取得的土地承包经营权而言，由于其以集体经济组织内部的农户为权利主体，自然人死亡的情况下，其不属于遗产，相应地，也不能作为遗赠的客体，另外，现行法中所规定的流转方式也不包括赠与。未来，我国将实行“三权分置”，即土地所有权、承包权和经营权相对独立并互相联系，承包权、经营权能否继承或者遗赠的问题将被提上日程。目前，我国对于宅基地使用权，贯彻的是“一户一宅”原则，比照建设用地使用权的流转规则，其也不属于可以单独遗赠的对象，如果自然人不欲在农村继续居住，遗赠房屋时，宅基地使用权应当一并转让，但是在现行法之下受遗赠人应当是本集体经济组织或其内部的自然人，不能扩及其他主体。地役权具有从属性，属于从物权，根据物权法第 164 条的规定，“地役权不得单独转让。土地承包经营权、建设用地使用权等转让的，地役权一并转让，但合同另有约定的除外”，因此其原则上需要与其他权利一并作为遗赠的客体。

就担保物权而言，其也具有从属性，属于从物权。在遗赠债权的情况下担保物权一并成为遗赠的客体，不过，最高额抵押和最高额质权构成例外，原因在于物权法第 204 条规定，“最高额抵押担保的债权确定前，部分债权转让的，最高额抵押权不得转让，但当事人另有约定的除外”，虽然物权法没有对最高额质权做出规定，但第 222 条规定“最高额质权除适用本节有关规定外，参照本法第十六章第二节最高额抵押权的规定”；因此，在债权被遗赠的情况下，最高额抵押权和质权原则上并不随同转移。在不动产担保物权场合，债权移转之后，该担保物权同时转移，即使没有办理登记亦然，过户登记属于对已经转移的权利的确认。

2. 债权

债权原则上也可以作为遗赠的客体。该债权是否已经罹于诉讼时效在所不问，依据《最高人民法院关于审理民事案件适用诉讼时效制度若干问题的规定》的相关规定，在债权诉讼时效已经过的情况下，只是债务人取得了抗辩权，即使其行使了该权利，债权也不消灭，因此当然可以作为遗赠的客体，但是受遗赠人的权利要受到诉讼时效制度的限制。在债权作为遗赠客体的情况下，如果剩余的遗产不足以清偿遗赠人的全部债务，应当可以类推适用合同法第 74 条关于债权人撤销权的规定，允许债权人撤销该遗赠行为。由于遗赠属于无偿行为，因此，在撤销时，债权人不需要证明遗赠人和受遗赠人的恶意。值得注意的是，对于附负担的遗赠而言，债权人撤销权的行使不受限制，受遗赠人只能自己承受风险。撤销该行为后，其他债权人在符合构成要件的情况下，还可以行使债权人代位权，不过就行使代位权之后取得的财产，其他债权人应当可以要求参与分配。对于记名有价证券所记载的债权遗赠而言，应当遵循票据法等特别法关于权利转移的特别规定。最后需要指出的是，在债权遗赠的场合，受遗赠人原则上应当通知债务人，根据合同法第 80 条第 1 款的规定，“债权人转让权利的，应当通知债务人。未经通知，该转让对债务人不发生效力”。因此在通知之前，债务人向继承人的清偿是有效的，除了受遗赠人通知之外，遗嘱执行人的通知应当具有相同的效力。

3. 知识产权

知识产权主要包括著作权、商标权、专利权等，能够作为遗赠客体的只是其中的财产权益部分，人身权益部分则只能由继承人、国家或其他组织依法予以保护。值得注意的是，知识产权系有期限的权利，受遗赠人也要受到该期限的限制，遗赠的意思表示超出法律所规定的期限的，超过部分无效。

4. 社员权

社员权指向作为某团体的成员所享有的权利，其包括自益权以及共益权两个方面。由于社员权的遗赠牵涉其他团体成员的利益，应当遵循团体法的相关特殊规定。比如，《合伙企业法》第 48 条将作为合伙人的自然人死亡规定为当然退伙的事由之一。第 50 条则规定："合伙人死亡或者被依法宣告死亡的，对该合伙人在合伙企业中的财产份额享有合法继承权的继承人，按照合伙协议的约定或者经全体合伙人一致同意，从继承开始之日起，取得该合伙企业的合伙人资格。（第 1 款）有下列情形之一的，合伙企业应当向合伙人的继承人退还被继承合伙人的财产份额：（一）继承人不愿意成为合伙人；（二）法律规定或者合伙协议约定合伙人必须具有相关资格，而该继承人未取得该资格；（三）合伙协议约定不能成为合伙人的其他情形。（第 2 款）合伙人的继承人为无民事行为能力人或者限制民事行为能力人的，经全体合伙人一致同意，可以依法成为有限合伙人，普通合伙企业依法转为有限合伙企业。全体合伙人未能一致同意的，合伙企业应当将被继承合伙人的财产份额退还该继承人（第 3 款）"。由此可见，合伙企业中的成员权成为继承的对象困难重重，遗赠亦如此，应当征得其他合伙人的同意。公司中股权的继承限制则较少，对于有限责任公司，《公司法》第 75 条规定："自然人股东死亡后，其合法继承人可以继承股东资格；但是，公司章程另有规定的除外"。股份有限公司特别是其中的上市公司的股权更是可以成为继承的客体，既然如此，该股权也应当能够成为遗赠的客体。

（三）遗赠法律关系的内容

遗赠法律关系的核心内容就是受遗赠人取得受遗赠权。关于受遗赠权的法律属性，比较法上有债权说和物权说的对立。我国继承法没有做出规定，学者认识不一。有学者持债权说，比如马俊驹、余延满教授指出："无论遗赠物是特定物还是种类物，遗赠的效力只能是债权的，即受遗赠人在继承开始后，由继承人或遗嘱执行人受交付或移转登记时始取得遗赠标的物的所有权或其他物权。受遗赠人的债权居于被继承人债权人之后，继承人或遗嘱执行人对于继承债务已为清偿后，始应交付遗赠物"①。有学者认为，受遗赠权系特殊的权利类型，指出"正如继承权既不属于物权也不属于债权一样，受遗

---

① 参见马俊驹、余延满：《民法原论》，法律出版社 2007 年版，第 955 页。

赠权也不应简单地归为物权或债权，不论遗赠的标的是否为特定物，受遗赠人都不能直接支配遗赠标的，而只能向受遗赠义务人请求履行遗赠，但遗赠请求权也不属于债权。受遗赠人既不是遗赠人的债权人，也不是受遗赠义务人的债权人。遗嘱人的债权人的债权优于受遗赠权，受遗赠人不能与被继承人的债权人平等地分配遗产，只能于清偿遗产债务后接受受遗赠的财产。同时，受遗赠人的受遗赠权优于继承人的继承权。继承人只应当在执行遗赠后才能继承剩余的遗产"[①]。笔者以为，受遗赠权的性质取决于物权变动模式，如果采意思主义，那么受遗赠权就具有直接变动物权的效力，如果采形式主义，那么受遗赠权应当定位成具有债权效力的权利，至于其与遗赠人的一般债权及继承人的继承权之间的优先次序则属于与定性无关的另一问题。我国物权法原则上采形式主义的立场，其中第 9 条规定："不动产物权的设立、变更、转让和消灭，经依法登记，发生效力；未经登记，不发生效力，但法律另有规定的除外"；第 23 条规定："动产物权的设立和转让，自交付时发生效力，但法律另有规定的除外"。因此，对于受遗赠权的性质应以债权说为妥[②]。

在附义务（或负担）的遗赠场合，该义务或负担就成为遗赠法律关系的内容之一。该义务或负担又称"遗托"，具有以下特点：其一，附随性，遗嘱人只能够对受遗赠人设定义务或负担，而不得对未得遗产利益的人设定义务，换言之，不得设定单纯的负担；其二，有限性，在附义务或负担的遗赠中，受遗赠人所负担的义务不得超过遗赠的利益，在因特留份权利人的扣减而致遗赠客体价值减少时，其负担的义务亦应随之减少相应的份额。遗赠所附的义务可以是积极义务，也可以是消极义务。但是所附的义务或负担的内容以确定不法的事项为目的或违反公序良俗的，该义务或负担无效。不过，在义务或负担无效时，遗赠的效力将如何？就此，有两种不同的立法例：其一，原则上有效，例外的无效，《德国民法典》第 2195 条规定："负担之不生效力，仅在须认为被继承人没有该负担就不会给予时，才导致附负担而做出的给予不生效力"；其二，原则上无效，例外的有效，《瑞士民法典》第 482 条第 2 项规定："有违反善良风俗或违法的附加条件或要求内容的，其处分无效"。但该条第 3 项规定，如上述条件或要求令人讨厌或无任何意义，可视其

① 参见郭明瑞、房绍坤、关涛：《继承法研究》，中国人民大学出版社 2003 年版，第 144 页。
② 参见张平华、刘耀东：《继承法原理》，中国法制出版社 2009 年版，第 349 页。

不存在。比较而言，笔者以为，第一种立法例更值得赞同，原因在于其可以充分尊重遗嘱人的意愿，所附的义务或负担本身无效并不妨碍遗赠本身原则上仍符合遗嘱人的意思，如果原则上认定遗赠无效，则相应的财产应当按照法定继承办理，不尽符合当事人的意愿。

四、遗赠的有效条件研究

（一）遗赠人具有相应的行为能力

1. 遗嘱能力与行为能力的关系——立法例及我国的法律规定检讨

（1）立法例

根据继承法第16条第3款的规定，遗赠属于遗嘱的内容之一。而遗嘱如果要具有效力，遗嘱人必须具有相应的行为能力。在遗嘱能力与行为能力的关系方面，主要存在两种立法例：

其一，遗嘱能力与行为能力不一致的立法例。

在采纳此种立法例的国家或地区中，具备遗嘱能力的年龄比具备完全民事行为能力的年龄要小，亦即未成年人可以有效地立遗嘱，其中包括遗赠。比如，《德国民法典》第2条规定："满18周岁即为达到成年年龄"；第2229条则规定："未成年人只有满16周岁才能立遗嘱。（第1款）未成年人无须为立遗嘱而得到其法定代理人的同意。（第2款）[①] 因精神错乱、神志耗弱或意识错乱而不能理解自己所做出的意思表示的意义和按照这一理解实施行为的人，不得立遗嘱（第4款）"。我国台湾地区所谓"民法"第12条规定："满二十岁为成年"；第1186条规定："无行为能力人，不得为遗嘱。（第1款）限制行为能力人，无须经法定代理人之允许，得为遗嘱。但未满十六岁者，不得为遗嘱（第2款）"。

其二，遗嘱能力与行为能力相一致的立法例。

在采纳此种立法例的国家中，具有完全民事行为能力人具有遗嘱能力，不具有完全民事行为能力的人不具有遗嘱能力。比如，在英国法中，21岁为

① 第3款已废止

成年年龄，具有遗嘱能力。《美国统一继承法》规定："一切年满18岁的身心健康的人均可以立遗嘱"。《魁北克民法典》第708条规定："未成年人不得以遗嘱处分其任何遗产"。依据《瑞士民法典》第14条、第15条和第467条的规定，年满18岁为成年人，已经结婚的未成年人也是成年人，年满18岁的人可由监护监督官厅宣布为成年人。凡非因未成年、精神病、精神耗弱、酗酒或者其他类似情况而不能被理智地行为的人均具有本法意义上的判断能力，有判断能力并且年满18岁的人，依法律规定的范围和方式，有权以立遗嘱的方式处分其财产。

（2）我国法律相关规定的检讨

我国《〈继承法〉意见》第41条第1句规定："遗嘱人立遗嘱时必须有行为能力"。而继承法第22条规定："无行为能力人或者限制行为能力人所立的遗嘱无效"。由此可见，只有完全民事行为能力人，才有设立遗嘱的行为能力即遗嘱能力，不具有完全民事行为能力的人不具有遗嘱能力。值得注意的是，继承法领域中的行为能力与民法通则不同，《〈继承法〉意见》第7条规定："不满六周岁的儿童、精神病患者，可以认定其为无行为能力人。已满六周岁，不满十八周岁的未成年人，应当认定其为限制行为能力人"。民法通则中限制民事行为能力的起始年龄是10周岁。我国民法总则规定限制民事行为能力的起始年龄是8周岁。

笔者以为，将享有遗嘱能力的年龄定为成年的年龄并进而认定限制行为能力人的遗赠一律无效不尽妥当。理由在于：其一，限制行为能力人在与其年龄和精神健康状况相适应的范围内拥有处分其个人财产的能力或资格，相应地，其签订的赠与合同应属有效，同样属于无偿处分财产的遗赠完全不能发生效力有违"同样的问题同等对待"的原则。遗嘱在立遗嘱人死亡时才会发生效力，并且可以随时撤销或撤回，允许达到一定年龄的未成年人立遗嘱并不会损害遗嘱人的利益，反倒可以充分尊重其意愿。另外，允许这些人立遗嘱也不会损害第三人的合法权益。其二，依据民法通则第11条第2款规定，"十六周岁以上不满十八周岁的公民，以自己的劳动收入为主要生活来源的，视为完全民事行为能力人"。所谓"以自己的劳动收入为主要生活来源"，是指"能够以自己的劳动取得收入，并能维持当地群众一般生活水平的"（《最高人民法院关于贯彻执行〈中华人民共和国民法通则〉若干问题的意见

（试行）》第2条）。《中华人民共和国民法总则》延续了此种规定。既然这部分人属于完全民事行为能力人，那么允许他们订立遗嘱应当是理所当然的结论，但是现行继承法和《〈继承法〉意见》完全忽略了这部分完全行为能力人的存在，不尽妥当，未来民法典应当予以纠正。

综上所述，笔者以为，在未来民法典中，一方面，应适当认可部分未成年人订立遗嘱处分某些财产的能力；另一方面，应当与民法总则的规定保持一致，完全认可拥有完全民事行为能力的未成年人享有立遗嘱的能力。

2. 遗嘱能力判断的时点

遗嘱自设立到生效往往要经过一定的期间，该期间内，立遗嘱人的民事行为能力可能会发生变化。遗嘱能力的有无究竟应当以立遗嘱时为准还是以遗嘱生效时为准值得斟酌。比较法上，有的国家明确规定以立遗嘱时为准，比如，《阿根廷民法典》第3613条规定："为判断订立遗嘱的能力，应当仅以订立遗嘱之时为准，而遗嘱人在死亡时是否具有能力，则在所不问"。我国《〈继承法〉意见》第41条也规定："遗嘱人立遗嘱时必须有行为能力。无行为能力人所立的遗嘱，即使其本人后来有了行为能力，仍属无效遗嘱。遗嘱人立遗嘱时有行为能力，后来丧失了行为能力，不影响遗嘱的效力"。由此可见，我国现行法也是以立遗嘱时为判断遗嘱能力的时点的。鉴于遗嘱涉及依自己的意愿遗赠或安排遗嘱继承的事宜，应当要求行为人在做出该行为时拥有相应的行为能力，唯有如此，才能体现立遗嘱人真正的自愿。因此，现行法的相关规定较为妥当，未来民法典应当予以坚持。不过，还有一点值得改进之处，如果遗嘱人立遗嘱时没有遗嘱能力，但是在取得遗嘱能力之后做出认可先前遗嘱意思表示并且该表示符合遗嘱形式要求的，应当认定先前所立的遗嘱有效。

（二）遗赠的意思表示不存在瑕疵并且不存在无权处分

遗赠属于依遗嘱人的自愿处分财产的行为，因此相应的意思表示应当真实或不存在瑕疵。在意思自治原则之下，意思表示原则上能够发生法律效力。因此，我们需要关注的是意思表示瑕疵对遗赠行为效力的影响。概括来看，与遗赠意思表示相关的瑕疵主要包括：单独虚伪表示、错误、欺诈、胁迫、乘人之危。继承法仅对欺诈和胁迫的效力做了规定，第22条第2款规定："遗嘱必须表示遗嘱人的真实意思，受胁迫、欺骗所立的遗嘱无效"。对照

《中华人民共和国民法总则》的相关规定可以看出，现行继承法的规定构成特别规定，因为欺诈、胁迫行为的一般效力是可撤销。其原因主要是为防止遗嘱人死亡之后，继承人没有及时撤销而致使欺诈者和胁迫者取得不当利益。对于现行继承法没有做出明确规定的其他效力瑕疵，笔者以为如下处理方案似乎较为妥当：就乘人之危而言，鉴于其在法律上的可非难程度与欺诈或胁迫无异，应当类推适用继承法第 22 条的规定，认定该意思表示无效。就单独虚伪表示而言，应当认定遗赠无效，并进而根据意思表示的解释规则认定相关财产应当如何处理。对于意思表示的解释问题，《中华人民共和国民法总则》规定："无相对人的意思表示的解释，不能拘泥于所使用的词句，而应当结合相关条款、行为的性质和目的、习惯以及诚实信用原则，确定行为人的真实意思"。就错误而言，笔者以为应当区分意思表达阶段的错误（即"想对了但说错了"）与意思形成阶段的错误（即"想错了但说了所想的"），对于前者应当尽力通过灵活运用上述解释规则探求当事人的真实内心意思，对于后者则应区分当事人为何形成了错误的意思，如果完全是自身原因造成的，应当先尝试探求当事人的内心真意，在不能准确得出结论的情况下，应当认定遗赠无效；对于因他人的原因所致的错误，则应当类推适用欺诈的规则，认定遗赠无效。

遗赠所处分的财产应当属于遗嘱人。《〈继承法〉意见》第 38 条规定："遗嘱人以遗嘱处分了属于国家、集体或他人所有的财产，遗嘱的这部分，应认定无效"。由此可见，虽然学界一般认为无权处分行为通常效力待定，但是在遗嘱领域，无权处分的效力较为特殊，其是构成遗嘱无效的原因。这是由遗嘱行为自立遗嘱人死亡时才发生法律效力的特殊属性所决定的。

（三）遗赠不得违反公序良俗

虽然继承法和《〈继承法〉意见》并没有做出明确的规定，但是作为民事法律行为的一种，遗赠不得违反公序良俗应当是理所当然的结论。所谓公序良俗是公共秩序和善良风俗的合称。公共秩序是指，社会的存在及其发展所必要的一般秩序。通常情况下，违反禁止性规定的，就属于违反公共秩序，但法律难以将所有违反公共秩序的行为列举完全，因此公共秩序一词可以起到概括性条款作用。善良风俗是指社会的存在及其发展所必要的一般道德，它是将人们应当遵守的最低限度的道德予以法律化①。在遗赠不得违反公序良俗问题上，我国曾发生过著名的关涉向婚姻之外的第三者遗赠的“张学英诉蒋伦芳案”。鉴于这一案件颇具理论和实践意义，以下笔者将进行较为详细的分析：

该案的基本案情是：蒋伦芳与已故的黄永彬原系夫妻关系，黄永彬与张学英存在婚外同居关系。黄永彬通过公证遗嘱的方式将财产遗赠给张学英，遗赠的财产中有些属于夫妻共有财产，对这部分遗赠不应发生效力并无疑问，有问题的是，黄永彬处分个人财产的遗赠效力如何。

法院认为：“遗赠属一种民事法律行为，民事行为是当事人实现自己权利，处分自己的权益的意思自治行为。当事人的意思表示一旦做出就成立，但遗赠人行使遗赠权不得违背法律的规定。且根据《中华人民共和国民法通则》第7条的规定，民事行为不得违反公共秩序和社会公德，违反者其行为无效。本案中遗赠人黄永彬与被告蒋伦芳系结婚多年的夫妻，无论从社会道德角度，还是从《中华人民共和国婚姻法》的规定来讲，均应相互扶助、互相忠实、互相尊重。但在本案中遗赠人自1996年认识原告张学英以后，长期与其非法同居，其行为违反了《中华人民共和国婚姻法》第2条规定的一夫一妻的婚姻制度和第3条禁止有配偶者与他人同居以及第四条夫妻应当互相忠实、互相尊重的法律规定，是一种违法行为。遗赠人黄永彬基于与原告张学英有非法同居关系而立下遗嘱，将其遗产和属被告所有的财产赠与原告张学英，是一种违反公共秩序、社会公德和违反法律的行为”。

笔者以为，该判决道德色彩浓厚，结合当时婚姻之外的第三者已经对家庭关系的稳定性带来巨大影响的状况，法院做出该判决是情有可原的，也值得赞同。不过，就法律规定的适用而言，该判决却存在瑕疵，民法通则第7条并没有规定行为无效的结果，因此直接援用该条并不妥当。更适合的法律规定是第58条第5项，即“违反法律或者社会公共利益的行为无效”。学界一般将该项解释为违反公序良俗的行为无效，该遗赠行为可以理解为违反了社会公共利益，具体指向维护家庭稳定的利益。向婚姻之外的第三者无偿转移财产的行为时有发生，其他国家或地区也存在此种情况，它们的处理方案

① 参见魏振瀛主编：《民法》（第5版），北京大学出版社2013年版，第28页。

可能存在值得借鉴之处。以下将简要介绍德国法中的处理方案。卡尔·拉伦茨教授指出："如果无偿资助是为了鼓励合同另一方从事某种违反道德的行为，或者是对合同另一方实施这种行为的一种奖励，则这种无偿资助根据判例是违反善良风俗的。这里特别值得考虑的是对通奸行为的奖励。这同样适用于在最后遗嘱中规定给予的资助。如果资助是为了要求继续保持通奸关系，或者是为了对情人的热情进行奖励而做出的，这种资助根据判例完全无效。当然，上述情况作为资助的唯一或者主要动机的情况是很少的。赠送或在最后遗嘱中规定对长期情人的资助，这个赠送和资助的目的往往是为了保证情人的生活，这种赠送或资助不能被看作为所谓的'奖励'，也不违反善良风俗，只要这种赠送和资助不是特别地不考虑他自己在道德上对妻子和子女应负的最低的义务要求"[①]。笔者以为，这种区分不同情况对待向第三人遗赠的效力的做法值得参考，其既确保了公序良俗的实现，又不至于过分限制遗嘱人对个人财产的自由处分。

在遗赠行为不得违反公序良俗方面，还有一个问题值得探讨，即不得违反特留份的相关规定。所谓特留份，是指法律规定的遗嘱人不得通过遗嘱处分的，由法定继承人继承的遗产份额。其实质是对遗嘱自由的限制。特留份具有以下特征：其一，特留份是法律特别规定的继承权；其二，特留份为应保留于继承人的被继承人遗产的一部分；其三，特留份是不可侵害的继承份额；其四，继承人所受的特种赠与如果与特留份份额相等或已超过该份额时，特留份自然消灭[②]。如果遗赠影响到特留份实现的，遗赠部分无效，特留份权利人有权要求扣减，在附义务或负担的遗赠场合，这种扣减相应地会影响到义务或负担的履行。值得注意的是，我国现行法对于特留份的规定较为粗略，《〈继承法〉意见》第37条规定："遗嘱人未保留缺乏劳动能力又没有生活来源的继承人的遗产份额，遗产处理时，应当为继承人留下必要的遗产，所剩余的部分，才可以参照遗嘱确定的分配原则处理。继承人是否缺乏劳动能力又没有生活来源，应按遗嘱生效时该继承人的具体情况确定"。未来民法典应当对之进行适当扩张，更宽泛地认可法定继承人的特留份权利。

---

① 参见［德］卡尔·拉伦茨：《德国民法通论》，谢怀栻等译，法律出版社2003年版，第614－615页。

② 参见张平华、刘耀东：《继承法原理》，中国法制出版社2009年版，第271－277页。

（四）遗赠的意思表示必须符合法定的形式要件

由于遗赠是遗嘱的内容之一，其必须遵循法定的形式要求。法律规定遗嘱必须具备严格的形式目的是：其一，确保遗嘱人的意思表示是其本人真实的表示；其二，遗嘱在立遗嘱人死后才发生效力，如果不要求其具备严格的形式，容易滋生争议，而此时被继承人已经死亡，相关争议将无法得到妥当的解决。

我国继承法所规定的遗嘱形式包括：自书遗嘱、代书遗嘱、录音遗嘱、口头遗嘱和公证遗嘱。自书遗嘱由遗嘱人亲笔书写，签名，注明年、月、日；代书遗嘱应当有两个以上见证人在场见证，由其中一人代书，注明年、月、日，并由代书人、其他见证人和遗嘱人签名；以录音形式立的遗嘱，应当有两个以上见证人在场见证；口头遗嘱只是遗嘱人在危急情况下才可以采用的遗嘱形式，立口头遗嘱应当有两个以上见证人在场见证，在危急情况解除之后，遗嘱人能够用书面或录音形式立遗嘱的，该口头遗嘱无效；公证遗嘱是指，经由公证机关公证的遗嘱。在这些遗嘱形式中，公证遗嘱的效力最强，《〈继承法〉意见》第42条规定："遗嘱人以不同形式立有数份内容相抵触的遗嘱，其中有公证遗嘱的，以最后所立公证遗嘱为准；没有公证遗嘱的，以最后所立的遗嘱为准"。法律之所以这样规定是因为，公证遗嘱的修改程序严格，可以避免遗嘱人的真实意思被篡改。

虽然没有满足遗嘱形式要求的遗嘱无效，但是实践中的一些特殊情况值得再予斟酌。最典型的情况是打印遗嘱的效力。在某人用设备打印遗嘱内容并且亲自签名注明日期的情况之下，究竟应定性为自书遗嘱还是代书遗嘱值得探讨。从继承法关于自书遗嘱的规定的文义可以看出，其似乎无法归入该类遗嘱的范畴，因为该类遗嘱要求内容也必须是本人亲自书写的；但是归入代书遗嘱也存在问题，因为首先其明显不是代书的，另外如果归入该类遗嘱导出的结论将是该遗嘱无效，原因在于其没有见证人。不过，严格适用现行法将导出以下不合理的结果，即无法充分实现当事人安排身后财产事务的意愿。笔者以为，在遗嘱形式的效力问题上，存在两种诉求的冲突：其一，如果要充分尊重某个特定当事人的意愿，就应当适当突破法定形式的限制，否则很容易发生"因'形'害'义'"的结果；

其二，如果适当突破法定形式的限制，也存在难以处理的棘手问题，即界限在哪里。另外，适当突破限制还可能会引发遗嘱伪造，毕竟伪造签名比伪造整份手写遗嘱要简单得多。权衡之下，笔者赞同严格要求遗嘱形式的主张，如果当事人所立的遗嘱不符合法律的规定就认定该遗嘱不发生效力，虽然从具体的个案来看，此种做法过于苛刻，但作为一种长期适用的规则其是较为合理的制度安排。原因在于：一方面，法律具有公知性，每个公民都应当明晓法律的内容，如果法律明文规定了遗嘱应当具备的形式，那么当事人应予以严格遵守并非是过分的要求。当然，实践中，当事人不一定知道法律的相关规定，但这也不应当构成否定法律适用的理由，其可以寻求相关的法律服务或者阅读相关规定。另外，从国家角度而言，也应当加大法律宣传的力度，使法律的公知性落到实处。另一方面，严格的形式要求能够促使欲立遗嘱的人自觉遵守法律的相关规定，进而可以避免不规范遗嘱出现的可能性，不规范遗嘱减少之后，遗嘱伪造的难度将显著增加，伪造遗嘱的情形将会减少；而伪造遗嘱的情形减少之后，立遗嘱人的意愿才能够最大限度地得到实现。不过，法律也应当根据社会的发展，逐步引入新的遗嘱形式，比如以数据电文形式订立的遗嘱，在满足电子签名法等相关法律规定的情况下，也可以作为有效的遗嘱。最后需要讨论的密封遗嘱，该种遗嘱是指遗嘱人将其秘密做成的遗嘱密封后，指定二人以上的见证人，经公证人签证的遗嘱形式。概括其他国家或地区的相关规定来看，密封遗嘱具有如下特征：第一，遗嘱人须于遗嘱上签名；第二，须将遗嘱书密封并于密封处签名；第三，须遗嘱人指定两人以上的见证人并需要向公证人提出；第四，须由公证人、遗嘱人及见证人于封面同行签名。该种遗嘱的优点在于，公证人不知道遗嘱内容，从而可以保持遗嘱的秘密性；另外经由公证人的参与使得遗嘱伪造难以实施。此种遗嘱与公证遗嘱差异颇大，由于公证人不知道遗嘱的内容，无法确保其真实性，因此不宜认可其具有特殊效力。考虑到密封遗嘱的优点，未来民法典可以考虑将之作为遗嘱的形式之一，并与自书遗嘱作类似对待。

五、遗赠的放弃、接受及执行等问题研究

（一）遗赠的放弃和接受

我国继承法第25条规定："受遗赠人应当在知道受遗赠后两个月内，做出接受或者放弃受遗赠的表示。到期没有表示的，视为放弃受遗赠"。由此可见，受遗赠人必须在法定期间内做出放弃或接受遗赠的意思表示。这种规定在比较法上较为特殊，一般是未作任何表示视为接受遗赠。比如，我国台湾地区所谓"民法"第1206条规定："受遗赠人在遗嘱人死亡后，得抛弃遗赠。（第1款）遗赠之抛弃，溯及遗嘱人死亡时发生效力（第2款）"；第1207条则规定："继承人或其他利害关系人，得定相当期限，请求受遗赠人于期限内为承认遗赠与否之表示；期限届满，尚无表示者，视为承认遗赠"。如上所述，遗赠体现的是遗嘱人处分个人财产的意愿，法律原则上应当予以充分尊重，我国现行继承法中的法律拟制过分注重法定继承人权益保护，存在值得检讨之处，未来民法典应当采纳"没有任何表示即拟制接受遗赠"的做法。不过，现行法律制度安排的目的在于确保法定继承人的生活或者生存需要，未来法律制度的改革应当与法定继承人的权利保障制度（特别是特留份制度）的改革同时进行。另外，现行继承法中期间的起算点是受遗赠人"知道受遗赠后"，主张其错过期间者，应当就此负担证明责任，但是在很多情况下，证明此点存在显著困难，未来民法典应当修改为"知道或者应当知道受遗赠后"。

接受或者放弃遗赠的意思表示不得撤销，原因在于，如果允许撤回或撤销将影响遗产的处理，进而可能损害其他利害关系人的利益。不过，受遗赠人的意思表示存在瑕疵的场合，应当允许其主张撤销。笔者以为，《日本民法典》的以下规定值得赞同，第989条规定："遗赠的承认及放弃，不得撤销。（第1款）第九百一十九条第（二）款（继承承认或放弃的撤销）的规定，准用于遗赠的承认以及放弃（第2款）"。第919条第2款涉及的就是基于意思表示瑕疵的撤销。

关于遗赠的接受与放弃还有一个问题需要探讨，即受遗赠人在遗嘱人死

亡之后但是在做出接受或放弃遗赠的意思表示之前死亡的情况下，受遗赠人的继承人能否代为表示接受遗赠？我国通说认为，不可以，理由主要是：受遗赠人的受遗赠权只能由其本人享有，不得转让①。笔者以为，继承开始以后，受遗赠人接受或放弃遗赠之前，其已经享有了某种现实的权利，这种权利在性质上属于债权。接受或放弃遗赠可以理解为对已经享有的某种权利的确认或抛弃。正因为如此，对于以债务免除为内容的遗赠，受遗赠人无法放弃。因此，在本段所述的情况下，不应当剥夺受遗赠人的继承人接受或放弃的权利，其可以在自己继承权的范围内选择接受或放弃受遗赠权。在受遗赠人的继承人有数人的情况下，笔者以为，史尚宽先生的见解值得赞同，即各继承人均可以在自己的应继份额范围内进行承认或放弃，某继承人放弃的部分当然地归属于受遗赠人的其他继承人②。

（二）遗赠的执行

1. 执行人

遗赠的执行人就是遗嘱执行人，由于该执行行为非常重大和复杂，因此执行人必须具有完全民事行为能力。有些国家甚至规定“破产人”不得担任执行人（《日本民法典》第1009条），为充分保护继承人或受遗赠人利益，我国未来民法典可以考虑借鉴此种规定。另外，《魁北克民法典》的规定也值得赞同，其第783条规定：“能充分行使民事权利的人都可以担任遗产清算人的职务。经法律许可管理他人财产的法人可以担任遗产清算人职务”。鉴于我国的实际情况，未来民法典不仅应当认可自然人的遗嘱执行人地位，还应当认可法人和非法人组织（比如律师事务所等组织）的遗嘱执行人地位。

就执行人的产生方式而言，继承法仅承认遗嘱人在遗嘱中指定执行人的方式。从比较法上来看，执行人的产生方式主要包括遗嘱指定、遗嘱委托第三人指定或法院选任。在我国现行法之下，很容易出现执行人缺位的局面，为矫正这一状况，有学者指出，遗嘱执行人的确定可以按照以下三种方式进

① 参见房绍坤等：《民商法原理》（三），中国人民大学出版社1999年版，第690页。

② 参见史尚宽：《继承法论》，中国政法大学出版社2000年版，第545页。

行[①]：其一，由遗嘱人在遗嘱中指定或者在遗嘱中委托第三人指定；其二，遗嘱人未指定遗嘱执行人、指定不明确或者指定的遗嘱执行人不能执行遗嘱的情况下，遗嘱人的法定继承人作为遗嘱执行人；其三，在遗嘱中没有指定遗嘱执行人也没有法定继承人能够执行遗嘱时，由遗嘱人生前所在单位或继承开始地的村民或居民自治组织作为遗嘱执行人。需要指出的是，在遗嘱人通过遗嘱指定执行人的情况下，可以指定一名执行人也可以指定数名执行人，甚至可以指定候补执行人。

就执行人的地位而言，学说认识不一，主要有代理说、固有权说和信托受托人说。代理说认为，遗嘱执行人在遗嘱继承人关系中处于代理人的地位，至于其究竟是谁的代理人，则存在三种不同的观点：一是被继承人的代理人说，此说与民事权利能力终于死亡的立场可能存在冲突；二是继承人的代理人说，我国台湾地区所谓“民法”就采纳了该说，其第1215条第2款规定：“遗嘱执行人因前项职务所为之行为，视为继承人之代理”；三是遗产的代理人说，该说将遗产视为独立的法律实体，进而将执行人作为遗产的代理人，其与现行的民事主体理论相去甚远，难以被我国采纳。固有权说则认为，遗嘱执行人执行遗嘱是基于其固有的权利，其既非被继承人的代理人，亦非继承人的代理人，更非遗产的代理人。该说也分三种观点：一是机关说，其认为遗嘱执行人是被继承人法律上所认可的利益机关，此说还是以该利益作为独立的人格体，存在与遗产代理人说相同的问题；二是限制物权说，其认为遗嘱执行人为限制的包括继承人或受托人，在遗产上享有限制物权；三是任务说，该说认为遗嘱执行人的地位类似于破产管理人，基于其任务而享有法律上的独立地位。这三种学说比较来看，任务说比较符合现行法的逻辑，也为我国多数学者所认可[②]。信托受托人说认为，遗嘱执行人既不是代理人也不是享有固有职责的人，而是信托关系中的受托人。张平华教授、刘耀东博士持此种见解，其指出：“遗嘱执行人在忠实地（loyally）、谨慎地（prudentially）执行遗嘱时，继承人对遗产的管理处分权被收回给遗嘱执行人，遗产保持相对的独立性。遗嘱执行人即使是

① 参见梁慧星主编：《中国民法典草案建议稿附理由（侵权行为编·继承编）》，法律出版社2004年版，第214页。

② 参见张平华、刘耀东：《继承法原理》，中国法制出版社2009年版，第365页。

继承人，其执行遗嘱的利益也在于使债权人、受遗赠人受益，而不是或不仅仅是为了自己受益，这些都与信托架构极为相似。当然遗嘱执行结果受益的不一定仅仅是继承人和受遗赠人，债权人也往往是最大的受益者，因此，对于此点不必费心去创设出真正信托那样的双重财产权构造，和去寻找谁是受益人”①。

就执行人的接任而言，遗嘱指定的执行人可以选择接受或者不接受任务。但是，在继承开始后，遗产处于一种亟须获得稳定的状态，继承人的利益需要得到满足，债权人的债权有待清偿，因此执行人接受与否的意思表示应当在合理期间内尽快做出。如果该执行人不置可否时，应当给继承人和利害关系人一定的救济手段，就此《日本民法典》的规定值得赞同，该法典第1008条规定：“继承人及其他利害关系人，得定相当期间，对遗嘱执行人，催告其应在此期间内明确答复是否承诺就任。如果遗嘱执行人在此期间内未对继承人为明确答复时，视为其承诺就任。”就执行人的辞任而言，辞去职务应当是其权利，但问题是向谁辞任。比较法上有两种不同的做法：其一，要求遗嘱执行人向法院提出辞任；其二，没有明文规定，准用关于代理的规定。第一种做法不符合我国的法律状况，因为在我国遗嘱执行人并非由法院任命，一律要求向法院提出辞任没有依据。权衡之下，笔者比较赞同以下看法，即“遗嘱执行人只能向继承人、受遗赠人（受益人）辞任”②。不过，在就遗产继承或遗赠发生诉讼的情况下，辞任应当同时向法院提出。就遗嘱执行人的解任而言，其他国家或地区的限制均较为严格，比如我国台湾地区所谓“民法”第1218条规定：“遗嘱执行人怠于执行职务，或有其他重大事由时，利害关系人，得请求亲属会议改选他人；其由法院指定者，得声请法院另行指定。”就我国大陆地区而言，以下见解值得赞同，即“遗嘱执行人不能适当地履行自己的职责时，遗嘱继承人、受遗赠人及其他利害关系人可以申请人民法院撤销其遗嘱执行人的资格”③。

---

① 参见张平华、刘耀东：《继承法原理》，中国法制出版社2009年版，第367页。

② 参见张平华、刘耀东：《继承法原理》，中国法制出版社2009年版，第369页。

③ 参见张平华、刘耀东：《继承法原理》，中国法制出版社2009年版，第369页。

2. 执行的程序

（1）准备程序

遗嘱执行的准备程序包括遗嘱的提示与开视两个环节。其他国家或地区一般都通过细致的规定使遗嘱的提示和开视严肃化、正式化。比如，我国台湾地区所谓“民法”第1212条规定了遗嘱的提示，即“遗嘱保管人知有继承开始之事实时，应即将遗嘱提示于亲属会议；无保管人而由继承人发现遗嘱者亦同”；第1213条规定了遗嘱的开视：“有封缄之遗嘱，非在亲属会议当场或法院公证处，不得开视。前项遗嘱开视时应制作记录，记明遗嘱之封缄有无毁损情形，或其他特别情事，并由在场之人同行签名。”我国现行继承法中没有规定相应的程序，构成法律漏洞。未来可以考虑以如下方式弥补：首先，要求保管遗嘱或发现遗嘱的人在继承开始时或发现遗嘱时立即提示；第二，要求遗嘱执行人在被继承人死亡时立即通过继承人并在被继承人生前所在单位、居住地的居民委员会或村民委员会的代表面前开启遗嘱，当众阅读遗嘱内容，并做出文件，要求在场者签字见证。

（2）遗赠的履行

根据现行法的规定，遗赠的履行应当在清偿债务之后。继承法第34条规定，“执行遗赠不得妨碍清偿遗赠人依法应当缴纳的税款和债务”。不过，相较于法定继承和遗嘱继承，遗赠原则上具有优先性，其只是受到特留份的限制。这种做法具有其正当性，受遗赠人属于无偿取得财产，不应因此而损害立遗嘱人的债权人的利益，另外，在保证继承人基本生存保障之需要的前提下，应当充分尊重遗赠人的自愿原则，确保受遗赠人的利益得到实现。在附义务的遗赠场合，虽然受遗赠人并非完全无偿取得财产，但笔者以为，在执行遗赠与保护其他债权人利益发生冲突的场合，也应当优先保护后者，受遗赠人完成所附义务之后仍要承担无法获得遗赠财产的风险。

在具体履行遗赠时，应当遵循财产权利变动的一般规则，对于物权而言，动产应当交付受遗赠人，这里所说的交付应当包括简易交付、指示交付和现实交付，但是不应当包括占有改定，因为遗嘱人已经死亡，占有改定会徒增遗产处理的困扰。对于特殊动产而言，除了交付之外，还应当完成移转登记，未予登记的，该物权移转不能对抗善意第三人。就不动产而言，既要完成交付，也要完成过户登记。值得注意的是，在债权遗赠进而导致担保该债权的担保物权一并转移的场合，虽然也应当完成登记转移等手续，但在完成这些手续之前，受遗赠人应当就已经现实地享有了相应的担保物权，转移登记只是对已经享有的权利的确认。对于债权，执行人或受遗赠人应当通知债务人，未通知的，债务人向继承人的清偿有效。对于知识产权、社员权等权利而言，应当完成相关法律所规定的登记等手续。这些权利在完成法律所规定的程序之后发生移转。

第三章 遗产保护与管理制度研究

关于继承，最重要的问题就是如何根据被继承人的遗嘱或者法律规定，在继承人之间、继承人以及其他遗产利害关系人之间公平地分配遗产，而遗产的完整和安全则是继承权、遗产债权和遗产取得权实现的前提。由此可见，为了保护遗产的完整和安全，构建科学合理的遗产管理制度举足轻重①。

众所周知，继承在被继承人死亡后开始，被继承人的财产作为遗产由继承人继承。从继承开始起，到遗产分割时止，必然发生遗产的保管问题。但是在被继承人死亡至遗产分割这段时间内，遗产的权属实际上处于法律调控的“真空”状态。如果遗产若无人管理或者管理不当，继承人、遗产债权人及受遗赠人的合法权益均有可能受到损害。近些年来，画家陈逸飞遗产纠纷案、相声演员侯耀文遗产纠纷案、画家娄师白遗产纠纷案、画家李可染遗产纠纷案、国画大师许麟庐遗产纠纷案、国学大师季羡林遗产纠纷案等案件都曾闹得沸沸扬扬，引起轩然大波，而导致此类案件发生的原因除了遗产范围的确定因素，主要是由于遗产保护和管理不当，由此也引发了学者们关于遗产管理制度的研讨。

一、遗产管理制度概述

（一）遗产管理制度的内涵界定

鉴于目前学界对于遗产管理的制度存在“遗产管理制度”和“遗产管理人制度”的不同称谓，而且对“遗产管理制度”和“遗产管理人制度”的内

① 参见付翠英：《遗产管理制度的设立基础与体系架构》，载《法学》2012 年第 8 期。

涵界定也不尽相同，因此在研究遗产管理制度之前，首先有必要对其内涵予以界定，明确遗产管理制度的应有之义。

在论及被继承人死亡之后，由特定的主体对遗产进行清算、保护和管理等一系列行为所确定的制度，究竟谓之为“遗产管理制度”抑或“遗产管理人制度”，我国学界因思考维度的不同，众说纷纭、莫衷一是。有些学者称之为遗产管理制度，代表学者包括郭明瑞、房绍坤、何丽新、张玉敏、陈苇、杨立新、王丽萍、薛宁兰等。例如，郭明瑞、房绍坤认为，“我国现行继承法规定的遗产保管人与遗产管理人尚存在差距，应当健全我国的遗产管理制度”①。何丽新等指出，“在未来编纂民法典时，有必要在其继承法编下的遗产处理中确立完善的遗产管理制度”②。薛宁兰等认为，“修改我国现行继承法应考虑到我国当前社会的现实情况和相关的民俗，有必要对域外国家立法例进行科学、辩证的借鉴，然后确立完善的遗产管理制度”③。陈苇提出，“关于遗产管理，我们建议构建完备的遗产管理制度”④。张玉敏认为，“国家对继承关系进行干预的一个重要制度就是遗产管理制度”⑤。王丽萍指出，“在继承法中，应确立平等的保护继承人与债权人利益的理念，明确要求遗产债权的清偿应优先于遗产分割，规定完善的遗产管理制度”⑥。而有些学者则认为应当确立遗产管理人制度，代表学者包括梁慧星、王利明等。例如，梁慧星提出，“有必要借鉴别国立法，普遍设立遗产管理人制度，以提高遗产处理的效率，减少纠纷，并保护遗产债权人的利益”⑦。王利明认为，“我国继承法未建立遗产管理人制度，与我国无条件地限定继承原则不符，本建议稿规定遗产管理人制度，并将其设定于继承编总则，旨在于继承活动中建立普

---

① 参见郭明瑞、房绍坤、关涛：《继承法研究》，中国人民大学出版社2003年版，第94页。

② 参见何丽新、谢美山：《建立完善的遗产管理制度》，载《中国民法典基本理论问题研究》，人民法院出版社2004年版，第337页。

③ 参见薛宁兰、邓丽：《中国大陆遗产管理制度构建之探讨——兼论无条件限定继承原则的修正》，载《月旦民商法》2012年第9期。

④ 参见陈苇：《外国继承法比较与中国民法典继承编制定研究》，北京大学出版社2011年版，第134页。

⑤ 参见张玉敏：《中国继承法建议稿及立法理由》，人民法院出版社2006年版，第27页。

⑥ 参见王丽萍：《债权人与继承人利益的协调与平衡》，载《法学家》2008年第6期。

⑦ 参见梁慧星：《国民法典草案建议稿附理由——侵权行为篇·继承编》，法律出版社2004年版，第229页。

遍的遗产管理人制度”①。

相比之下，对于被继承人死亡之后，由特定的主体对遗产进行清算、保护和管理等一系列行为所确定的制度，称之为“遗产管理制度”比较恰当。因为遗产管理制度是一项综合性的制度，其通常是由特定的主体在继承开始之后直至遗产分割前这一阶段对遗产进行有效的管理而实现的。遗产管理人只是遗产管理的实施主体，并不代表整个管理制度可以由遗产管理人取代。此外，有些国家对遗产管理人的称谓也不一致，有遗产保佐人、遗产清算人、遗产代理人、遗产保护人等多种称谓，如果仅仅根据遗产管理主体的名称决定该制度的具体称谓，不够科学合理，而且无法适应遗产管理主体称谓改变的情况。以遗产管理人制度指代遗产管理制度，实乃以偏概全。故此，采用“遗产管理制度”这一称谓，其涵盖的范围更广，比“遗产管理人制度”更为科学合理，更能体现遗产管理人对遗产进行的一系列的综合性管理②。

对于遗产管理制度的内涵界定，学界可谓仁者见仁智者见智。杨立新认为，遗产管理制度是指在继承开始后，为了保护遗产不被损毁或散失，必须确定遗产管理人对被继承人财产进行管理的制度③。付翠英提出，遗产管理制度是指管理人在继承开始后对遗产实施相应的管理措施，由遗产管理人制度、遗产清算制度、遗产保全制度、编制遗产清册制度、公示催告制度、遗产破产制度以及遗产分配方案等予以实现④。陈苇认为，遗产管理制度是指在继承开始阶段，由遗产管理人保护和管理待继承的遗产，使遗产在未被接受或抛弃前免受损害的制度⑤。王丽萍指出，遗产管理制度是指遗产管理人在继承开始后先清偿遗产债务后分配剩余遗产的制度⑥。薛宁兰等认为，遗产管理有广义和狭义之分，广义的遗产管理是指凡继承开始后遗产分割前对遗产的保管、清理行为都可谓之遗产管理；而狭义的遗产管理是指在继承开始后至遗产分割前，有关主体依据法律的规定或有权机关的指定，以维护遗产价值和遗产

---

① 参见王利明：《中国民法典学者建议稿及立法理由——人格权编·婚姻家庭编·继承编》，法律出版社2005年版，第487页。

② 参见石婷：《遗产管理制度的体系化研究》，载《学术探索》2016年第5期。

③ 参见杨立新：《家事法》，法律出版社2013年版，第538页。

④ 参见付翠英：《遗产管理制度的设立基础与体系架构》，载《法学》2012年第8期。

⑤ 参见陈苇：《外国继承法比较与中国民法典继承编制定研究》，北京大学出版社2011年版，第134页。

⑥ 参见王丽萍：《债权人与继承人利益的协调与平衡》，载《法学家》2008年第6期。

权利人合法利益为宗旨，对被继承人的遗产实施管领、清算的行为①。

通过分析对比上述学者对遗产管理制度的内涵界定，不难发现，学者各自从不同的视角概括了遗产管理制度的内涵：或者强调遗产管理人管理遗产的目的；或者侧重于遗产管理人的职责；或者关注遗产管理的管理程序；或者从广义和狭义的角度对遗产管理予以界定。但是整体而言，上述界定都不够全面，在一定程度上缺乏对遗产管理制度的综合概括。

由是可对遗产管理制度作如下界定：所谓遗产管理制度，是指在继承开始后遗产分割前，有关主体依据法律的规定或有权机关的指定，承担保护和管理待继承遗产的职责，通过其对遗产实施有效的管理使遗产在未被接受或抛弃前免受损毁，保障遗产公平、有序分配的制度。换言之，遗产管理制度是为了确保遗产的完整性和安全性，公平、有序地分配遗产，使遗产上的各项权利得以实现的一项综合性制度，其旨在对被继承人的遗产予以保护和管理。在继承开始后，到遗产的最终分割、处理时止，为了保护遗产免遭损毁或者灭失，必须确定遗产管理人，对被继承人的遗产进行管理。在学理上，遗产管理有狭义和广义之分。所谓狭义的遗产管理，是指继承开始之后遗产分割之前，有关主体按照法律的规定或者有权机关的指定，为了维护遗产价值和遗产权利人的合法利益，对被继承人的遗产实施管理、清算的行为。而广义的遗产管理除了包括狭义的遗产管理，而且还涵盖了在继承开始以后遗产分割以前其它对遗产的保管、清理行为②。

（二）遗产管理制度的功能

整体而言，遗产管理制度主要具有如下四个方面的功能：第一，保护和管理遗产。根据遗产管理制度，遗产管理人接管遗产，对遗产进行清点、盘存，编制清册，确认遗产的范围和价值。遗产管理人对遗产的使用或改良，应当尽善良管理人的义务，对不宜保存的遗产进行变卖，使遗产免受侵害和损毁，达到保护遗产的目的。第二，维护相关遗产权利人的利益。根据遗产管理制度，遗产管理人在接管遗产后，负责通知遗产的债务人和债权人在规

---

① 参见薛宁兰、邓丽：《中国大陆遗产管理制度构建之探讨——兼论无条件限定继承原则的修正》，载《月旦民商法》2012 年第 9 期。

② 参见李子瑾、张志媛、任丁：《遗产管理人制度研究》，载《法制与社会》2013 年第 12 期。

定的期间内偿还债务和申报遗产利益，有利于维护相关遗产权利人的利益。遗产管理人负责清理遗产、编写清册，确定遗产的范围和价值，可以避免部分遗产继承人对遗产进行藏匿或者转移。第三，实现遗产公平分配。根据遗产管理制度，遗产管理人负责接管遗产、编制清册、追偿遗产债务、催告遗产权利人申报权利等行为，可以在保护和管理遗产的基础上，对遗产债权人和遗赠人的遗产债务进行优先清偿，然后就剩余的遗产在继承人间分配。这样既能保护遗产继承人的利益，又能实现其他遗产权利人的利益，确保遗产分配的公平。第四，保障交易安全。根据遗产管理制度，遗产管理人承担接管遗产、编制清册、追偿遗产债权、清偿遗产债务、分配剩余遗产等行为，使被继承人的生前债权、遗产债权人的利益以及继承人的继承利益得以顺利实现。这不仅保障了被继承人与其他民事主体间的交易安全，也维护了继承人的利益以及与继承人交易的第三人的利益和交易安全①。

二、遗产管理的现实意义

目前，我国已经进入人口老龄化社会，老年人的数量逐渐增加，遗产继承案件也随之增多。与此同时，随着我国社会经济的发展，公民个人财富的种类和数额日渐增多，遗产的范围与数量也越来越大，不仅种类纷繁复杂，而且表现形式各异，既有有形的财产，也有无形的财产。然而由于遗产管理制度缺失，在被继承人死亡之后遗产分割之前，遗产很可能处于无人管理的状况。继承人在难以知晓遗产的实际范围和价值的情况下，会损害遗产价值，影响继承人的遗产继承权益。如果在继承人掌握和控制遗产的情况下，由于其往往不具备管理和分配遗产的能力或者精力，或者缺乏专业的法律知识，很难妥善地管理遗产。此外，有的继承人还可能会转移、隐藏遗产，侵害其他继承人和遗产债权人的利益②。在司法实践中，由于遗产管理制度缺失，当事人争夺遗产控制权以及遗产债权人诉求利益保护的继承纠纷屡见不鲜。鉴

---

① 参见陈苇、石婷：《我国设立遗产管理制度的社会基础及其制度构建》，载《河北法学》2013年第7期。

② 参见陈苇：《外国继承法比较与中国民法典继承编制定研究》，北京大学出版社2011年版，第77页。

于我国当前的社会现实和国情，设立遗产管理制度乃大势所趋，势在必行。

在遗产继承中，遗产管理的作用可谓举足轻重。如果遗产管理公平合理，就可以增强当事人之间的信任感，促进当事人之间的团结和睦，有利于维护社会的和谐稳定；反之，则会导致当事人相互不信任，引起各种猜疑和不满，不利于社会的和谐稳定，甚至可能会转化为刑事案件。科学合理的遗产管理制度是继承法现代化的重要标志，通过构建遗产管理制度，遗产管理人在遗产继承中作为独立的主体，行使其职权、履行其职责，有利于实现遗产债权人、遗产取得权人与继承人的地位并重。由此可见，遗产管理制度的设立具有重要的现实意义。首先，设立遗产管理制度有利于保护遗产的完整和安全。综观世界各国的继承立法，不少国家的法律都规定了在特定的情况下，遗产管理人可以处理被继承人的遗产。例如，德国、日本均赋予了遗产管理人的必要处分行为。在英美法盛行的遗产管理人人格代表制度下，遗产管理人为遗产管理时具有较大的自由度。只有经过遗产管理人的批准，继承人才能合法处分其保管的遗产，否则遗产管理人享有追索权。根据《日本民法典》的规定，遗产管理人可以吸收对遗产的管理权利，在遗产面临减损的危险时，其可以自行解决，但必须遵守法律规定，同时也可以请求有权机关提起诉讼，要求违法行为人停止侵害，并积极排除潜在危害，以保证遗产的完整以及遗产利害关系人的权利。不仅如此，遗产管理人为必要遗产处分的优越性随着经济的发展愈发明显。现代社会交易形式日趋多元化，股票、债券等新型财富模式被越来越多地运用到实际交易中，若不为必要的遗产处分，遗产的安全难以保障。最直观的感受来自股票交易市场，单日涨跌幅度有20%之多，创业板更甚，集体跌停的情形已属司空见惯。单只股票在几小时之内可以跌或者涨百分之几十，甚至于跌停。被继承人的突然死亡，其所持有的股票、证券若不能被及时处理，将可能导致被继承人遗产严重缩水。例如陈逸飞遗产纠纷案中，因为陈逸飞的突然离世，对于其所有实业股份、证券等遗产，如果没有合法合理的处理方法，其遗产的价值将慢慢递减。而新型的数字遗产，如网游账号也经常出现在公众的视野中，其安全也应予以重视。总之，如果设立了遗产管理制度，在被继承人死亡后、遗产分配完成前的一段时间内，遗产可以得到及时的保存、管理，从而避免减损，并继续发挥其财产效用。

其次，设立遗产管理制度有利于保护继承人的合法权益，确保遗产公平分配。在被继承人死亡之后，有的继承人已经占有遗产，而有的继承人并未实际占有遗产，甚至根本不知道被继承人死亡、继承已经开始。如果不调查和联系继承人，可能会遗漏某些继承人，导致其合法权益无法实现。在司法实践中，难免会有遗产分割前已经占有遗产的人转移、隐匿、挥霍、私分遗产等情形，或者出现遗产被第三人盗窃的情形，由此可能会导致部分继承人的继承权无法实现。与此同时，有些遗产可能需要进行保护和管理工作，例如对房屋的维修、一些鲜活商品的处理。如果无人进行保护和管理，有可能会造成遗产的损坏或者灭失，使得遗产的价值有所降低。这些都是继承人所不愿意见到的情况，这也使得以后的遗产统计工作出现偏差，不能保证每个继承人都能分得其应得的那部分财产，也难以保证遗产分配的公平。在继承开始后，由遗产管理人对遗产进行保管，有利于使遗产在实际分割前保持继承开始时的状态，保障遗产的完整性和安全性，不受侵害；由遗产管理人对遗产进行清理、编制遗产清册、分配，有利于促进公平、有序地对遗产进行分配，实现各继承人对遗产的继承权。

再者，设立遗产管理制度有利于维护遗产债权人的合法权益。我国继承法侧重于保护继承人的利益，忽视了对遗产债权人利益的保护。我国继承法侧重于对继承人之间关系的调整，而忽视了遗产债权人以及其他遗产权益人的利益，致使其合法权益受损时，难以得到法律充分有效的救济。我国继承法囿于历史的局限性，其相关内容只是侧重于解决被继承人的遗产如何在继承人之间进行公平分配和继承人利益的保护问题，而在遗产债权人利益的保护方面则存在明显疏漏，被继承人遗产债务清偿制度的内容也过于简略，立法上缺乏对继承人权利制约机制的具体设计。在继承人、遗产保管人以及遗嘱执行人私分、转移或者隐匿遗产时，遗产债权人的债权往往难以实现。遗产管理制度的模糊以及缺乏可操作性导致继承人和遗产债权人之间利益的失衡，从而在法律实现的过程中遗产债权人的利益不能得到充分保护。构建遗产管理人制度，在继承开始后，由遗产管理人对遗产进行清理、编制遗产清册以及公示催告，督促遗产债权人在规定期限内向遗产管理人申报权利，有利于保障遗产债权人权利的实现，有助于实现遗产债权人、遗产取得权人以及继承人地位的并重。当遗产不足以清偿遗产债务时，应当直接由遗产管理人对遗产进行处理，并依据相关法律规定，将遗产合法、合理地分配给各个遗产债权人。同时，还可以有效地防止欺诈遗产债权人行为的发生，也免去遗产债权人与继承人的债权人因财产混同导致对自己债权安全的担忧。值得强调的是，行之有效的遗产管理还可以使得遗产增值，这对于维护遗产债权人的合法权益也是有益无害的。此外，设立遗产管理制度有助于保护无人继承的财产。我国继承法第 32 条规定："无人继承又无人受遗赠的遗产，归国家所有；死者生前是集体所有制组织成员的，归所在集体所有制组织所有。"在无人继承遗产的情况下，遗产更容易受到侵害，因此更需要予以保护和管理。同时，设立遗产管理制度有利于增加国家税收。税收是国家收入的重要来源，而遗产税和赠与税是国家的重要税收来源，也是调整国民收入的重要杠杆。收税的前提是确定遗产的价值，因此，设立遗产管理人制度，专门管理、保护遗产对于遗产税和赠与税的征收是十分必要的。

最后，遗产本身的复杂性需要专门的人进行管理。现代社会的民事财产权利作为一个开放的体系，会随着社会经济的不断发展而增添新的内容，遗产的范围由此会变得越来越广泛、越来越复杂。

三、遗产管理制度与相关制度比较

（一）遗产管理与遗产保管

顾名思义，所谓遗产保管，是指遗产的保存和管理。虽然就字面而言，遗产保管似乎包含了管理的内容，但是就制度规范而言，遗产保管仅指遗产占有人或者被指定保管遗产的人负有的保管遗产的义务。例如我国继承法第 24 条规定："被继承人死亡后，存有遗产的人，应当妥善保管遗产，任何人不得侵吞或争抢。"《最高人民法院关于贯彻执行〈中华人民共和国继承法〉若干问题的意见》第 44 条规定："人民法院在审理继承案件时，如果知道有继承人而无法通知，分割遗产时，要保留其应继承的遗产，并确定遗产的保管人或保管单位。"由是观之，现行继承法规定的遗产保管充其量是指对有形遗产的临时占有或保存，而且失之简陋和模糊，难以替代遗产管理制度。对于继承开始后由遗产占有人主要是继承人所负的遗产保管义务的性质，各国或地区立法和理论的认识不一。如《德国民法典》第1978条规定，继承人在承认继承前对遗产所为的管理，适用无因管理的规定；《法国民法典》第803条、《日本民法典》第918条和第926条则明确规定准用于失踪人财产管理的规定。史尚宽先生对此认为，即便不认定为无因管理，也是基于便利以及继承人获得利益，是继承人应当尽的义务①。

（二）遗产管理与遗嘱执行

遗嘱执行是指在遗嘱发生法律效力以后，为实现遗嘱人在遗嘱中对遗产所做出的积极的处分行为以及其他有关事项而采取的必要行为。遗嘱一般由遗嘱继承人来执行。但是根据继承法的规定，遗嘱人也可以指定遗嘱执行人，负责执行遗嘱。遗嘱作为被继承人处分自己遗产的意思表示，是继承人能够获得遗产的根据。既然遗嘱体现了被继承人的意愿，为使该遗嘱内容在其死后能够得到实现，被继承人往往需要委托特定人负责其遗嘱的执行，此为遗嘱执行人。我国继承法第16条对此也予以确认。但是承认遗嘱执行人的法律地位并不意味着遗嘱执行人制度的确立，因为我国继承法并没有就遗嘱执行人的权利、义务及责任做出全面的规定，而仅仅是规定立遗嘱人享有指定遗嘱执行人的权利。相比而言，我国台湾地区所谓“民法”继承篇中的遗嘱执行人可以替代遗产管理人的部分职责。如该法第1214条规定遗嘱执行人负责编制遗产清册并交付继承人；第1215条规定遗嘱执行人有管理遗产并为执行上必要行为的职责；第1216条规定继承人于遗嘱执行人执行职务时，不得处分与遗嘱有关之遗产，并不得妨碍其职务之执行；第1218条规定遗嘱执行人怠于执行职务或有其他重大事由时，利害关系人得请求亲属会议改选他人；其由法院指定者，得声请法院另行指定。通过对比可知，我国继承立法中的遗嘱执行制度有名无实，难以替代遗产管理制度。需要说明的是，遗产管理制度确立后，并不妨碍遗嘱执行人作为遗产管理人进行遗产管理。

（三）遗产管理与遗嘱信托

遗嘱信托是指通过遗嘱这种法律行为而设立的信托，也叫死后信托。当

① 参见付翠英：《遗产管理制度的设立基础与体系架构》，载《法学》2012年第8期。

委托人以立遗嘱的方式，把财产交付信托时，就是所谓的遗嘱信托，也就是委托人预先以立遗嘱方式，将财产的规划内容，包括交付信托后遗产的管理、分配、运用及给付等，详订于遗嘱中。等到遗嘱生效时，再将信托财产转移给受托人，由受托人依据信托的内容，也就是委托人遗嘱所交办的事项，管理处分信托财产。与金钱、不动产或有价证券等个人信托业务比较，遗嘱信托最大的不同点在于，遗嘱信托是在委托人死亡后契约才生效。通过遗嘱信托，由受托人确实依照遗嘱人的意愿分配遗产，并得为照顾特定人而做财产规划，不但有立遗嘱防止纷争的优点，并因结合了信托的规划方式，而使该遗产及继承人更有保障。遗嘱信托具有以下功能：首先，可以很好地解决财产传承，使家族永保富有和荣耀。通过遗嘱信托，可以使财产顺利地传给后代，同时也可以通过遗嘱执行人的理财能力弥补继承人无力理财的缺陷。其次，可以减少因遗产产生的纷争。因为遗嘱信托具有法律约束力，特别是中立的受托人介入，使遗产的清算和分配更公平。此外，可以避免巨额的遗产税。遗产税开征后，一旦发生继承，就会产生巨额的遗产税，但是如果设定遗嘱信托，因信托财产的独立性，就可以合法地规避该税款。由于我国目前并未征收遗产税，因此在我国现行的税制下，被继承人在处理遗产时无法体会遗产信托制度的避税优势。如果我国对高收入人群征收遗产税成为现实，届时遗嘱信托合理有效降低遗产税的功能将得到社会的认可与重视，遗嘱信托的应用和推广将迎来历史的春天。

对于具有较多遗产的高净值人群来讲，普通的遗嘱继承并不能完全满足其对遗产管理的需求，而遗嘱信托制度作为一种有效处理遗产的方式，方兴未艾、备受关注。例如，美国摇滚歌星杰克逊去世后留下估计约 5 亿美元的巨额遗产，但是杰克逊生前通过遗嘱信托，指定受益人为三名子女及母亲和慈善机构；香港艺人梅艳芳因其母不善理财且喜好挥霍，担心其母会将财产挥霍掉或者被不良用心者骗走，于是选择了遗嘱信托的方式，选择专门的信托机构处理自己留下的近亿财产，信托机构按月支付给梅妈生活费用直至其终老；香港艺人沈殿霞去世时，其女儿郑欣宜还不满 20 岁，同样的担忧让这位拥有无数资产的艺人选择了遗嘱信托的方式处理自己的遗产。

四、国外遗产管理制度比较及其借鉴

继承开始后，原属于被继承人的一切财产均转归继承人所有；但在遗产分割前，继承人不能真正地对遗产行使所有权。在此期间，遗产的权属处于“真空”状态。因遗产管理制度的缺位，遗产很容易被遗产占有人私分、转移或者隐匿等，在遗产保管人侵害其他继承人或债权人的权益时，难以从法律上追究其责任，从而对继承人、受遗赠人、遗产债权人的合理期待利益保护不力。目前，许多大陆法系国家和英美法系国家，均设立有内容较为完备的遗产管理制度，以期保护继承人的利益，保障遗产债权人的利益和维护交易安全。为适应社会经济的发展，同时兼顾维持家庭生活的稳定，必须既保护继承人的利益，又注重维护遗产债权人的利益。因此，世界多数国家均在继承法中规定了遗产管理制度。

关于遗产管理制度，各国继承法主要有两种立法例：一是由法院或者主管官署依职权进行管理。德国、瑞士等国继承法采取此立法例，例如《德国民法典》第1960条规定：遗产法院尤其可以命令存放印章，提存金钱、有价证券和贵重物品，以及编制遗产目录，并为成为继承人的人选任保佐人（遗产保佐人）。二是由民事法院根据利害关系人或者检察官的请求，指定遗产管理人。法国、日本等国继承法采取此立法例，例如《日本民法典》第936条规定，继承人有数人时，家庭法院应从继承人中选任继承财产管理人。

综观两大法系，继承方式主要有两种，一是大陆法系国家或地区的直接继承制度，另一种是英美法系国家或地区的间接继承制度。在间接继承制度中，继承开始后，遗产并不当然地、直接地转归继承人，而是将遗产移交给遗产管理人，经过由遗产管理人制作遗产目录、受偿债权、清偿债务等一定程序之后，方才将剩余的遗产按应继份分给继承人。在该制度中，能够平衡继承人和遗产债权人之间的利益，在保障继承人继承权实现的同时，也能够有效防止侵害遗产债权人利益行为的发生。在直接继承制度中，继承开始后，遗产即当然地、直接地转归继承人。在法国、日本、瑞士等大陆法系国家，大多规定了遗产管理制度，对遗产管理人的选任、职责等进行了规定。通过对遗产管理制度的规定，能够有效防止在继承开始后、遗产分割前的这段时间内，出现隐匿、转移遗产以及损害遗产债权人利益的行为。

遗产管理制度由实体性规则和程序性规则构成，主要包括遗产清算、遗产保全、编制遗产清册、公示催告、制作遗产分配方案、遗产破产程序等内容。遗产清算程序是指在继承开始后，有遗产清算职权的人对遗产进行收集、清理、估价并最终将其分配给继承人、遗产债权人及其他遗产取得权人的程序。遗产清算过程实际上也是遗产管理过程。关于遗产清算的主管机构和申请期限，各国的规定不尽相同。如《日本民法典》第 941 条第 1 款规定："继承债权人或受遗赠人，自继承开始时起三个月内，可以向家庭法院请求继承财产从继承人财产中分离"；《瑞士民法典》第 594 条第 1 款规定："被继承人的债权人，有理由担忧其债权不能得到清偿，也未得担保时，得在被继承人死后三个月内，请求官方清算。"遗产保全是指对继承开始后为保持遗产的完整性而采取的设定义务、限制处分以及对遗产采取强制措施等规则的概括性称谓。被继承人死亡后，占有遗产的继承人对遗产是否有权进行处置，是否可以直接偿还遗产债务，无人继承的遗产如何处理等问题，都需要通过遗产保全来予以解决。《瑞士民法典》第 551 条规定，被继承人最后住所地的主管官厅，依职权对遗产进行封存、制作遗产清册等；《德国民法典》第 1960 条规定，在有需要的限度内，遗产法院必须致力于保全遗产。遗产法院可以命令存放印章，提存金钱、有价证券和贵重物品，制作遗产目录等。编制遗产清册是指由继承人或遗产管理人就遗产的性质、形式、数量、评估额度等分类列记，装订成册。编制遗产清册是遗产管理的重要内容，虽然其是继承法中的操作细节问题，但却是最能保护遗产利益相关人的重要环节。遗产清册是特定情况下分配遗产的重要根据。关于编制期限，《瑞士民法典》第 553 条规定，通常在被继承人死后两个月内进行。

（一）遗产管理人的资格和选任

关于遗产管理人的资格，《法国民法典》规定，遗嘱执行人和被继承人委托的代理人作为遗产管理人须为完全民事能力人。《德国民法典》规定，遗产执行人在就职时不能为无行为能力或限制行为能力者，或为处理自己财产事务需有保佐人者。

关于遗产管理人的选任，法国、德国、日本等国家规定由法院选任遗产管理人。《法国民法典》第 812 条规定，继承开始于其辖区内的大审法院，应利害关系人的请求，或应王国初级检察官（共和国检察官）的请求，任命一名财产管理人。《德国民法典》第 1959 条、第 1960 条分别规定了拒绝前的事务管理、遗产保全和遗产保佐，分别规范继承人、遗产法院及其选任的遗产保佐人，履行管理遗产的权利义务。该法第 1981 条规定："继承人申请命令遗产管理的，遗产管理必须由遗产法院发布命令。有理由认为遗产债权人之从遗产中受清偿被继承人的行为或财产状况所危及的，遗产管理必须根据遗产债权人之一的申请而发布命令。"《日本民法典》第 940—951 条规定，被继承人的债权人、受遗赠人以及继承人的债权人在一定期限内有权向家庭法院请求财产分离。提出财产分离请求后，若家庭法院选任了遗产管理人，则由遗产管理人管理遗产，继承人丧失管理遗产的权利；否则，继承人仍应对遗产进行管理，并尽到对待自己事务同样的注意义务。在无人继承中，第 952 条规定，家庭法院根据利害关系人或者检察官的请求，须为继承财产选任管理人。此外，根据《瑞士民法典》第 551 条的规定，由主管官厅充当遗产管理人对遗产进行管理。

（二）遗产管理人的职责及责任

1．遗产管理人的职责

关于遗产管理人的职责，主要包括制定遗产清册、保管遗产、报告、偿还债务和交付遗赠等职责。

前述大陆法系国家和英美法系国家均规定遗产管理人应编制财产目录，但对于遗产管理人是否有遗产状况的报告或说明义务，各国规定有所不同。《法国民法典》第 813 条规定，遗产管理人有义务对遗产进行盘点，编制遗产清册，行使属于遗产的权利并经诉讼途径主张此种权利。遗产管理人对遗产进行管理，并且为保全遗产的权利，同时应当向遗产应当归属的人报明账目。此外，遗产管理人还负责清偿遗产债务、执行遗赠、分割遗产等职责。《德国民法典》规定继承人可以主动编制遗产清册递交法院以限制自己的责任。第 1985 条规定，遗产管理人必须管理遗产，并就遗产清偿遗产债务；遗产管理人也向遗产债权人对遗产管理负责任。《日本民法典》第 27 条规定遗产管理人须对其应管理的遗产制作目录；第 28 条、第 103 条规定遗产管理人的权限通常主要为保存行为以及在不改变代理标的物或权利性质的范围内，以利用或改良为目的的行为；第 954 条规定遗产管理人在遗产债权人或者受遗赠人请求时，应当向其报告遗产状况；第 29 条还规定家庭法院可以责令遗产管理人就遗产的管理及返还提供相应的担保。《瑞士民法典》第 555 条规定由主管官厅保管遗产与制作遗产清册，并清偿遗产债务。

需要注意的是，为防止遗产的损毁、灭失等情况的发生，遗产管理人应当亲自或者委托他人对遗产加以妥善保管。例如，《瑞士民法典》第 554 条规定："（1）在下列情况下，命令管理遗产：①当继承人不在且无代理人时，但以其利益的需要为限。②当声明人中无人能证明其继承权，或某继承人生死不明时；③当未知悉被继承人的全部继承人时；④法律规定的特别情况。（2）被继承人指定的遗嘱执行人有遗产的管理权。（3）被监护人死亡时，遗产管理权归属监护人。但另约定时，不在此限。"《日本民法典》第 918 条规定："（一）继承人应以对自己固有财产同样的注意，管理继承财产。但是，已表示承认或放弃者不在此限。（二）家庭法院因利害关系人或检察官的请求可以随时命令就继承财产的保存实行必要处分。（三）家庭法院选任了管理人时，准用第 27 条至第 29 条的规定。"中国台湾地区所谓"民法"第 1177 条规定："继承开始时，继承人之有无不明者，由亲属会议于一个月内选定遗产管理人，并将继承开始及选定遗产管理人之事由，向法院报明。"第 1178 条规定："继承开始时继承人之有无不明者，在遗产管理人选定前，法院得因利害关系人或检察官之申请，并保存遗产之必要处置。"第 1181 条规定："遗产管理人非于第一千一百七十九条第一项第三款所定期间届满后，不得对被继承人之任何债权人或受遗赠人，偿还债务或交付遗赠物。"

2．遗产管理人的责任

关于遗产管理人的责任，前述国家均规定遗产管理人须尽善良管理人的注意义务，若由于自己的过失造成财产损失，要承担损害赔偿责任。《法国民法典》第 772 条规定，遗产管理人若不按规定履行义务，在有继承人出现时，应当对继承人负担损害赔偿责任。《日本民法典》第 934 条亦规定遗产管理人应尽善良管理人的注意义务，若不履行此义务对遗产的利害关系人造成损害的，自应负赔偿责任。

（三）遗产管理人的权利

1．报酬请求权

遗产管理人管理遗产必然需要消耗一定的时间和精力，付出较多的劳动。遗产管理人是否得请求报酬，不同国家和地区的规定不尽相同。大多数的国家支持遗产管理人为请求管理之报酬，例如德国、日本、英国的法律均规定，遗产管理人有获得报酬的权利。《德国民法典》第1987条规定遗产管理人得因其执行职务而请求适当的报酬。但也有少数的国家和地区规定部分遗产管理人没有取得报酬之权利，如我国香港地区《遗嘱认证及遗产管理条例》第十章规定遗产管理官为遗产管理人时，不享有取得报酬权。法国、瑞士也未规定遗产管理人有获得报酬的权利。

2．辞职权

自被继承人死后，继承即开始，遗产管理人得为遗产管理，至遗产分割完毕。这一过程往往因遗产范围、继承人不确定等情况而耗时太久，且遗产管理人因变故而不愿为遗产管理时，如果强制其履行职务，很难保证其能尽职尽责地完成相应职责，也不利于被继承人的遗产安全。《日本家事审判规则》第118条通过立法规定了遗产管理人得向家庭裁判所请辞。因此，参照日本的家事立法，应当赋予其辞去遗产管理人职务的权利，以保证遗产管理人权利义务相对应，但遗产管理人的辞职应当在另行选任遗产管理人之后，方能准予其辞去职务。但是，如果遗产管理人的辞职对被继承人之遗产继承明显不利时，根据《瑞士民法典》第405条之规定，遗产管理人得抛弃其职务，但不得于不利时期为之。如果遗产管理人的辞职对遗产利益明显不利的情形下，遗产管理人的辞职权当受到限制，不得随意辞去其遗产管理人之职务。另外，根据我国香港地区《遗嘱认证及遗产管理条例》第十章的规定，遗产管理官为遗产管理人时，不得辞去职务。也即在公共组织或政府机构为遗产管理人时，不得擅自辞职。因为其为遗产管理人时，多半是因为遗产无人承认，如果允许其辞职，则遗产的处理程序可能面临无人启动的尴尬境地。

（四）遗产管理终止的原因

《法国民法典》规定，遗产管理因以下事由而终止：资产已全数用于清偿债务和遗赠；资产已全数变现并且净收入已经寄存；遗产已归还给继承人；国家已经对遗产实行占有；受托人放弃管理；被法院解除委托；受托人死亡或不存在。《德国民法典》规定，在遗产支付不能程序开始时，或者显见不存在与费用相当的财产的，遗产管理终止。遗嘱执行人自行辞任、因重大原因被免职、死亡或其任命不生效的，其管理职务终止。《日本民法典》规定，在对无人继承遗产的管理下，遗产管理人的代理权因继承人承认继承而消灭。遗嘱执行人怠于执行任务或有其他正当事由时，利害关系人可以请求家庭法院将其解任，遗嘱执行人经家庭法院的许可，也可以辞去管理职位。

五、我国当前立法之评析及完善

（一）我国当前立法之评析

我国继承法第 24 条规定：“存有遗产的人，应当妥善保管遗产，任何人不得侵害或者争抢。”我国《最高人民法院关于贯彻执行〈中华人民共和国继承法〉若干问题的意见》第 44 条规定：“人民法院在审理继承案件时，知道有继承人而无法通知，分割遗产时，要保留其应继承的遗产，并确定遗产的保管人或保管单位。”虽然有相关法条提到保管人对遗产的保管规定，但是我国继承法并未对遗产管理人的具体职责、权利义务等内容做出具体的明确规定，确定遗产管理人制度有利于对遗产的保护与相关程序的进行。杨立新认为，上述规定过于简陋，对于被继承人的遗产无人存有时，如何进行遗产的管理缺乏规定。虽然有学者认为应当结合实际情况，由死者生前所在工作单位或者遗产所在地的基层组织负责管理。但这样处理显然不够，应当借鉴国外立法有关遗产管理的规定予以完善，在继承法中构建遗产管理制度，明确遗产管理人的职责。我国现行继承法中具有遗产管理功能的制度是遗产保管制度和遗嘱执行制度，但是这两项制度都存在相应的弊端，无法取代遗产管理制度。

此外，由于我国继承法采取的是限定继承原则，继承人只需在继承遗产的限度以内清偿被继承人的债务，而不以自己的固有财产对被继承人的债务负责。限定继承的核心是限制继承人债务的清偿责任，有利于保护继承人的利益。限定继承的原则符合现代社会家庭成员人格独立、责任自负的观念，但是继承不仅关乎继承人的利益，而且涉及被继承人的债权人的利益。为继承人和被继承人的债权人双方提供平等的保护，符合现代法律维护公平正义的需要。我国继承法未对继承人和被继承人的债权人的权益予以平等的保护，是其存在的严重缺陷之一，具体表现为如下几个方面：

1. 没有明确规定接受和放弃继承的期限

根据我国继承法的规定，从继承一开始，继承人的财产权利和义务就概括地转归继承人。这意味着被继承人的债权由继承人享有，被继承人的债务由继承人承担；被继承人的债权人只能向继承人主张权利，债务人只能向继承人清偿债务。因此，必须在一个合理的时间内使继承关系得以确定，以便尽快处理被继承人所遗留的债权债务关系。我国继承法第25条第1款规定："继承开始后，继承人放弃继承的，应当在遗产处理前，做出放弃继承的表示。没有表示的，视为接受继承。"据此规定，自继承开始以后至遗产分割之前，继承人实际上都不确定，继承关系处于不确定的状态，不利于遗产的管理和利用，同时容易导致继承纠纷。

2. 缺乏保护被继承人的债权人的救济措施

在被继承人死后，对于如何保护被继承人的债权人的利益，我国继承法缺乏相关规定。如果继承人将遗产转移、隐藏或者挥霍浪费，或者不善经营，导致亏损，或者继承人将遗产用来清偿自己的债务，都会侵害被继承人的债权人的债权。司法实践中此类问题的发生屡见不鲜，不但使被继承人的债权人遭受严重损失，而且严重破坏社会经济秩序。解决这个问题刻不容缓，建议立法机关修改现行立法，增加关于保护被继承人的债权人的相关规定。

3. 继承关系和共有关系界定不清

最高人民法院《关于贯彻执行〈中华人民共和国民法通则〉若干问题的意见》第177条规定："继承开始以后，继承人未明确放弃继承的，视为接受继承，遗产未分割的，即为共同共有。诉讼时效的中止、中断、延长，均适用民法通则的有关规定。"这一规定混淆了继承关系和共有关系的界限。共有是指两个以上的人对同一项财产共同享有一个所有权的法律关系，即一物权同时为数人共同享有的法律状态。继承是规定将死者生前所有的个人财产和其他合法权益转归有权取得该项财产和权益的人所有的法律制度。如前所述，我国现行继承法采取的是限定继承原则，继承人只需在继承遗产的限度以内清偿被继承人的债务。对比继承关系和共有关系的内容，不难发现两者的区别：共有关系的客体是财产，不包括债务；而在我国，继承关系的客体不仅包括财产，还包括债务。继承关系和共有关系界定不清不仅导致理论上的混乱，而且造成了诸多继承纠纷。

（二）我国当前立法之完善

在遗产分割的过程中，遗产的所有权处于不稳定的状态。在此期间，遗产管理的作用至关重要。综观世界各国或地区，不管大陆法系还是英美法系，均有遗产管理制度。我国遗产继承采取直接继承方式，遗产在继承开始后、分割之前，权属处于不稳定状态，为侵害继承人和遗产债权人利益的行为提供了一定空间。因此，可以从遗产管理人的选任、遗产管理人的职责、遗产管理人的权利及责任三个方面予以完善。针对我国继承法尚无全面、系统的遗产管理制度和社会的现实需要，建议我国借鉴国外立法经验，结合我国民众继承习惯的实际，设立比较系统、全面的遗产管理制度，建议以下有关遗产管理人的规定适用于遗嘱执行人，但是遗嘱另有规定的除外。

1. 遗产管理人的资格和选任

首先，关于遗产管理人的资格，遗产管理人应当为完全民事行为能力人。遗产管理涉及遗产的清算、管理以及分配，期间涉及物权或债权法律关系，而为物权或者债权行为应当具备完全民事行为能力，否则不产生效力①。

其次，遗产管理人的选任，应当包括四种情形：一是遗嘱执行人担任遗产管理人；二是继承人担任遗产管理人；三是被继承人生前所在单位或者基层组织指定的人担任遗产管理人；四是被继承人生前所在单位或者住所地的居民委员会、村民委员会担任遗产管理人。遗产管理制度能否有良好的实施效果，很大程度上有赖于遗产管理人的选任。

第一，遗嘱执行人担任遗产管理人。遗嘱体现着被继承人处分自己财产的愿望，基于私法的“意思自治原则”，被继承人生前立有遗嘱并指定了遗嘱执行人的，即应由遗嘱执行人担任遗产管理人。

---

① 参见梁慧星、陈华彬：《物权法》，法律出版社2010年版，第100页。

第二，继承人担任遗产管理人。在被继承人所立遗嘱未指定或其不接受遗嘱指定的，或者被继承人生前未立遗嘱或者所立遗嘱无效时，由继承人担任遗产管理人。在我国，通常情况下，被继承人死亡后，遗产一般为继承人实际占有，由其作为遗产管理人，有利于了解遗产及遗产债务等情况。有多个法定继承人的，可以协商推选遗产管理人。由继承人担任遗产管理人，成本最低、最为便捷。但需要说明的是，遗产管理人未必完全等同于继承人。继承人对遗产进行占有、支配，其目的是为了维护自身的利益，在没有制度保障及约束的情况下，其容易漠视甚至牺牲其他遗产权益人的利益，而遗产管理人则需要以高度的注意义务维护遗产价值，按照法律规定对遗产进行处理。否则，将会承担相应的责任。因此，即使是在继承人对遗产进行管理时，也不能因此而否认其遗产管理人的身份。

第三，被继承人生前所在单位或者基层组织指定的人担任遗产管理人。尽管前述德国、法国、日本规定由法院选任遗产管理人，但是我国人口多且流动性大，由法院选任遗产管理人成本高昂。基于我国实际，建议在无人继承、继承人均放弃或者丧失继承权时，由被继承人生前所在的单位、村民委员会或者居民委员会选任遗产管理人。

第四，被继承人生前所在单位或者住所地的居民委员会、村民委员会担任遗产管理人。没有上述三种情形涵盖的遗产管理人的，由被继承人生前所在单位或者住所地的居民委员会、村民委员会担任遗产管理人。

需要注意的是，继承人、村民委员会、居民委员会担任遗产管理人时，不得辞任，但继承人放弃继承权的除外。有下列情形的，经利害关系人申请，人民法院可以指定遗产管理人：其一，没有遗嘱执行人，继承人对遗产管理人的选任有争议的；其二，没有遗嘱执行人，继承人不存在或者下落不明的，或继承人丧失管理权的；其三，遗产债权人、受遗赠人或者其他利害关系人有证据证明继承人或者遗产管理人的行为已经或可能损害其利益的。

2. 遗产管理人的职责及责任

（1）遗产管理人的职责

遗产管理人的职责应当尽可能地具体明确，可采取列举加兜底的立法模式予以规定。遗产管理人的职责如下：①尽善良管理人的义务忠实、妥善地保护和管理遗产。②理清遗产、编写遗产清册，并应请求向相关遗产权利人公示清册。③公告或以其他方式通知遗产权利人申报权利。逾期申报的权利人只能对剩余财产主张权利。④追偿遗产债权。⑤制定遗产清偿方案并公示。相关权利人有异议的可在公示起一个月内向遗产管理人或法院提出异议。⑥清偿遗产债务。⑦作为原告提起或者作为被告参加与遗产相关的诉讼。⑧在继承人有无不明时，发布搜索继承人公告。⑨向继承人和相关权利人报告遗产的管理和清算等情况。⑩向继承人交付遗产。⑪其它应当履行的职责。

整体而言，遗产管理人的主要职责包括制定遗产清册、保管遗产、公告、偿还债务和交付遗赠等。具体而言，表述如下：

首先，遗产管理人应当清点遗产，制作遗产清册。编制遗产清册是遗产完整性和安全性的重要保障，还能够保障遗产债权、债务得到有效收取和清偿，能够保障遗产得到有效的分配，能够保障遗产税收的收取。编制遗产清册时，应当有两名以上的见证人在场，并在遗产清册上签名。制作遗产清册是查明遗产数额、确定遗产状况的主要保障，为遗产的实际分割、执行提供基础，是保护继承人和遗产债权人合法权益的重要程序。同时，有利于防止遗产占有人私分、转移、隐匿、损毁遗产等，是保障遗产“安全”的重要途径。

其次，妥善保存、管理遗产。遗产保护是遗产管理的重要内容。对于遗产管理人对遗产进行管理，须尽善良管理人的注意义务还是尽与对待自己事务同样的注意义务？学界存在不同观点。一种观点认为，应当以是否能因此而取得报酬作为判断尽何种义务的依据。另一种观点认为，无论是否能取得报酬均应尽善良管理人的注意义务。相比而言，后一种观点更为妥当。需要强调的是，未经遗产管理人同意，任何人不得进行有损遗产价值的使用、收益和处分。

再者，公告、确认遗产权益人，包括遗产债权人以及受遗赠人等。公示催告是确定遗产归属的有效程序。在实际生活中，有的遗产权益人可能处于“隐藏”或“不为人知”的状态，故需要遗产管理人及时进行公告，寻找遗产权益人，使其知悉自己享有的权益或继承已经开始的事实，督促遗产权益人及时行使权利。进而根据遗产权益人的申报情况，对其权利进行确认，然后根据法律规定的顺位清偿遗产债务，分割遗产。

（2）遗产管理人的责任

遗产管理人有下列情形造成遗产利害关系人损失的，应当承担相应的赔偿责任：①未及时对遗产进行清点造册；②对部分债权人先行赔付；③擅自清偿存有争议的债务；④因遗产管理人之原因造成遗产灭失；⑤未及时收取被继承人所享有之债权权益；⑥在遗产份额明显不足时，对受遗赠人、遗嘱继承人或者法定继承人没有按法律规定或者约定为给付；⑦其他因遗产管理人的原因造成遗产利害关系人财产利益损失的情形。若遗产管理人不履行善良管理人的注意义务，则应承担损害赔偿责任。通过对其课加责任，在一定程度上也可以促使遗产管理人认真履行义务，有利于保护遗产利害关系人的利益。例如，继承人作为遗产管理人时，故意隐匿遗产或者谎报债务、违法编制遗产清册或清偿顺序表、不当清偿遗产债务的，应当承担无限清偿责任。遗产管理人在遗产管理过程中，因其重大过失或不法履行遗产管理职责造成遗产损害或者遗产权利人损失的，对所生损害承担赔偿责任。此外，在遗产管理人的行为可能危及遗产权利人的利益或者违反善良管理人的注意义务时，遗产权利人可以向法院申请更换遗产管理人①。

3. 遗产管理人的权利

（1）遗产管理权

设立遗产管理制度的重要意义在于使被继承人的全部遗产能够处于安全有序的保管状态中。因此，遗产管理人的最重要的一项权利应当是对于遗产的管理权。为了使遗产能够依法得以分割，需要遗产管理人有能够完全地支配遗产的权利，对遗产行使管理权首先应以管理人对遗产有一定时期的保存和占有作为前提。遗产管理人应当统一控制遗产，以确保遗产继承分割活动顺利展开。继承人或者第三人占有遗产时，除非遗产管理人认为这种占有不足以影响其对遗产的管理，否则可以请求继承人或者第三人交付遗产。

（2）遗产处分权

遗产管理人对遗产进行管理，必要时可以采取处分措施。但这些对遗产所采取的处分措施，不能变更遗产的标的物或权利的性质。如果遗产管理人采取的处分措施超出范围则是非必要的超越管理权限的行为，应属无效。具

---

① 参见李子瑄、张志媛、任丁：《遗产管理人制度研究》，载《法制与社会》2013年第12期。

体说来，遗产管理人可以为以下几种处分行为：第一，为保存遗产而做出的处分行为。例如，将易腐败、无法继续保存或者长期保存的遗产标的物及时的变卖，保存价款。第二，清偿被继承人的债务或税款。如遗产管理人为获取丧葬费用以处理被继承人的丧葬事宜，可以对被继承人的遗产予以处分。被继承人生前的医疗费用及被继承人生前的应缴税款，可从被继承人的遗产中支付。第三，进行必要的营业行为。如收取利息、支付职工工资等。第四，收取遗产中的债权。遗产中有未收取的债权，债务人自发清偿债务的，遗产管理人应当予以收取。

（3）遗产分配权

遗产分配权是遗产管理人的另一项重要权利，可谓遗产管理人进行遗产管理的终极目的，使遗产能够得以合法合理地分配。遗产管理人应当结合被继承人的意思表示和国家的有关立法，对遗产进行合理配置。遗产管理人在执行此项事务时，是最能体现其独立法律地位的。所有遗产利害关系人在没有法律的明确规定时，均不得采取任何形式干涉遗产管理人对遗产的分配。

（4）报酬请求权

遗产管理人有请求报酬的权利，但是遗嘱另有规定的除外。遗产管理人可以基于自己对遗产的管理行为，在遗产分割时，从遗产中取得适当的报酬。如前所述，遗产本身的复杂性需要专门的人来对其进行管理。这也说明遗产管理是一项复杂的活动，尤其是在遗产较多的情况下，遗产管理人往往需要付出很多的劳动，所以其应当有权利获得和自己劳动相应的报酬。在一定程度上能够激励其尽职管理，更有效地实现遗产管理人制度在继承人与遗产债权人之间利益的平衡。需要注意的是，如果遗产管理人本身为继承人或者遗嘱执行人时，鉴于继承人一定程度上是为自己管理遗产，而遗嘱执行人原则上是无偿的，因此一般情况下上述两者为遗产管理人时不能请求获得报酬。但如果继承人或者受遗赠人自愿支付报酬的，不在此限。与此同时，鉴于遗产管理人为遗产管理往往会产生一定的管理费用，此费用的支出系为维护遗产的完整和安全，因此应当予以补偿，该遗产管理的费用应当优先从遗产中支付。

（5）诉讼实施权

在遗产管理人对遗产进行管理的过程中，可能会因为遗产纠纷而发生民事诉讼。在诉讼活动中，遗产管理人可以成为适格的当事人，得以行使诉讼实施权，向法院寻求司法保护。

4．遗产管理终止的原因

遗产管理因出现下列情形之一而终止：第一，遗产管理人丧失完全民事行为能力或者死亡的；第二，遗产管理人以合法理由辞职的；第三，遗产管理人因怠于行使职责被继承人或者法院解职的；第四，依法完成遗产分割的；第五，国家对遗产实行征收的。

5．对无人承受遗产的管理

我国继承法仅规定了无人承受遗产的归属问题，即无人继承又无人受遗赠的遗产，归国家所有；死者生前是集体所有制组织成员的，归所在集体所有制组织所有。但对于无人承受遗产的管理却没有明确规定。无人承受作为一种状态，会持续一定的时间，需要在这段时间内对无人承受的遗产进行管理，才能有效保护有关当事人、国家或集体的利益。对此，应当借鉴国外继承人旷缺制度的有关规定，完善我国无人承受遗产的管理制度，采用遗产管理制度管理无人承受的遗产。杨立新建议，应当明确规定遗产管理人处理无人承受遗产时的主要职责：保管遗产，遗产管理人应以善良管理人的注意义务管理遗产；编制遗产清单，遗产管理人在确认死者的遗产系无人承受遗产的同时，应当仔细、认真、不遗漏、无差错地清点遗产，编制遗产清单，记明遗产名称、数量、价值、特征等；进行公告，督促权利人在一定期间内主张权利；清偿债务，遗产管理人应当对死者生前应缴纳的税款和债务进行清偿；剩余财产的移交，继承人如于法定公告期间内出现，或于遗产清算完毕前主张权利者，遗产管理人应在证实继承人身份后，将剩余财产交付于继承人。如果直至遗产清算完毕前仍无继承人主张继承和受遗赠，且遗产有剩余者，遗产管理人应负责将剩余遗产移交有关部门上缴国库所有；如果死者生前是集体所有制组织成员的，移交所在的集体所有制组织。在处理无人承受遗产时，如果有继承人以外的依靠被继承人扶养的缺乏劳动能力又没有生活来源的人，或者继承人以外的对被继承人扶养较多的人，则可以分给他们适当的遗产。

6．其它相关制度的完善

随着社会的发展，我国现行继承制度的弊端日益凸显，因继承引发的纠纷也越来越多，现行继承法已经不能适应社会发展的需要，完善我国现行继承制度刻不容缓、迫在眉睫。

（1）增设无限继承制度

建议立法机关借鉴国外的先进经验，修改现行继承制度。允许继承人在法定时间内依法定程序主张限定继承或者放弃继承，如果逾期未选择限定继承，或者未放弃继承，或者有隐匿遗产等不当行为时，则为无限继承。

无限继承又称不限定继承或者概括继承，是指继承人必须继承被继承人的全部财产权利义务的继承。在无限继承中，被继承人死亡后，其财产权利（如所有权、债权）和财产义务（如债务）统一都由继承人承受。即使被继承人的债务超过其遗产的实际价值，继承人也必须继承被继承人的遗产，不得拒绝。换言之，继承人继承死者遗产时，须接受其全部财产权利和财产义务，不得只选择财产权利而推卸财产义务。继承人须以自己的财产清偿被继承人生前所欠的全部债务，即使债务比所继承财产多也应无条件承认。无限继承最大限度地维护了债权人的利益。

（2）确立遗产清册制度

公平合理的继承制度应当在保护继承人的自己固有财产不被强制用于清偿被继承人的债务的同时，又能保证被继承人的债权人的债权能够就遗产优先受偿。因此，在增设无限继承制度的同时，尚需确定遗产之状况并使之保持独立。建议立法机关借鉴大陆国家的做法，确立遗产清册制度。为此，继承人应当向公证机构、基层自治组织、有关主管机关申请遗产登记，在公证机构、基层自治组织、有关主管机关人员监督下进行遗产清理，并制作遗产清册。

（3）确立明示放弃继承制度

对于继承的接受和放弃，应当规定在一定的时间内以明示方式表示。为了保护各方当事人的合法权益，继承关系必须在较短的时间内确定，不能长期悬而不决。明示放弃继承制度应当包括以下内容：限定继承和无限继承、放弃继承的选择期限以及方式法定。建议修改立法，明确规定继承人选择限定继承和无限继承以及放弃继承的选择期限，期限自继承人知道或者应当知道自己得继承遗产时起算。

（4）确立限期分割遗产制度

如果继承人选择了限定继承，则应当在合理的期限之内分割遗产，使财产状态得以明确。对此，建议借鉴国外的有益经验，将分割遗产的期限确定为自遗产清册完成之日起五年。期满以后，如果继承人仍不想分割遗产，应当协议对遗产继承份额进行划分，并就财产的使用、管理和收益分配达成协议，从而使遗产处于按份共有的状态。如果有的继承人不愿参加协商，则推定为其同意按其他继承人的协议处理自己的应得份额。如果继承人分割、分配不能达成一致，可依法向法院起诉。自遗产清册完成之日起，五年期限届满后，继承人不协议分割、分配遗产，又不向法院起诉的，其财产按照共同共有处理。

第四章　从比较法角度解析和构建遗产的物权变动过程

——兼评继承法及物权法第29条

一、关于遗产物权变动的理论概述

物权变动是指物权的产生、变更、移转和消灭，是从动态的角度来研究物权的发展变化过程，是物权法中基本而又非常重要的制度。在物权法出台之前，我国民法关于物权变动问题缺乏完善的体系规定，理论研究对其也涉及甚少。在物权法起草过程中，该问题得到民法研究者和立法者的极大重视，最终出台的物权法以单独一章即“第二章物权的设立、变更、转让和消灭”对物权变动问题进行了全面规范。该章共分三节内容，“第一节不动产登记”和“第二节动产交付”是从法律行为引起物权变动的角度进行规范，“第三节其他规定”是从非法律行为引起物权变动的角度进行规范。整体来讲，法律行为引起物权变动是物权变动的主要原因，其适用的规则是物权变动的一般规则，非法律行为引起物权变动是特殊原因，其适用的规则是法律的特别规定。

自然人死亡时遗留下来的属于其个人合法所有的财产称为遗产，在自然人死亡后其遗产根据法律规定或遗嘱、遗赠扶养协议等原因要移转给其他自然人或组织，因此，必然要发生相应的物权变动。继承的发生是由于被继承人的死亡而引起，从法律事实的类型来看，被继承人的死亡属于事件，因此物权法将继承引起的物权变动规定在“第三节其他规定”中，即物权法第29

条[①]，该条款是我国法律关于遗产物权变动的唯一明确规定，不但规范了继承还同时规范了受遗赠。该条款将继承和受遗赠并列规定，表明继承和受遗赠的物权变动有所不同，但对于何谓“受遗赠开始时”又有很多不同的理解，对于遗赠财产的物权变动究竟于何时发生争议颇多。同时，遗产的处理方式除依照继承或者受遗赠外，还存在其他多种方式。如依据遗赠扶养协议取得遗产；继承人以外的依靠被继承人扶养的缺乏劳动能力又没有生活来源的人，或者继承人以外的对被继承人扶养较多的人，在分配遗产时也可以适当获得部分；另外，无人继承又无人受遗赠的遗产最终将由国家或集体组织取得等。这些遗产的物权变动自何时发生？法律并没有进行明确规定。笔者拟运用民法的基本原理和物权变动的基本规则对遗产的物权变动进行全面、严谨的分析和阐释，以期对遗产的物权变动问题提出科学、合理的观点，对现行法律规定之适用以及不同法律之间的关系衔接进行有意义的阐释，也对将来继承法的修订有所裨益。

二、运用比较法方法解析因继承引起的物权变动类型

从世界各国来看，就继承开始后继承人取得遗产的时间和方法而言，大致有以下四种立法主义[②]：

（一）当然继承主义

日尔曼法主要采纳这种立法主义，现行的《德国民法典》《法国民法典》《瑞士民法典》《韩国民法典》等从之。《德国民法典》第1922条规定，在某人死亡时，其财产作为总体转移给一个或一个以上的继承人。《法国民法典》第711条规定，个人财产所有权可以因继承、生前赠与或遗赠以及债的效力取得与转移。《瑞士民法典》第56条规定，继承人因被继承人死亡而取得全部遗产。《韩国民法典》第997条、1005条规定，继承因死亡而开始，继承人自继承开始时起，概括承受与被继承人相关的权利义务[③]。在当然继承主义

① 物权法第29条规定：“因继承或者受遗赠取得物权的，自继承或者受遗赠开始时发生效力。”
② 参见戴炎辉、戴东雄：《中国继承法》，台湾三民书局1998年版，第161－162页。
③ 参见《韩国民法典》第997条、第1005条。

下，遗产因继承开始而当然的移转于继承人，无须继承人的意思表示，但是继承的放弃则需有继承人积极的意思表示，并溯及继承开始之时。

（二）承认继承主义

该种立法主义主要为罗马法所采用，意大利、葡萄牙等国家的民法典从之。在承认继承主义下，遗产并不因继承开始而当然地移转于继承人，需要继承人为接受继承的意思表示才发生遗产权利转移的法律效果。如意大利民法典规定，继承财产因承认而取得，继承的效果溯及继承开始的瞬间。继承，得以单纯承认或者限定承认进行承认，得依明示或者默示为之①。葡萄牙民法典规定，对遗产中之财产之拥有权及占有，均通过接受而取得，而不取决于对财产之实际管领。接受遗产之效力追溯至继承开始之时②。俄罗斯民法典规定，通过继承，死亡人的财产依照权利概括继受程序，即作为统一的整体、在同一时刻、以不变的形式移转给他人，继承人须接受遗产方能取得遗产。已经接受的遗产被认为自继承开始之日起属于继承人，而不论实际接受的时间；如果继承人对该财产的权利应进行国家登记，则不论进行国家登记的时间，亦自开始继承之日被认为属于继承人。在法定继承时，如果遗产移转给两个或几个继承人，而在遗嘱继承时，如果遗产依遗嘱属于两个或几个继承人，而又未指明每个继承人应继承的具体财产，则遗产自继承开始之日起归继承人按份共有③。接受继承是要式行为，其方式可以是明示也可以是默示。所接受的遗产自继承开始之日起为继承人所有，而不取决于遗产实际接受的时间。由此可见，按照承认继承主义，继承的接受须有继承人积极的意思表示，而继承的放弃则不需要，不接受即视为放弃。

（三）法院交付主义

奥地利民法典采用了此种立法主义。奥地利民法典规定，在继承人接受遗产之前，遗产被视为仍由死者占有。一旦继承人接受了遗产，就遗产而言，其就代表被继承人，在涉及第三人时，继承人和被继承人被视为一个人。考

① 参见《意大利民法典》第459条、第470条、第474条。

② 参见《葡萄牙民法典》第2050条。

③ 参见《俄罗斯民法典》第1110条、第1152条、第1164条。

虑到数个继承人的共同继承权，他们应被视为一个人。在法院移交遗产之前，这数个继承人对遗产承担连带责任。任何人都不得擅自占有遗产，继承权纠纷必须由法院审理；遗产的移转即合法占有的移转也必须由法院进行。法院的行为都由关于诉讼程序的特别规定予以确定。一旦合法继承人做出的接受继承的意思表示被法院所了解，且已完成其义务的履行，遗产就应当被移转给继承人，遗产诉讼程序随之终结。对于不动产所有权的移转，必须遵守法律关于办理地籍登记或文书提存的规定①。可见，在法院交付主义下，必须由法院经过特殊诉讼程序后，实际将遗产交付于继承人时才发生遗产权利移转的效力。

（四）剩余财产交付主义

这种立法主义为英国法、美国法所采用。如在英国，被继承人死亡后其遗产不是直接转归继承人，而是经过遗产的清点、完税、法院验证、执行遗嘱和承办管理、申请、汇集、分割等一系列法定程序后剩余遗产归属被继承人②。因此，遗产先归属于遗产管理人或遗嘱执行人，从继承开始到继承人接受继承，保护遗产是遗产代理人的职责。遗产代理人之于遗产，类似于信托人之于信托财产。英国的遗产管理法、信托法等法律详细地规定了遗产代理人和继承人各自的权利和义务。经过清算后如果尚有剩余遗产时，继承人始得请求其交付。在剩余财产交付主义下，继承人对于继承的接受表现为财产交付请求权的行使。遗产代理人有权以其认为公正和合理的方式分配被继承人的剩余财产，遗嘱有特别指示的除外。分配一旦完成，该遗产就在财产所在地转移予继承人。美国的遗产继承同样是财产交付主义，其遗产管理和保护制度也非常完备。

在后面的三种立法主义下，继承人并不因继承的开始而当然取得遗产，需要继承人为一定的意思表示或者经过特定程序才能取得。然而即使在这种情况下，不同法律也为遗产的物权变动设计了相应的路径，以实现法律逻辑

① 参见《奥地利普通民法典》第436条、第547条、第550条、第797条、第798条、第799条、第818条、第819条。

② 参见陈苇主编：《外国继承法比较与中国民法典继承编制定研究》，北京大学出版社2011年版，第113页。

上的严谨统一。如在承认主义下，罗马法并没有忽视在继承开始后继承人实际承受遗产之前这个特殊时期的遗产归属。此时之遗产，罗马法上称曰“遗产期待继承”（Heriditas jaceus）。对于此时遗产的性质如何，理论上主要有三种不同观点：一曰法人说，即以遗产具有独立之人格，故可以享受权利、承担义务。但此说终非罗马人之思想。二曰人格说，其要旨是死者的遗产为代表死者人格的继续，在未有合法继承人继承遗产时，此项遗产代表死者人格之继续。三曰继承人所有说，即“期待遗产”为将来继承人所有，不过在此“期待继承”之期间内，未推定何人承受耳。若无人继承时，则国库当然为继承人。在罗马法上颇多以遗产代表死者人格说为是①。在法院交付主义下，在继承人表示接受前，遗产仍视为被继承人所有，在继承人表示接受后和法院交付前，将继承人和被继承人视为同一人，数个继承人对遗产承担连带责任。在法院交付财产后，各继承人根据物权变动的规则要求取得遗产的所有权。在剩余财产交付主义下，继承开始后遗产先归属于遗产管理人或遗嘱执行人，通过特定的处理程序后，对于剩余的遗产才交付给继承人。

在当然继承主义下，遗产因被继承人死亡而当然移转于继承人。现行的法国、德国、瑞士、日本等国家的民法均采当然继承主义。我国自民国时期即废除旧制，采当然继承主义，以维护继承人利益②。根据我国继承法第25条规定，继承人要放弃继承需要做出明确的意思表示，没有表示的视为接受继承。可见，依我国法律规定，在被继承人死亡后，无须满足其他特殊要求，继承人即取得继承财产，故我国现行继承法仍然采纳当然继承主义的立法体例。“继承开始”就是“被继承人死亡”之时，此时被继承人的财产就成为“遗产”，其所有权就转移到继承人名下，如果只有一位继承人，“遗产”就归该继承人所有，如果继承人在两人以上，“遗产”就归全体继承人共有③。继承人在被继承人死亡时同时取得现实的继承权和遗产所有权，但继承权是遗产所有权的前提，因此，如果继承人要放弃继承，则放弃的标的应是继承权而非所有权，且需以明示方式做出，放弃继承的效力溯及于继承开始时。

---

① 参见丘汉平：《罗马法》，中国方正出版社2004年版，第65页。

② 参见郭明瑞、房绍坤、关涛：《继承法研究》，中国人民大学出版社2003年版，第33页。

③ 参见梁慧星：《〈物权法〉基本条文讲解》，载《物权法名家讲座》，中国社会科学出版社2008年版，第36页。

遗嘱继承尽管是通过遗嘱的方式指定了特定的继承人，但其继承本质并没有改变。实际上在被继承人死亡之时，其是否留有有效“遗嘱”可能尚不清楚，是按“遗嘱继承”还是“法定继承”来处理遗产也不明确，所以还不能确定继承人的人数和继承人到底是哪些人，更没有办法进行“分割遗产”或办理“产权过户登记”。但是，被继承人已经死亡，权利主体已经消灭，不能让“遗产”处于无主状态，因此物权法第29条规定自“继承开始”（即被继承人死亡）之时，由继承人取得“遗产”所有权①。此处应当是既包括法定继承也包括遗嘱继承在内的。将继承作为非法律行为引起物权变动的方式，这一规定既符合我国关于继承采用的立法体例，同时也使遗产在被继承人死亡后有新的所有权主体，不会使遗产处于无主状态下，更好地保护了自然人的合法权益，在逻辑上也较为严谨和周密。

根据继承法第33条关于被继承人债务清偿的规定，继承遗产应当清偿被继承人依法应当缴纳的税款和债务，并以其遗产的实际价值为限。即继承人在取得被继承人遗产的同时，负有在遗产范围内替被继承人清偿债务的义务。此时，对于继承人来讲，其有权处分遗产以清偿债务，对于债权人来讲，其债权应当优先于继承人的所有权。

三、从对“受遗赠开始”的理解入手解析遗赠引起的物权变动

对于物权法第29条关于继承的物权变动规定，学者们的观点基本一致，均赞同立法的规定。但对于该条款中关于遗赠的物权变动规定，却有很多不同意见，笔者总结有以下几种不同的理解方式：

（一）“受遗赠开始”的时间即为遗赠人死亡时间

此观点为当前理论界关于该条款的主流观点，但对于因何遗赠开始的时间与继承开始的时间相同，说法却有很多。有观点认为遗赠虽属法律行为，但依公认的法理，因遗赠发生的物权变动，同样适用继承的规则，即物权不

① 参见方金华、陈文颖：《论〈物权法〉中非依法律行为引起的物权变动》，载《法治论丛》2008年第5期。

经公示而直接转移。受遗赠人在受遗赠开始时即当然地、直接地取得物权①。还有观点认为遗赠是一种单方法律行为，遗赠的遗嘱只要合法，即可发生法律效力，无须受遗赠人同意。遗赠又是一种死因行为，在遗赠人死亡时发生法律效力。所以受遗赠开始的时间通常即为遗赠人死亡的时间②。以上两种观点都认为遗赠开始时间和继承开始时间相同，且财产转移原理也相同，只是在表述上有差异。

而梁慧星教授则认为，该条款错误的增加所谓“受遗赠开始”，遗赠的物权变动应与继承同样始于“被继承人死亡时”。物权法第 29 条规定因继承发生的物权变动，从“继承开始”之时发生效力。如果有遗赠，则遗赠财产亦于继承开始之时转归受遗赠人所有。继承法只有“继承开始”而无所谓“受遗赠开始”，条文增加“受遗赠开始”一语属于失误。从被继承人（遗赠人）死亡之时，遗赠财产的所有权就归了受遗赠人，到后来分割遗产时，如果受遗赠人“放弃受遗赠”，则该遗赠财产的所有权就归其他继承人③。孙宪忠先生也认为，如果受遗赠人不接受遗赠，遗赠就不能生效，这一分析应该说有一定道理。然而从法理上看，如果受遗赠人做出接受遗赠的意思表示，那么遗赠仍然是在遗嘱人死亡之时生效，而不是在受遗赠人接受遗赠的意思表示做出时生效。所以，这种情况下的“受遗赠开始”与继承是一样的④。

（二）所谓“受遗赠开始”应是在受遗赠人明确表示接受遗赠时

根据继承法第 25 条关于受遗赠人接受遗赠应有明确意思表示的规定，王利明教授认为，与遗嘱继承不同的是，遗嘱继承自遗嘱生效时就发生物权变动的效果，但在遗赠中，物权变动则始于受遗赠人受遗赠之时，即在被继承人死亡之后，根据遗赠和遗赠协议，受遗赠人愿意接受遗赠，从而使遗赠发生效力，此时就应该发生物权的变动⑤。还有其他学者也持有此类观点。可见，受遗赠开始的时间并非遗赠人死亡之时，而是在遗赠人表示愿意接受遗

① 参见吕波涛：《适用物权法重大疑难问题研究》，人民法院出版社 2008 年版，第 44 页。

② 参见孙宪忠：《中国物权法总论》，法律出版社 2009 年版，第 30 页。

③ 参见梁慧星：《〈物权法〉基本条文讲解》，载《物权法名家讲座》，中国社会科学出版社 2008 年版，第 37 页。

④ 参见孙宪忠：《中国物权法总论》，法律出版社 2009 年版，第 30 页。

⑤ 参见王利明：《物权法研究》，中国人民大学出版社 2009 年版，第 294 - 295 页。

赠时，此时遗赠才能发生法律效力，物权变动的结果发生。

（三）我国物权法第29条的将基于继承引起的物权变动与基于遗赠引起的物权变动统一规定，混淆了两者的性质，也与我国采取的物权变动模式相矛盾①

该观点认为，在我国债权形式主义的物权变动模式下，基于继承的物权变动之所以不需要公示，一方面是法律为了避免出现没有权利人，即无主财产的情形；另一方面是法律为了保护物权人。因此，基于继承的物权变动是非法律行为的物权变动，无须公示即可以发生法律效果，而基于遗赠的物权变动属于单方法律行为的物权变动，两者的性质不同，因此不能用同样的理由来解释。我国物权法既然采取了形式主义的物权变动模式，应该规定遗赠仅具有债权的效力。然而，该观点的不足之处是并没有分析解决在受遗赠人没有取得遗赠财产所有权之前，该遗赠财产的权利归属状况如何。

（四）笔者对于“受遗赠开始”的解析

笔者认为，遗赠是当事人在自己死亡后将遗产留给继承人以外的其他人的真实意愿表现，是典型的法律行为，因此遗赠引起的物权变动应与继承有所不同，并非在被继承人死亡时就当然发生物权变动的后果，应遵循法律行为引起物权变动的规则，即在法律行为有效的基础上再加上相应的公示要件，物权变动的结果始能发生。对此，笔者将从以下几个方面进行分析。

首先，从各国立法例中分析遗赠并非当然适用继承规则。大陆法系的民事立法关于遗赠发生的效力状况约有两种立法体例：一种是遗赠能够直接发生物权变动的效力，如日本、意大利和法国等国家。《日本民法典》第990条，概括受赠人有与继承人同样的权利和义务。意大利民法典第649条规定，遗赠不需要承认就可以取得，当遗赠的标的为特定物的所有权或者属于遗嘱人的其他权利时，该权利在遗嘱人死亡的那一刻即从遗嘱人移转于受遗赠人。根据《法国民法典》第1002条、第1003条、第1006条、第1010条、第1011条、第1014条之规定，遗赠包括全部概括遗赠、部分概括遗赠和特定财

① 参见高伟：《论基于继承的物权变动——兼析物权法第二十九条、第三十条的理解和适用》，载《政法学刊》2007年第5期。

产遗赠三种类型，在全部概括遗赠中，如果遗嘱人死亡时没有法律规定为其保留一定遗产份额的继承人，则全部概括遗赠人可以因遗嘱人的死亡而当然占有遗产，无请求移交财产的必要。但在部分概括遗赠和特定财产遗赠中，受遗赠人需要向法律规定为其保留一定份额遗产的继承人要求移交其受遗赠的财产，无此继承人时向全部概括受遗赠人提出请求，无全部概括受遗赠人时，向由“继承”编确定的顺序接受继承人要求移交财产。特定财产的受遗赠人，只有在提出要求移交遗赠物之日或者移交人自愿同意移交之日，始能占有遗赠物以及享有遗赠物的孳息或利息。二为遗赠发生债权效力，如德国、瑞士等国家民法。根据《德国民法典》第 2174 条、第 2176 条规定，受遗赠人因遗赠而有向承担遗赠义务的人请求给付遗赠标的物的权利的根据，受遗赠人的债权发生于继承开始时。《瑞士民法典》第 562 条第 1 项：“受遗赠人，对执行遗赠义务人，如未特别指定执行遗赠义务人时对法定的或指定的继承人，享有请求权。”对这两种不同的立法态度，史尚宽先生有非常清晰、明确的表述：“遗赠发生物权的效力抑或仅发生债权效力，系于民法之规定及物权变动之基本的立场。采意思主义之法、日民法，物权因意思表示而变动，遗嘱应与生前行为同样，使物权意思表示而生移转之效力，故以采物权效力说为妥。而在采形式主义之德、瑞民法，动产所有权移转，须依交付，不动产所有权之移转须经登记，故除为继承人之指定或视为继承人之指定外，无论包括遗赠或指定遗赠，均仅有债权效力”①。因此，学者们所说的遗赠也应与继承规则相同，自受遗赠人死亡时即可发生物权变动之效果属公认法理，当无确切依据。且从《法国民法典》的规定也可以看出，即使其采用债权意思主义的变动模式，遗赠也并非在遗赠人死亡时当然全部发生物权变动之效果。

其次，我国采用债权形式主义的物权变动模式，遗赠作为法律行为引起的物权变动，理应符合物权变动模式的要求。根据我国继承法的规定，遗嘱生效后，是否发生遗赠的法律后果取决于受遗赠人是否接受遗赠。因此，遗赠人死亡之后，受遗赠人并没有取得遗赠物的所有权，而是取得了一种受遗赠权，这种权利表现为：其一，接受或放弃受遗赠的权利；其二，请求给付遗赠利益的权利。前述第 2 项权利被认为是一种债权请求权，只有当受遗赠

① 参见史尚宽：《继承法论》，中国政法大学出版社 2000 年版，第 168 页。

人行使该请求权并得到满足之后，受遗赠人才能取得遗赠物的所有权或其他物权①。笔者认为，即使是在受遗赠人明确表示接受的情况下，其也并非如继承那样溯及既往当然取得遗赠财产的所有权，通过遗赠来获得财产终究是属于通过法律行为进行的，因此应遵循法律行为引起物权变动的规则，即不动产要登记、动产要交付才能发生物权变动的法律后果。

再次，从法理上来看，遗赠与赠与合同本质相同，法律亦应当尊重受遗赠人的个人意愿。受遗赠人属于继承人范围以外的人，其本身并不具有获得遗产的法定资格，只是由于被继承人生前立下的遗嘱，使其具有取得遗产的可能性。遗嘱反映了被继承人处分其财产的个人意愿，属于一种典型的法律行为。这种意思表示虽然在被继承人死亡时能够生效，但是否能产生遗赠的法律效果，还需要受遗赠人的意思表示予以配合，此和赠与在本质上是一样的。赠与合同需要双方当事人意思表示达成一致，即赠与人表示赠与，受赠人表示接受才能成立并生效。遗赠虽然是被继承人的单方法律行为，其成立生效无须受遗赠人的意思表示，但若使遗赠法律效果实际发生却不能忽视受遗赠人的个人意愿，因此继承法第 29 条才明确规定遗赠人要接受遗赠需要有明确意思表示，如果到期没有表示的，视为放弃受遗赠。这是法律对受遗赠人个人意愿的尊重，并不因遗赠人为死亡之人而厚此薄彼，漠视受遗赠人的意愿而强人所难。

因此，不论遗赠的标的是否为特定物，受遗赠人都不能直接支配遗赠的标的，只能向受遗赠的义务人请求履行遗赠②。物权法将受遗赠和继承并列规定于同一条款中，并共同作为引起物权变动的特殊情况是一种违背我国物权变动模式的做法，错误地效仿了采用意思主义物权变动模式国家的规范，与我国关于遗赠的相关规定以及关于物权变动的基本规则不相协调。

四、解析遗赠扶养协议等其他方式的遗产取得过程

遗赠扶养协议制度是在我国社会发展过程中总结“五保户”③ 制度的基

① 参见曹诗权：《婚姻家庭继承法学》，中国法制出版社 2007 年版，第 152 页。

② 参见郭明瑞、房绍坤、关涛：《继承法研究》，中国人民大学出版社 2003 年版，第 144 页。

③ 所谓“五保”，主要包括保吃、保穿、保医、保住、保葬等方面。“五保户” 常见于我国农村地区，这种制度的设立体现了我国法律保护老人和儿童的一贯原则，是人道主义的具体体现。

础上形成和发展起来的，开辟了自然人依靠个人财力解决养老送终问题的途径，是我国继承立法的一个创造，也是非常具有中国特色的继承法律制度。遗赠扶养协议是典型的双务、有偿法律行为，与其他法律行为相比，其特殊之处在于该协议的履行分为两个阶段，即受扶养人生前受到扶养照顾和受扶养人死后得到安葬并将其财产遗赠给扶养人。依照法律规定，遗赠扶养协议的执行优先于遗嘱和法定继承。关于依据遗赠扶养协议财产何时发生转移的问题，也有不同的观点。很多学者认为，被扶养人死亡时，遗赠发生效力，扶养人当然取得遗赠财产所有权①。在过去民法理论关于物权变动缺乏研究和规范的情况下，有此理解也不足为奇。也有学者认为，遗赠扶养协议是代位清偿预约，一旦继承开始，预约需转化为本约，遗赠人的继承人或遗产管理人、遗嘱执行人应当向扶养人交付标的物，那显然意味着所有权并非当然转移②。笔者认为，在上文已经分析遗赠财产物权变动情形的前提下，对遗赠扶养协议引起的物权变动无须赘述，因为遗赠扶养协议是更为典型的法律行为，根据举轻以明重的原则，该类遗产的物权变动当严格遵循债权形式主义的物权变动规则。

除此之外，根据继承法规定对遗产的处理还有多种方式，如支付继承费用、给特定继承人的特留份、缴纳税款、清偿债务、分给依靠被继承人扶养的缺乏劳动能力又没有生活来源的非继承人和对被继承人扶养较多的非继承人等。这些遗产的物权变动并非在继承开始就当然发生，而是在遗产处理的过程中，通过实际的交付或登记完成的。

其中，较为特殊的当属无人继承又无人受遗赠财产的物权变动。综观各国立法，大部分都规定在遗产无人继承时归国家所有。如《法国民法典》第768条规定，无生存的配偶时，遗产归属于国家。《日本民法典》第959条规定，依前条的规定，未被处分的继承财产，归属国库。《瑞士民法典》第555条规定，在规定的期限内无人申请继承，且继承人仍不详时，遗产归属于有继承资格的国家机关。依《德国民法典》第1936条规定，如在继承开始时既无被继承人的直系血亲亲属又无被继承人的配偶存在，被继承人死亡时所属

---

① 参见柯瑞清：《遗赠扶养协议的性质和法律效力》，载《河北法学》1986年第2期；杨振山：《民商法实务研究（继承卷）》，山西经济出版社1993年版，第189页。

② 参见张平华、刘耀东：《继承法原理》，中国法制出版社2009年版，第396页。

的邦（州）的国库为法定继承人；如被继承人属于数个邦（州）者，这些邦（州）的国库均享受此遗产的相等份额。被继承人是不属于任何邦（州）的德国人者，由帝国国库为法定继承人。但对于国家以何种身份于何时通过何种程序取得遗产所有权各国规定则有所不同，如《德国民法典》《瑞士民法典》均规定国家是以法定继承人的身份取得遗产，《法国民法典》则规定国家取得遗产必须通过法院及检察官进行以及为此必备的清算程序，否则还有可能产生损害赔偿责任，《日本民法典》则认为继承人不明时，遗产视为财团法人，遗产管理人为法人代表，在继承人搜索公告期间届满，如有剩余财产且无人主张继承权利时，遗产当然归属于国库。台湾地区有关规定认为，遗产经指定遗产管理人经过法定的程序后，仍然无人继承，在清偿债权并交付遗赠物后，归属国库，该程序的运作类似于法人的清算①。关于国家取得遗产之性质，又有原始取得说和继受取得说两种观点。我国关于无人继承又无人受遗赠的遗产规定非常简单，并根据被继承人的身份不同将最终遗产归属区分为国家和集体经济组织。在我国将来继承法修改时，需要对此制度进行补充和完善，比较各国规定之特点，我国可效仿德国、瑞士，将国家、集体作为特殊取得遗产的人明确规定下来，在具备无人继承且无人受遗赠这一条件时，遗产就应当归属于国家或集体，属于法律的特别规定，无须公示。作为继承法中的兜底制度，对无人继承又无人受遗赠财产的处理当属必要且重要，在此过程中，遗产管理人是一个举足轻重的角色，他起着保护、管理和依法分配遗产的重要作用。因此，我国未来继承法应当完善遗产处理的规范程序，通过法定程序和规则才能确定遗产符合无人继承又无人受遗赠这一事实状态，最后才能收归国家所有或集体所有。

五、对我国遗产物权变动的整体解析和构建

如前文所述，除继承的物权变动是自被继承人死亡时发生，通过其他多数方式取得遗产都需要经过一定的程序，完成交付或者登记物权变动才能发生，无人继承且无人受遗赠遗产除外。那么在实际物权变动发生前，这些遗

① 参见史尚宽：《继承法论》，中国政法大学出版社2000年版，第382页。

产的权利归属如何？比如在受遗赠人表示接受并实际取得遗赠财产前，该遗赠财产是否处于无主状态？应当归谁所有？这就需要对我国遗产的物权变动进行一个宏观、严谨的设计，使其既符合物权法和继承法的基本规范，实现法律体系的协调统一，同时又能圆满完成物权变动的过程，使遗产能顺利地、符合逻辑地归属于真正的权利主体。根据该设计理念结合前面的具体分析，笔者认为，应当将遗产的物权变动分为两个阶段：第一阶段是在被继承人死亡后，其遗产发生第一次物权变动，由被继承人手中移转到继承人手中，此时的权利主体是一个概括的、笼统的主体——继承人，而这一权利主体只是一个过渡性的主体，既符合当然继承主义的立法体例，也避免了遗产出现无主状态；第二阶段即对遗产进行实际分配，根据法律确定的各项规则如遗赠扶养协议、偿还债务、继承和遗赠、对某些特殊人予以照顾等，依法对遗产进行具体分配，使归属于明确的权利人，各权利主体各得其所，从而完成遗产的最终物权变动。另外如果属无人继承又无人受遗赠的遗产，在这一事实状态确定后，遗产也发生第二次物权变动，即依法归属于国家或集体。

在被继承人死亡时虽然遗产发生物权变动，已归属继承人所有，若继承人为一人则为单独所有，若继承人为多人则为共同共有。但由于继承的情况非常复杂，甚至在此过程中会出现很多变化，比如继承人可能会放弃继承权，依照法律规定会有丧失继承权的人需要确认，既有遗嘱继承还有法定继承，如果有缺乏劳动能力又没有生活来源的继承人时，在执行遗嘱时还需要给他保留必要的遗产份额。另外，在分割遗产时，对有扶养能力和扶养条件但不尽扶养义务的继承人，应当不分或者少分，对继承人以外的依靠被继承人扶养的缺乏劳动能力又没有生活来源的人，或者继承人以外的对被继承人扶养较多的人，可以分配给他们适当的遗产，诸如此类等等。因此，最终的遗产分配会受到很多因素的制约，不是在继承开始时就能够确定的。但如果因为将来的权利主体到底会是哪些人不明确，就认为物权变动不发生显然得不偿失，因此，根据我国采纳的立法体例此时应认为遗产的物权变动已经发生，由继承人作为一个笼统、概括的权利主体取得该权利，至于最终由哪些人具体获得遗产、又能分得多少份额，只有依法对遗产进行实际分割后才能确定。

根据继承法规定，在继承开始后，按照法定继承办理；有遗嘱的，按照遗嘱继承或者遗赠办理；有遗赠扶养协议的，按照遗赠扶养协议办理。在对遗产进行具体分配实现第二次物权变动时，还要兼顾对其他人利益的特殊保护，并应注意遵守法律所确定的以下规则：

第一，继承人若有丧失继承权的情形时，不得再参与遗产继承。

第二，继承开始后，由继承人按照法律规定的先后顺序进行继承，继承人如果放弃继承应在法定期限内做出明确意思表示。

第三，对生活有特殊困难又缺乏劳动能力的继承人，在分配遗产时应当予以照顾。对被继承人尽了主要扶养义务或者与被继承人共同生活的继承人，在分配遗产时可以多分。有扶养能力和扶养条件的继承人如果不尽扶养义务的，在分配遗产时应当不分或者少分。

第四，对继承人以外的依靠被继承人扶养的缺乏劳动能力又没有生活来源的人，或者继承人以外的对被继承人扶养较多的人，可以适当分配给他们遗产。

第五，遗嘱应当对缺乏劳动能力又没有生活来源的继承人保留必要的遗产份额，遗嘱人没有为其保留遗产份额的，在遗产处理时，应当为该继承人留下必要的遗产，剩余的部分才可参照遗嘱确定的分配原则处理。

第六，处理遗产时应当为胎儿保留必要的遗产份额，没有保留的应从继承人所继承的遗产中扣回。

第七，继承人中如果有缺乏劳动能力又没有生活来源的人，即使遗产不足以清偿债务，也应为其保留适当遗产，然后再按法律规定清偿债务。

第八，继承遗产应当清偿被继承人依法应当缴纳的税款和债务，缴纳税款和清偿债务以他的遗产实际价值为限。超过遗产实际价值部分，继承人自愿偿还的不在此限。执行遗赠不得妨碍清偿遗赠人依法应当缴纳的税款和债务。

遗产已被分割而未清偿债务时，如有法定继承又有遗嘱继承和遗赠的，首先由法定继承人用其所得遗产清偿债务；不足清偿时，剩余的债务由遗嘱继承人和受遗赠人按比例用所得遗产偿还；如果只有遗嘱继承和遗赠的，由遗嘱继承人和受遗赠人按比例用所得遗产偿还。

第九，无人继承又无人受遗赠的遗产，归国家所有；死者生前是集体所有制组织成员的，归所在集体所有制组织所有。

由此可见，在对遗产进行分配即发生第二次物权变动后，遗产的最终权利归属有可能会出现以下情形：第一，支付了继承过程中需要的费用；第二，由遗赠扶养协议中的扶养人取得；第三，缴纳了税款或债务，由国家或债权人取得；第四，分给了缺乏劳动能力又没有生活来源的继承人；第五，由遗嘱继承人或受遗赠人取得；第六，由继承人以外的依靠被继承人扶养的缺乏劳动能力又没有生活来源的人，或者继承人以外的对被继承人扶养较多的人取得；第七，为胎儿保留必要的遗产份额；第八，依法由法定继承人分得相应份额；第九，无人继承又无人受遗赠的遗产，依法由国家或集体所有制组织取得。

因此，遗产的物权变动是一个复杂的过程，并非在继承人死亡时一次性完成，而是首先通过继承人这一概括、笼统的主体依法先行取得进行过渡，然后再依照法律规定和当事人的意愿对遗产进行具体分配来完成遗产的第二次物权变动，也是最终的物权变动，从而使遗产各得其所，使各权利人利益得以实现。这一体系严谨的制度设计既圆满地解释了遗产最终归属的多种方式，符合我国物权变动的基本规则，使继承法和物权法能够协调统一，满足立法的目的和要求，也有效保护各方当事人的利益。

第五章　遗赠扶养协议的改进与完善

所谓遗赠扶养协议，是指被扶养人和扶养人之间订立的关于扶养人对被扶养人承担生养死葬的义务，而被扶养人将其财产遗赠给扶养人的协议。

我国继承法第 31 条第 1 款规定：“公民可以与扶养人签订遗赠扶养协议。按照协议，扶养人承担该公民生养死葬的义务，享有受遗赠的权利。”该条第 2 款规定：“公民可以与集体所有制组织签订遗赠扶养协议。按协议，集体所有制组织承担该公民生养死葬的义务，享有受遗赠的权利。”其中，需要他人扶养并愿意将自己生前的合法财产全部或部分遗赠给扶养人的为被扶养人，而对被扶养人承担扶养义务并接受遗赠财产的为扶养人。被扶养人只能是自然人，而扶养人既可以是自然人，也可以是集体所有制组织。

遗赠扶养协议是我国继承立法的独创，具有中国特色。它通过契约方式对需要他人扶养的弱势群体提供法律保护，为我国目前的养老问题提供了行之有效的解决途径，具有社会保障的功能。2012 年修订的《中华人民共和国老年人权益保障法》第 36 条规定：“老年人可以与集体经济组织、基层群众性自治组织、养老机构等组织或者个人签订遗赠扶养协议或者其他扶助协议。负有扶养义务的组织或者个人按照遗赠扶养协议，承担该老年人生养死葬的义务，享有受遗赠的权利。”

一、遗赠扶养协议的性质

关于遗赠扶养协议的性质，学术界众说纷纭，见仁见智，存在不同的学说，主要包括合同说、继承说、折中说、赠与说以及双重性质说等。其中合同说最具合理性和正当性。

长期以来，人们对遗赠扶养协议的理解一直囿于其作为一种继承方式的框架范围内，而鲜少关注其同时作为一种特殊合同的性质。就其性质而言，遗赠扶养协议是一种民事合同，而且是财产合同，并非身份合同。

承认遗赠扶养协议的合同属性已为学者之共识。尽管有些学者以遗赠扶养协议的功能是社会保障而不是商品交换为由，并不将遗赠扶养协议归于民事合同之列，但是遗赠扶养协议的社会保障功能并不能改变其民事合同的性质①。遗赠扶养协议作为一种民事合同，具备民事合同成立的基本要件，包括：存在双方当事人，订约当事人对主要条款达成合意，具备要约和承诺阶段②。

需要强调的是，遗赠扶养协议属于财产合同，而非身份合同。通说认为遗赠扶养协议是身份协议。其实这种观点是不正确的。遗赠扶养协议应为财产合同而非身份合同，主要理由如下：

首先，遗赠扶养协议不是“过继”“收养”等身份协议。“过继”是我国固有法上的身份行为，具体是指无男性继承人的家庭从家族中其他直系有富余男子的家庭中收养一个男子以作为家庭的继承人的行为。过继制度是封建宗法思想的产物。在现今社会，除非过继构成收养，否则并不具有法律效力。遗赠扶养协议也不同于收养关系。早在1986年柯瑞清先生就明确指出：“收养属于身份法上的法律关系，收养人与被收养人为法律上拟制血亲，建立一种新的人身关系——养父母与养子女关系，而遗赠扶养协议中的扶养人与遗赠人并不改变原有的身份地位。所以，不能把收养协议和遗赠扶养协议相混淆”③。现今通说将遗赠扶养协议与收养关系予以明确区分，且认为以遗赠扶养协议之形式规避法定的收养条件者，遗赠扶养协议也无效。

其次，遗赠扶养协议不是身份财产关系。身份财产关系是以身份法律关系为前提的财产关系，属于财产法关系与纯粹身份关系之间的过渡类型。遗赠扶养协议不以当事人具备身份关系为前提。根据现行法律的规定，具有身份关系的法定继承人与被继承人之间不能签订有效的遗赠扶养协议。

此外，身份合同是与财产合同相对而言的，两者分别以身份利益和财产利益为给付标的。前者可创设不能以金钱衡量或者不具备交易可能性的亲权、

① 参见张平华、刘耀东：《继承法原理》，中国法制出版社2009年版，第373页。

② 参见王利明主编：《民法》（第6版），中国人民大学出版社2015年版，第366－367页。

③ 参见柯瑞清：《遗赠扶养协议的性质和法律效力》，载《河北法学》1986年第2期。

配偶权、亲属权等，后者能创设可用金钱衡量价值的物权、债权、知识产权等。财产合同一般不必遵守类型强制或者类型固定原则，具有合同自由，而身份合同的自由几近被排除，当事人应当严格按照法律的规定实施身份法律行为，而不能任意规定其内容，也不得创设与法律规定不同的合同。遗赠扶养协议以“扶养人对被扶养人生养死葬以及继受被扶养人的遗产”为主要内容，其中并无身份权益之创设，当为财产合同。遗赠扶养协议中扶养的方式、继受遗产的条件、期限可由当事人自由约定，而不受类型强制或者类型固定的限制①。

作为继承领域内与遗嘱、遗赠相并列存在的制度，遗赠扶养协议具有一般合同的特点：

第一，双务性。在遗赠扶养协议中，扶养人的义务主要是负责被扶养人的衣食住行、生养死葬等，其权利是取得遗赠扶养协议中约定的财产。被扶养人的主要权利是接受扶养人的扶养，其义务是按照遗赠扶养协议将其财产遗赠给扶养人所有。而遗嘱和遗赠是被继承人和遗赠人做出的单方法律行为，只要有被继承人和遗赠人一方的意思表示即可，无须征得继承人和受遗赠人的同意②。

第二，有偿性。遗赠扶养协议不同于一般的民事合同，其既非以等价为原则的商品交换的合同，也非无偿的赠与合同，而是扶养与遗赠相结合，具有有偿扶养与公民处分死后财产双重特征的合同形式，是一种平等、有偿的民事合同③。被扶养人接受扶养必须以赠与财产为代价，而扶养人接受财产须以承担对被扶养人生养死葬的义务为前提，任何一方享受权利都是以履行一定义务为对价，因此遗赠扶养协议是有偿的民事法律行为。换言之，无财产的给付即无遗赠扶养协议。而遗嘱继承和遗赠是无偿的民事法律行为，继承人和受遗赠人一般只享有接受财产的权利，不承担相应的义务。

第三，诺成性。根据合同成立在意思表示之外是否需要交付标的物为要件，将合同分为诺成性合同和实践性合同。所谓诺成性合同，是指并不需要交付标的物，只需要双方意思表示一致即可成立的合同。实践性合同又称要

---

① 参见张平华、刘耀东：《继承法原理》，中国法制出版社2009年版，第379－380页。

② 参见任丹丽：《遗赠扶养协议性质探析》，载《黑龙江省政法管理干部学院学报》2006年第6期。

③ 参见柯瑞清：《遗赠扶养协议的性质和法律效力》，载《河北法学》1986年第2期。

物合同，是除双方当事人的意思表示一致外，尚需交付标的物才能成立的合同。对于遗赠扶养协议，因为不需要交付标的物，只需要被扶养人和扶养人双方的意思表示一致即可成立，所以遗赠扶养协议属于诺成性合同。

但是遗赠扶养协议与一般的合同又有所不同，其特殊性表现如下：

第一，主体的特定性。遗赠扶养协议的主体特殊。遗赠扶养协议中的遗赠人同时是被扶养人，而受遗赠人同时是扶养人。从继承法第 31 条可以看出，被扶养人大致可以分为两种类型：一种一般是没有亲属或亲属不在身边、独立生活存在困难而需要他人照顾的人，另一种通常是缺乏劳动能力又缺乏生活来源的“五保户”。“五保户”是指我国农村中没有亲属供养而依靠社会保障和救济生活的住户。而遗赠扶养协议的扶养人只能是与被扶养人签订扶养协议的自然人或者集体所有制组织。根据继承法的理论，通说认为自然人作为遗赠扶养协议的扶养人的，必须是法定继承人以外的人，以区别于遗嘱继承。从立法目的来看，遗赠扶养协议中的扶养人必须不能是法定继承人，因为法定继承人与被继承人之间具有法定的权利义务关系，不能通过约定的形式来改变或消灭。继承法第 16 条第 2 款规定：“公民可以立遗嘱将个人财产指定由法定继承人的一人或者数人继承。”此乃遗嘱继承。继承法第 16 条第 3 款规定，“公民可以立遗嘱将个人财产赠给国家、集体或者法定继承人以外的人。”此乃遗赠。我国法律以受益人是否是法定继承人为标准，区分遗嘱继承、遗赠和遗赠扶养协议。因此，遗赠扶养协议中的扶养人应当是法定继承人以外的自然人或者集体所有制组织。换言之，法定继承人（包括配偶、父母、子女、祖父母、外祖父母、孙子女、外孙子女、兄弟姐妹等）均不能成为遗赠扶养协议中的扶养人。

第二，标的的特殊性。遗赠扶养协议的标的特殊，体现为一方取得对方扶养自己的权利，而在自己去世以后让与自己的财产，另一方必须承担扶养的义务，而在对方死后享有取得遗产的权利。

第三，产生权利义务关系的时间特殊。在被扶养人死亡前，扶养人只能承担对被扶养人的生养死葬义务，而不能享有取得遗产的权利。只有在被扶养人死亡以后，扶养人才能享有取得遗产的权利。

第四，适用效力的优先性。我国继承法第 5 条规定：“继承开始后，按照法定继承办理，有遗嘱的，按照遗嘱继承或遗赠办理，有遗赠扶养协议的，按照协议办理。”我国《最高人民法院关于贯彻执行〈中华人民共和国继承法〉若干问题的意见》第5条也明确规定：“被继承人生前与他人订有遗赠扶养协议，同时又立有遗嘱，继承开始后，如果遗赠扶养协议与遗嘱没有抵触，遗产分别按协议和遗嘱处理，如果有抵触，按协议处理，与协议抵触的遗嘱全部或部分无效。”由此可见，遗赠扶养协议具有优先于遗嘱继承和遗赠的效力。换言之，在财产继承中，如果有遗赠扶养协议，应当首先执行遗赠扶养协议；如果没有遗赠扶养协议，方可适用遗嘱继承和遗赠；最后才适用法定继承。

总之，遗赠扶养协议具有民事合同的属性，蕴涵着自由、平等和公平的价值观。在市场经济和契约化的现代社会中，有必要重新审视遗赠扶养协议的价值，明确其民事合同之本质，倡导当事人签订遗赠扶养协议，以实现另类养老合同之目的①。

二、遗赠扶养协议的价值取向

遗赠扶养协议的社会功能或者立法目的并非商品交换，而是旨在社会保障。其最早始于20世纪50年代的合作社时期。遗赠扶养协议不仅是我国长期社会生活实践的总结，而且是我国继承法的一个创新。遗赠扶养协议的产生虽然最早是针对农村的孤寡老人，但在城市社会，遗赠扶养协议依然有其很广泛的适用空间。其不仅适用于无法定继承人的孤寡老人，而且也适用于特殊情况下有法定继承人的人群，从而有利于促进公民之间的团结互助。我国老龄化社会的现状导致养老已经成为突出的社会问题。目前我国的社会保障制度还不能覆盖全部需要照顾赡养的老人。在我国社会保障制度尚不完善、社会保障体系尚不健全的情况下，充分发挥遗赠扶养协议的作用具有举足轻重的意义。

首先，有利于保障需要他人扶养的社会弱势群体的合法权益。一方面，计划生育政策的实施，同时伴随着我国人口进入老龄化时代，4－2－1的家庭结构使得很多老年人、生活无法自理的人无法得到有效的赡养或者扶养，而

① 参见何丽新：《论遗赠扶养协议的扩张适用》，载《政法论丛》2012年第3期。

目前中国“失独家庭”的数目在不断增加，这也加重了养老问题的严峻性。另一方面，我国又达不到发达国家的社会保障水平。目前我国养老制度已经无法满足人口老龄化所带来的养老需求，所以多样化的养老模式应运而生，势在必行。此种情况下遗赠扶养协议的优点就得以彰显，可谓对这些弱势群体进行家庭赡养和扶养的一种有效途径。

其次，有利于弘扬中华民族的传统美德。中华民族历来就具有尊老爱幼的优良传统，尊老、敬老、爱老、养老一向为社会所提倡和鼓励。2012 年修订的《中华人民共和国老年人权益保障法》第 36 条规定：“老年人可以与集体经济组织、基层群众性自治组织、养老机构等组织或者个人签订遗赠扶养协议或者其他扶助协议。负有扶养义务的组织或者个人按照遗赠扶养协议，承担该老年人生养死葬的义务，享有受遗赠的权利。”这充分体现了法律的人文关怀，是社会文明的重要标志。

再者，有利于维护家庭和社会的和谐稳定。养老问题常常导致家庭纠纷，特别是在有多个子女的家庭中，子女之间往往因为赡养老人的问题发生矛盾。签订遗赠扶养协议，通常能使赡养义务明确具体化，有助于避免纠纷的发生。通过遗赠扶养协议，老年人的赡养问题可以得到妥善解决，有利于家庭和社会的和谐稳定。

此外，有利于减轻国家的财政负担。对弱势群体的保护是一种国家责任，而我国现阶段的经济水平决定了养老制度和社会保障制度还不足以妥善解决所有需要社会扶养的人的生活保障问题。遗赠扶养协议可以在一定程度上缓解国家的养老压力，减轻国家的财政负担。

三、遗赠扶养协议与相关概念之比较

（一）遗赠扶养协议与遗赠

所谓遗赠，“是公民以遗嘱的方式将其个人合法财产的一部分或全部赠送给国家、集体组织或法定继承人以外的公民，并于遗赠人死亡后才发生法律效力的单方法律行为”[①]。我国继承法第 16 条第 3 款规定：“公民可以立遗嘱将个人财产赠给国家、集体或者法定继承人以外的人。”在遗赠中，遗嘱人就是遗赠人，被遗嘱指定接受遗赠利益的人，即受遗赠人。

遗赠具有以下特征：第一，遗赠必须采用遗嘱的方式进行。虽然遗赠和遗嘱继承均须采用遗嘱的方式进行，但是两者在主体上有所不同：受遗赠人主要是指国家、集体和法定继承人以外的其他公民，而遗嘱继承人一般是指遗嘱中所指定的法定继承人。第二，遗赠是一种单方民事法律行为。遗赠只要求有遗赠人一方的意思表示即可有效成立。遗赠人以遗赠的方式将自己的财产赠给受赠人时，并不需要征得受赠人的同意，也不受其他人意志的制约。第三，遗赠是给予他人以财产利益的行为，是遗嘱人对自己财产的无偿转让。遗赠不得给予他人以单纯的义务或使受遗赠人接受遗赠后所负担义务超过其所享受的权利，因而遗赠人赠给受遗赠人的财产权利是无偿的，而不是等价有偿的。财产利益的转让不仅可以是权利的让与，而且也包括受遗赠人义务的免除，遗赠人可以以遗赠的形式来免除受遗赠人欠自己的债务。第四，遗赠这种财产权益的让与，只有在遗赠人死后才能发生法律效力。遗赠人的死亡是遗赠产生法律效力的条件，也是受遗赠人实际享有受遗赠权并行使其权利，取得财产的前提。如果遗赠人尚未死亡，即使遗赠人已设立遗赠，受遗赠人也无权请求执行遗赠，此时做出的接受或放弃遗赠的表示也无法律效力。遗赠人死亡之前的无偿让与，不得称为遗赠，而是赠与。第五，遗赠的范围仅限于自己所有的财产和财产权利的让与，人身权利是不得让与的。

遗赠扶养协议与遗赠均是继承法上基于财产所有人的特别意思而为的一种财产流转方式，两者均为财产所有人生前处分财产而在其死后实现财产所有权转移的行为。从目前我国法律的规定看，财产的接受人均为法定继承人以外的公民或者其他组织。

虽然遗赠扶养协议与遗赠存在诸多相似之处，但是两者的区别也显而易见，主要表现在如下几个方面：

第一，性质不同。首先，遗赠扶养协议是双方民事法律行为，须双方达成合意方能成立，其权利义务的变更、解除也需要双方协商方能为之。而遗

---

① 参见杨遂全主编：《亲属与继承法论》，四川大学出版社 2005 年版，第 225 页。

赠是单方民事法律行为，只需遗赠人一方的意思表示即可成立，遗赠人也能随时单方面变更、撤销该赠与。其次，遗赠扶养协议是有偿的民事法律行为，扶养人以负责被扶养人的生养死葬作为取得遗赠人财产的对价。而遗赠则不同，一般而言，遗赠是遗赠人生前自由处分自己身后遗产的行为，受赠人取得财产是无偿的，只享有接受遗赠财产的权利，一般不承担相应义务，也无须支付任何对价。即使是附负担的遗赠，所附的负担和遗赠也并不是对价关系，并且在一般情况下，受遗赠人常常于受遗赠后才履行所附加的义务，而不像遗赠扶养协议中的扶养人须先履行扶养义务，后受领遗产。

第二，主体范围不同。遗赠扶养协议的扶养人必须是对被扶养人承担扶养义务的完全民事行为能力人或者集体组织，而遗赠中遗赠人选定的受遗赠人则不受此限，可以是完全民事行为能力人，也可以是限制民事行为能力人、无民事行为能力人或者社会组织，还可以是国家。

第三，生效时间不同。遗赠扶养协议生效的时间自协议成立之日开始，而遗赠的效力自遗赠人死亡之时开始生效。

第四，形式要件不同。遗赠扶养协议一般采用书面合同的形式，而遗赠则采用遗嘱的形式。

第五，适用效力不同。遗赠扶养协议的适用效力优先于遗赠。如果被扶养人既签订了遗赠扶养协议，又立遗嘱指定了遗嘱继承人或受遗赠人，还有法定继承人，那么遗赠扶养协议、法定继承、遗嘱继承和遗赠该如何适用？我国继承法第 5 条明确规定：“继承开始后，按照法定继承办理，有遗嘱的，按照遗嘱继承或者遗赠办理，有遗赠扶养协议的，按照协议办理。”《最高人民法院关于贯彻执行〈中华人民共和国继承法〉若干问题的意见》第 5 条规定：“被继承人生前与他人订有遗赠扶养协议，同时又立有遗嘱的，继承开始后，如果遗赠扶养协议与遗嘱没有抵触，遗产分别按协议和遗嘱处理；如果有抵触，按协议处理，与协议抵触的遗嘱全部或部分无效。”可见，法律直接规定了法定继承、遗嘱继承、遗赠和遗赠扶养协议在适用中的顺序，在实践过程中，只需直接参照即可。由于遗赠扶养协议是一种较特殊的合同，双方当事人都须为一定给付，也都须承担相应义务，其约束力更强，第三人包括法定继承人、遗嘱继承人、受遗赠人、其他自然人、社会团体或组织以及国家都须尊重该协议之规定，不得侵犯协议约定的当事人的合法权利。因此，遗赠扶养协议的效力应当优先于法定继承、遗嘱继承和遗赠。

（二）遗赠扶养协议与“五保”协议

需要说明的是，由于相关法律的废止和修订，导致“五保”协议在不同历史时期的含义也不尽相同。

传统的“五保”协议的概念是根据1994年施行的《农村五保供养工作条例》（2006年已经废止）和1996年施行的《中华人民共和国老年人权益保障法》（2012年已经修订）界定的，是指由政府组织实施，由集体组织或有关机构承担的对“三无人员”负担“保吃、保穿、保住、保医、保葬”供养服务的协议①。而现行的“五保”协议的概念是根据2006年施行的《农村五保供养工作条例》和2012年修订的《老年人权益保障法》界定的，是指由政府组织实施并与集体组织或有关机构签订的对符合条件的“三无人员”提供“保吃、保穿、保住、保医、保葬”供养服务的协议。至于“三无人员”和“五保”的含义，并无变化。“三无人员”是指无劳动能力、无生活来源又无法定赡养、抚养、扶养义务人，或者其法定赡养、抚养、扶养义务人无赡养、抚养、扶养能力的人员。“五保”的内容包括保吃、保穿、保住、保医、保葬。

我国《农村五保供养工作条例》第2条规定：“本条例所称农村五保供养，是指依照本条例规定，在吃、穿、住、医、葬方面给予村民的生活照顾和物质帮助。”第6条规定：“老年、残疾或者未满16周岁的村民，无劳动能力、无生活来源又无法定赡养、抚养、扶养义务人，或者其法定赡养、抚养、扶养义务人无赡养、抚养、扶养能力的，享受农村五保供养待遇。”《中华人民共和国老年人权益保障法》第31条第2款规定：“老年人无劳动能力、无生活来源、无赡养人和扶养人，或者其赡养人和扶养人确无赡养能力或者扶养能力的，由地方各级人民政府依照有关规定给予供养或者救助。”

遗赠扶养协议主要源于我国农村的“五保”协议制度。遗赠扶养协议的前身——“五保”协议就是为保障“五保户”的生活而订立的，具有社会保障和社会福利的性质。在我国农村，很多孤寡老人没有子女和其他可以依靠

① 参见张平华、刘耀东：《继承法原理》，中国法制出版社2009年版，第373页。

的亲人，但有些积蓄，有需要他人予以生活照顾的需求，通过遗赠自己财产的方式获得他人的生养死葬，而使扶养人也在承担义务的同时获得一定的财产利益。可以说，“五保”协议促生了遗赠扶养协议，而且“五保”协议也可采用遗赠扶养协议的形式。《最高人民法院关于贯彻执行〈中华人民共和国继承法〉若干问题的意见》第55条规定：“集体组织对‘五保户’实行‘五保’时，双方有扶养协议的，按协议处理，没有扶养协议，死者有遗嘱继承人或法定继承人要求继承的，按遗嘱继承或法定继承处理，但集体组织有权要求扣回‘五保’费用。”其中的“扶养协议”就是指遗赠扶养协议。不过，过去的“五保”协议和现在的遗赠扶养协议产生的历史背景大相径庭。过去的“五保”协议是在土地、农具等生产资料都收归集体所有的前提下，集体对“三无人员”的基本生活保障，而且“三无人员”在死亡后其财产一般也属于无人继承又无人受遗赠的遗产，因而收归集体所有也是顺理成章的。在现代社会中的遗赠扶养协议中，扶养人更多的可能是自然人而并非一定是集体组织。对于自然人而言，其无法定义务扶养他人，因此根据权利义务相一致的法律原则，取得被扶养人遗赠的财产完全合乎逻辑。并非如一般学者所讲，扶养人同意签订遗赠扶养协议的根本目的不是取得遗赠财产，而是“扶助老弱病残，发扬同志式的互助精神，帮助孤寡老人安度晚年”。因为根据我国法律的规定，遗赠扶养协议中的扶养人不能是法定继承人，所以扶养人与被扶养人之间并非近亲属，法律也无理由要求扶养人单纯是为了被扶养人的利益而签订该协议。

可以说，遗赠扶养协议是在我国农村“五保”协议的基础上形成和发展起来的，存在历史传承关系，但是遗赠扶养协议毕竟又不同于“五保”协议。需要强调的是，鉴于相关法律已经废止和修订，应当与时俱进，因而此处的“五保”协议是指现行的“五保”协议，而非传统的“五保”协议。具体而言，遗赠扶养协议与“五保”协议的主要区别如下：

第一，法律地位和性质不同。首先，遗赠扶养协议是继承法明确规定的一项涉及遗产赠与问题的民事法律制度，而“五保”协议是《农村五保供养工作条例》规定的一项农村社会保障制度，仅仅涉及“五保户”的生养死葬问题，并未明确涉及遗产赠与问题。其次，遗赠扶养协议属于遵循平等、自愿等原则签订的民事合同，并无强制缔约之义务，而“五保”协议属于社会保障法上的合同，为保障“五保户”的生存权，乡、民族乡、镇人民政府负有与村民委员会或者农村五保供养服务机构签订供养服务协议的强制缔约义务。此外，遗赠扶养协议是有偿的双务合同，而“五保”协议是无偿的单务合同。

第二，两者在主体层面有所不同。就遗赠扶养协议而言，协议的主体为被扶养人和扶养人。任何自然人都可以作为被扶养人，法定继承人以外的自然人或者集体组织都可以作为扶养人。而对于“五保”协议，我国《农村五保供养工作条例》第 17 条规定：“乡、民族乡、镇人民政府应当与村民委员会或者农村五保供养服务机构签订供养服务协议，保证农村五保供养对象享受符合要求的供养。村民委员会可以委托村民对分散供养的农村五保供养对象提供照料。”据此规定，“五保”协议的主体一方为乡、民族乡、镇人民政府，另一方则为村民委员会或者农村五保供养服务机构。需要补充说明的是，“五保”协议涉及的农村五保供养对象（亦即被供养人）只能是符合条件的“三无人员”。

第三，承担扶养费用和承担供养费用的主体有别。就遗赠扶养协议而言，扶养人对被扶养人扶养的费用由扶养人自己承担。而对于“五保”协议，我国《农村五保供养工作条例》第 11 条规定：“农村五保供养资金，在地方人民政府财政预算中安排。有农村集体经营等收入的地方，可以从农村集体经营等收入中安排资金，用于补助和改善农村五保供养对象的生活。农村五保供养对象将承包土地交由他人代耕的，其收益归该农村五保供养对象所有，具体办法由省、自治区、直辖市人民政府规定。中央财政对财政困难地区的农村五保供养，在资金上给予适当补助。农村五保供养资金，应当专门用于农村五保供养对象的生活，任何组织或者个人不得贪污、挪用、截留或者私分。”据此规定，“五保户”的供养费用是由地方人民政府承担的。值得注意的是，村民委员会或者农村五保供养服务机构并非承担供养费用的主体，其只是根据供养服务协议，为“五保户”提供供养服务。

第四，体现的法律关系和承担的法律责任不同。遗赠扶养协议作为一种民事合同，体现的是平等主体之间的民事法律关系。如果违反遗赠扶养协议，当事人应当承担民事责任。而“五保”协议是乡、民族乡、镇人民政府在行政管辖范围内基于行政职责与村民委员会或者农村五保供养服务机构签订的供养服务协议，其体现的是一种行政法律关系。如果违反“五保”协议，当事人承担的是行政责任。

第五，监督管理的主体不同。遗赠扶养协议由当事人主动履行，主要靠双方当事人相互监督履行的情况。而对于“五保”协议，我国《农村五保供养工作条例》第18条规定：“县级以上人民政府应当依法加强对农村五保供养工作的监督管理。县级以上地方各级人民政府民政部门和乡、民族乡、镇人民政府应当制定农村五保供养工作的管理制度，并负责督促实施。”第19条规定：“财政部门应当按时足额拨付农村五保供养资金，确保资金到位，并加强对资金使用情况的监督管理。审计机关应当依法加强对农村五保供养资金使用情况的审计。”第20条规定：“农村五保供养待遇的申请条件、程序、民主评议情况以及农村五保供养的标准和资金使用情况等，应当向社会公告，接受社会监督。”第21条规定：“农村五保供养服务机构应当遵守治安、消防、卫生、财务会计等方面的法律、法规和国家有关规定，向农村五保供养对象提供符合要求的供养服务，并接受地方人民政府及其有关部门的监督管理。”

（三）遗赠扶养协议与继承契约

我国学者对继承契约的界定不尽相同，见仁见智。张玉敏认为，继承契约是指“被继承人与自己的继承人或其他人之间订立的，以指定继承人和遗赠或遗嘱负担为内容的契约”①。刘春茂则认为，“继承契约是指两个或两个以上的家庭成员（主要是夫妻或未婚夫妻）之间所订立的关于遗产继承的合同”②。樊丽君、邓画文提出，继承契约是“被继承人与其法定继承人或其他民事主体之间订立的关于指定继承人、遗赠、负担、抛弃继承期待权等与继承相关事项的双方法律行为”③。张平华、刘耀东认为，继承契约是指两个或者两个以上当事人（主要是夫妻或未婚夫妻）之间订立的以处分客观继承权为内容的合同。例如，夫妻双方约定相互放弃继承权，而指定儿子是共同的

---

① 参见张玉敏主编：《继承制度研究》，成都科技大学出版社1994年版，第316页。
② 参见刘春茂主编：《中国民法学·财产继承》，人民公安大学出版社1990年版，第505页。
③ 参见樊丽君、邓画文：《论继承契约》，载《中国社会科学院研究生院学报》2006年第4期。

继承人[①]。笔者赞同张平华、刘耀东的观点，其对继承契约的界定可谓言简意赅。我国继承法未规定继承契约，但是也未明文禁止，而遗赠扶养协议本身存在一定缺陷且其内容无法涵盖继承契约。这一立法缺失，使得司法实践中有关继承契约的纠纷无法得到有效解决。

目前，世界各国对继承合同的立法态度不尽相同。一种为肯定说，以德国、瑞士、匈牙利为代表。另一种为否定说，以法国、意大利为代表。第三种为折中说，以英国和美国为代表。

继承契约在德国被称为"继承合同"。《德国民法典》第五编继承法第四章设专章对继承合同进行了详细规定，内容较为完备。《德国民法典》第1941条规定："（1）被继承人可以以合同指定继承人以及指定遗赠和遗嘱负担（继承合同）。（2）订立合同的另一方和第三方都可以被指定为继承人（合同所定的继承人）或受遗赠人"[②]。瑞士不仅允许当事人依继承契约指定继承人和遗赠，还允许当事人通过继承契约的方式抛弃继承权。《瑞士民法典》第495条规定："被继承人可与继承人缔结抛弃继承权契约或继承买回契约"[③]。《瑞士民法典》对继承契约的规定比《德国民法典》更进了一步，除了有继承契约的形式、内容、权利义务等德国民法也有的规定，还规定了继承契约之诉和财产扣减的方式，对《德国民法典》遗漏的部分进行了填补，使得该制度更加完善。《匈牙利民法典》第655条规定："根据继承合同，被继承人有义务指定订约人为自己的继承人，而后者必须对他进行扶养或支付终身定期金，被继承人有权在继承合同中做出任何一种遗嘱处分，与被继承人订约的一方在继承合同中所作的处分无效。"《匈牙利民法典》扩大了继承合同中继承人履行义务的方式，规定继承人既可以通过对被继承人进行实际扶养的方式履行义务，也可以向被继承人支付终身定期金，保证被继承人享受足够的经济供养。

法国、意大利、日本等国家禁止在继承开始之前通过合同来确定或放弃继承权。例如《意大利民法典》第458条"禁止约定继承"中规定："任何对自己的继承做出安排的约定，均无效。在继承尚未开始之前，任何处分或

① 参见张平华、刘耀东：《继承法原理》，中国法制出版社2009年版，第378页。
② 参见陈卫佐：《德国民法典》（第2版），法律出版社2006年版，第584页。
③ 参见殷生根、王燕：《瑞士民法典》，中国政法大学出版社1999年版，第135页。

者放弃继承权的文件，亦均无效。”

在英国和美国，当事人可以就继承达成协议，但继承合同并不是继承人取得继承权或受遗赠权的依据。继承合同只发生普通法中合同的效力。当事人要取得被继承人的遗产，需要依赖其有效的遗嘱。如果被继承人最后所立遗嘱与继承合同相悖，则对违背继承合同的救济手段也是采用合同法中的违约救济手段，继承合同当事人可以通过衡平法上的救济获得相应的补偿①。

综观国外的继承契约制度，虽然持肯定说的国家对其规定内容详略有别，但是就体例上而言，都将继承契约规定于民法典继承篇之中，而我国民法典正在紧锣密鼓的编纂中，遗赠扶养协议的条款将被写入继承法中，仍然属于继承制度的组成部分。继承契约与我国的遗赠扶养协议存在一些相似之处，但也有许多相异之处。

继承契约和遗赠扶养协议的相似之处如下：1. 两者都是以合同的形式约定遗产的归属，均为双方民事法律行为。2. 两者都是诺成性合同，双方当事人意思表示一致即成立，任何一方不得随意改变和撤销。3. 继承契约和遗赠扶养协议的适用效力均高于遗嘱继承和法定继承，具有适用上的优先性。

继承契约与遗赠扶养协议的主要区别如下：

第一，主体不同。继承契约的签订主体一般限于法定继承人之间，但是订约主体主要是夫妻，而且往往是未婚夫妻。继承契约的继承人范围没有限制，可以是法定继承人，也可以是法定继承人以外的其他人。而我国继承法规定的遗赠扶养协议制度中的遗赠人是被继承人，而且常常是在生活上需要他人帮助的孤寡老人，扶养人则是法定继承人以外的公民和集体组织，法定继承人不得为扶养人。法律对遗赠扶养协议的主体限制十分严格。

第二，受益人不同。继承契约中的受益人是契约中约定的人，包括继承人、受遗赠人、夫妻之间，甚至契约所约定的第三人，都可以成为受益人，并没有法定继承人或法定继承人以外的人之分。但遗赠扶养协议中的受益人是扶养人，是对被扶养人负担“生养死葬”义务的合同当事人，而不能是协议以外的第三人。从我国继承法的规定来看，该受益人也只能是法定继承人以外的人。

---

① 参见吴国平：《论我国继承扶养协议制度的立法构建》，载《海峡法学》2013 年第 3 期。

第三，性质不同。在继承契约中，受益人不以履行一定的义务为对价，属于无偿契约[①]。而在遗赠扶养协议中，扶养人的生养死葬义务与被扶养人赠与身后财产互为对价，属于有偿、双务合同。

第四，形式要件不同。继承契约必须以法律规定的形式签订。例如在德国，继承契约通常按照遗嘱方式和公证遗嘱的程序进行。而我国继承法并没有对遗赠扶养协议的形式要件做出明确规定。

第五，当事人可以约定的内容不同。在继承契约中，当事人在不违背法律的前提下，几乎可以约定包括继承的所有事项，包括指定继承人、遗赠、负担、继承权的抛弃等等，内容相当广泛。而遗赠扶养协议的当事人只能约定“生养死葬”的权利义务内容和遗赠财产的多少，其范围相当有限。

第六，是否赋予相对人继承权的效力不同。在德国和瑞士，继承契约是取得继承权的直接原因，相对人可以因继承契约直接享有继承权而取得遗产，而英美等国的继承契约不是取得继承权的依据，只具有一般合同的效力。但在我国，法律只规定了遗赠扶养协议的最优先适用的效力，为遗产分配程序中财产取得之顺序提供法律依据，却未规定遗赠扶养协议是否赋予扶养人继承权。

（四）遗赠扶养协议与继承扶养协议

继承扶养协议是指法定继承人与被继承人签订的有关继承权取得和扶养的合同。法定继承人按照约定履行对被继承人的赡养义务，同时享有在被继承人死亡后对全部或特定遗产的继承权[②]。对于被继承人而言，继承扶养协议的主要功能就在于确保其养老，并具有保障其更加灵活自由地处分有关遗产和继承权利的功能。即当事人除了订立遗嘱之外，还可以通过协议方式实现对遗产的处理。同时，还可以通过协议来安排被继承人满意的直接扶养人，保障其晚年生活。尤其是在被继承人为孤寡老人、“失独老人”和残疾人等特殊情形下，继承扶养协议具有更大的价值。

我国继承法尚未规定继承扶养协议。杨立新、杨震等学者在《〈中华人民

---

① 参见郭明瑞、房绍坤：《继承法》，法律出版社 1995 年版，第 185 页。

② 参见朱凡：《我国〈继承法〉增设继承扶养合同研究》，载《中国继承法修改热点难点问题研讨会论文集》，2012 年。

共和国继承法〉修正草案建议稿》中提出，“被继承人可以与继承人订立继承扶养协议，由继承人承担比法定扶养义务更高的扶养义务，并继承约定的遗产。违反继承扶养协议的继承人，除符合丧失继承权的条件外，仍享有法定继承权”①。

继承扶养协议与我国现行继承法规定的遗赠扶养协议有相似之处：在性质上均属于民事合同；当事人订立协议的目的都是为了解决被继承人的养老问题；受益人均为协议一方当事人，而非协议之外的第三人。

遗赠扶养协议与继承扶养协议最大的区别是主体不同。根据我国继承法和理论通说，遗赠扶养协议的扶养人只能是法定继承人以外的自然人和集体组织，而继承扶养协议的扶养人为法定继承人。

我国继承法规定了遗赠扶养协议制度，但未规定继承扶养协议制度，不能满足被继承人个人养老和自由处分遗产的多元化需求。因而，应当以继承法修订为契机，引进和确认继承扶养协议制度的法律地位和效力，通过立法明确继承扶养协议的主体、内容和客体，规定继承扶养协议生效的实质要件、形式要件、解除方式及法律后果，使我国的继承法律制度日臻完善。

四、遗赠扶养协议的效力

遗赠扶养协议自协议成立之日起开始生效，但是产生权利义务关系的时间比较特殊。其是生前行为和死后行为的结合——被扶养人的遗赠义务后于扶养人的扶养义务。在被扶养人死亡之前，扶养人须承担对被扶养人的生养死葬义务，而不能享有取得遗产的权利。只有在被扶养人死亡之后，扶养人才能享有取得遗产的权利，换言之，被扶养人遗赠遗产的义务才得以履行。这种义务履行时间上的差异性被学者称为遗赠扶养协议的“异时履行性”。具体而言，遗赠扶养协议的效力主要体现在如下几个方面。

（一）适用效力的优先性

如前所述，根据我国继承法第5条和我国《最高人民法院关于贯彻执行

---

① 参见杨立新、杨震等：《〈中华人民共和国继承法〉修正草案建议稿》，载《河南财经政法大学学报》2012年第5期。

〈中华人民共和国继承法〉若干问题的意见》第5条的规定，遗赠扶养协议具有优先于遗嘱继承和遗赠适用的效力。换言之，在财产继承中，如果有遗赠扶养协议，应当首先执行遗赠扶养协议；如果没有遗赠扶养协议，方可适用遗嘱继承和遗赠；最后才适用法定继承。这是因为遗赠扶养协议是双方法律行为，当事人不能单方面改变协议的内容。这表明我国继承法充分尊重和保障被扶养人的意愿，使其能够自由选择自己信任的人，产生新的扶养关系，而将财产遗赠给自己最愿意给予的人。

（二）遗赠扶养协议的对内效力

1. 遗赠扶养协议对扶养人的效力

遗赠扶养协议对扶养人的效力表现为扶养人应当根据遗赠扶养协议中的约定，对被扶养人承担生养死葬的义务，并于被扶养人死亡后取得协议中约定的财产权利。

首先，扶养人应当对被扶养人承担生养死葬的义务。自遗赠扶养协议生效时起，扶养人就应当履行对被扶养人的扶养义务，而且是持续性的。除非协议解除或者出现法定事由，否则不得中断扶养义务的履行，而应当一直持续到被扶养人死亡。即使被扶养人死亡之后，扶养人还应当履行安葬被扶养人的义务以及遗赠扶养协议中双方约定的其它义务。扶养人应当尽其所能履行扶养义务，如果无正当理由不履行扶养义务，或者有意降低扶养标准，在精神或者物质上虐待被扶养人，如减少生活费、有病不予治疗、歧视、侮辱等行为，被扶养人有权提出异议，请求法律保护。如果由于扶养人的恶意行为，导致合同关系终止，扶养人即不再享有受遗赠的权利，已经支出的扶养费用，被扶养人一般不予补偿①。

其次，在被扶养人死亡之后，扶养人取得遗赠扶养协议中约定的财产权利。遗赠扶养协议的扶养人取得协议中约定的财产权利是在被扶养人死亡后才享有的，而且以适当履行扶养义务为前提和基础。换言之，在被扶养人死亡之前，扶养人无权要求取得遗赠扶养协议中约定的财产。不仅如此，如果扶养人不按照遗赠扶养协议适当履行扶养义务，则其可能会丧失协议中约定

---

① 参见柯瑞清：《遗赠扶养协议的性质和法律效力》，载《河北法学》1986年第2期。

的全部或者部分财产权利。

2. 遗赠扶养协议对被扶养人的效力

遗赠扶养协议对被扶养人的效力表现为被扶养人有权要求扶养人履行扶养义务，同时承担于其死亡后将财产遗赠给扶养人的义务以及不得擅自处分遗赠给扶养人所有的财产的义务。

首先，被扶养人享有接受扶养人按照遗赠扶养协议对其扶养的权利。如果扶养人不适当履行协议，被扶养人可以行使解除遗赠扶养协议的权利。

其次，如果被扶养人无正当理由解除协议，应当偿还扶养人已经支付的必要费用，同时应当承担与之相应的违约责任。这是因为遗赠扶养协议作为一种民事合同，自然具有法律效力，而为了保护当事人权利义务的实现，违反遗赠扶养协议即应当承担违约责任。

如果被扶养人未经扶养人同意，擅自处分遗赠的财产从而导致扶养人无法取得遗赠的财产，则扶养人有权解除协议并要求被扶养人承担包括偿还已经支付的扶养费用损失在内的违约责任。

（三）遗赠扶养协议的对外效力

遗赠扶养协议的对外效力是指遗赠扶养协议对扶养人和被扶养人以外的第三人的效力。虽然遗赠扶养协议的主体为扶养人和被扶养人，但除了对扶养人和被扶养人双方的效力外，协议还可能会对被扶养人的继承人、受遗赠人等第三人产生一定的法律后果。

1. 对被扶养人的继承人、受遗赠人的效力

遗赠扶养协议并不以被扶养人没有法定继承人为前提。如果被扶养人有法定继承人，而且被扶养人生前立有遗嘱，则在被扶养人死亡后，有可能会出现遗赠扶养协议和遗嘱继承、遗赠、法定继承相冲突的情形。根据我国继承法及其司法解释的相关规定，遗赠扶养协议具有优先于遗嘱继承、遗赠和法定继承适用的效力。故此，在遗赠扶养协议的被扶养人死亡后，协议中约定的遗赠财产应由扶养人取得，而被扶养人遗嘱中指定的继承人或者受遗赠人，或者法定继承人均无权主张取得该遗赠财产。

2. 对其他第三人的效力

如果在遗赠扶养协议存续期间，被扶养人未经扶养人同意，将协议中约定的遗赠财产转让给第三人，会产生什么样的法律后果呢？在被扶养人擅自处分协议中约定的遗赠财产，致使扶养人无法取得该财产的情况下，扶养人可以选择解除协议或者不解除遗赠扶养协议。如果扶养人选择不解除遗赠扶养协议，根据被扶养人处分财产方式的不同，会对第三人产生不同的法律后果。如果被扶养人将协议中约定的遗赠财产以合理的对价转让给善意第三人，那么应当适用善意取得制度，该善意第三人可以取得受让财产的权利。如果被扶养人将协议中约定的遗赠财产无偿转让给第三人，对第三人而言，则构成不当得利，扶养人可以在取得遗产权利后，向该非善意第三人主张返还不当得利①。

（四）遗赠扶养协议的解除

首先，《最高人民法院关于贯彻执行〈中华人民共和国继承法〉若干问题的意见》第56条规定："扶养人或集体组织与公民订有遗赠扶养协议，扶养人或集体组织无正当理由不履行，致协议解除的，不能享有受遗赠的权利，其支付的供养费用一般不予补偿；遗赠人无正当理由不履行，致协议解除的，则应偿还扶养人或集体组织已支付的供养费用。"

其次，扶养人因客观条件发生变化，例如扶养人丧失劳动能力、缺乏生活来源，无法继续履行扶养义务，或者被扶养人有新的情况，如寻找到可以承担扶养义务的近亲属，则经双方协商可以解除遗赠扶养协议，而单方无权解除协议。

此外，遗赠扶养协议的双方当事人因感情恶化无法继续相处，可以协商解除遗赠扶养协议。若协商不成，则任何一方当事人均有权向法院提起诉讼，要求解除遗赠扶养协议。经法院调解无效时，可以解除遗赠扶养协议。如果是被扶养人的过错导致的，法院可以判决其偿还扶养人已经支付的扶养费；如果是扶养人的过错，应当对被扶养人做出妥善安排后，解除遗赠扶养协议，而对于扶养人所支付的扶养费，被扶养人一般可不予补偿。

① 参见郭明瑞、房绍坤、关涛：《继承法研究》，中国人民大学出版社2003年版，第191页。

五、遗赠扶养协议在我国的实际运行状况及立法改进

（一）遗赠扶养协议在我国的实际运行状况

我国继承法自1985年施行至今，遗赠扶养协议的适用已经历了30多年的历程。近年来，民事习惯特别是继承习惯的调查逐渐受到学者的重视。2008年，西南政法大学的陈苇教授带领的课题组运用社会统计的方法，开展了一项名为“中国民众继承习惯调查”的调研活动，对重庆、武汉、北京、山东四个地区的民众继承习惯进行了实证研究，得到了令人信服的数据资料①该调研活动以调查问卷的形式，对北京、重庆、武汉、山东四个省市的近4000余名受访对象进行了调查，得出了遗赠扶养协议在中国民间继承习惯中适用的数据分析。统计数据显示了遗赠扶养协议在中国民众继承习惯中接受和适用的现状，具体数据表现为：

项目＼地区	北京地区	重庆地区	武汉地区	山东地区
以合同形式实现协议养老的百分比	75.4%	75.3%	72.5%	68%
对协议养老型合同接受度的百分比	78.7%	76.4%	67.2%	73.5%

由此可见，作为协议养老的一种方式，遗赠扶养协议在现实生活中的适用率较高，已逐渐被大部分的公民所认识和接受。此外，在城乡差异上，协议养老型合同的接受度差别不大，而在年龄差异上，老年人表现出的接受度显著高于中青年人的接受度。与中青年人群相比，60岁以上老年人的接受度高出很多，武汉地区为60.5%，居于四地区之首。

协议养老型合同适用率和接受度较高的原因主要包括：协议养老型合同符合传统民法中规定的权利义务相一致原则；在无法定扶养人的情况下，被扶养人可以自由选择扶养人；在发生扶养纠纷时，可以通过合同定纷止争。

此外，调查显示，虽然公众已经普遍认可和接受协议养老的方式，但是真正通过遗赠扶养协议实现养老的并不多。遗赠扶养协议未得到广泛适用的

① 参见陈苇主编：《当代中国民众继承习惯调查实证研究》，群众出版社2008年版，第235页。

主要原因包括：首先，我国公民有关养儿防老、遗产要留给自己的子女的传统思想根深蒂固，而遗赠扶养协议中的受赠人是法定继承人以外的自然人或者集体所有制组织，这和传统观念相背离；其次，我国法律关于遗赠扶养协议的规定过于简略，且属于原则性的规定，缺乏可操作性，导致当事人尤其是扶养人担心自己的合法权益无法得到保障。

（二）遗赠扶养协议的不足之处

虽然遗赠扶养协议在养老方面发挥了一定的作用，但是该制度仍然存在一些问题，不足之处如下：

1．立法规定过于简略，可操作性不强

我国继承法及其司法解释只是简要地规定了遗赠扶养协议的主要内容。但是遗赠扶养协议作为一种重要的民事合同，法律对缔约人的行为能力、协议的形式、协议的效力、协议无效的情形、协议的撤销和变更以及解除、协议的履行等基本问题几乎均未规定，乏善可陈。虽然遗赠扶养协议作为一种民事合同可以适用合同法的一般规定，但作为一种涉及被扶养人的生养死葬及遗产归属的合同，其无疑具有特殊性，因此应当对其特殊性做出专门的规定。由于立法过于简略，使当事人在签订该类协议时依据不足，一方面影响了遗赠扶养协议发挥其应有的作用，另一方面在司法实践中也容易导致纠纷的产生。

2．扶养人的范围过窄

根据我国继承法的规定，遗赠扶养协议的扶养人包括两类：一类是公民（严格而言，应界定为自然人），而另一类是集体所有制组织。

首先，根据我国的法律规定和理论通说，遗赠扶养协议的扶养人为自然人时，只能是法定继承人以外的自然人，而不能为法定继承人。否则，就是对法定义务的抛弃和对有关法定义务制度的非法否定[①]。遗赠扶养协议中的扶养人作为约定扶养人，是否必然排斥法定扶养人值得商榷。在很多情况下，如果允许法定继承人作为遗赠扶养协议中的扶养人，可能更有利于维护被扶养人的合法权益。法定继承人作为遗赠扶养协议的扶养人具有理论基础和现

① 参见张俊浩主编：《民法学原理》（下册），中国政法大学出版社2000年版，第997页。

实价值：第一，符合权利义务相一致的法律原则。遗赠扶养协议的扶养人履行了对被扶养人生养死葬的义务后，有权取得遗赠扶养协议中约定的财产。允许法定继承人作为遗赠扶养协议中的扶养人，是法定义务的具体化，有利于确保义务的履行和保障被扶养人的合法权益。第二，赋予了被扶养人充分自由选择扶养人的权利，尊重了现实需求，保障了被扶养人的意思自治。在有多个法定继承人的情况下，各法定继承人与被继承人的亲疏远近程度不同，被扶养人（亦即被继承人）当然会选择最合自己心意的法定继承人作为自己的扶养人。第三，《老年人权益保障法》第 20 条第 1 款规定："经老年人同意，赡养人之间可以就履行赡养义务签订协议。赡养协议的内容不得违反法律的规定和老年人的意愿。"据此，法律并不禁止具有法定赡养义务的几个赡养人之间为相互分担赡养义务签订协议。基于同样的道理，法律也不应禁止被扶养人和具有法定扶养义务的法定继承人签订遗赠扶养协议。

其次，根据我国的法律规定，非自然人的扶养主体仅限于集体所有制组织。这也不尽合理。主要理由如下：第一，非自然人的民事主体范围的扩大。作为平等的民事主体，凡是能够履行遗赠扶养协议的，法律都应当赋予其相应的资格。第二，养老商业化的需求。时代在不断地进步，社会上已经出现了越来越多的商业化养老模式，仅仅依靠自然人和集体所有制组织作为扶养人履行扶养义务已是杯水车薪，远不能解决养老问题。当今社会涌现出了越来越多的私立的养老机构、慈善组织、社会福利机构等，而这些组织显然并非集体所有制组织，但是却能更加切实可行地履行扶养义务，更能满足被扶养人的需求。因此，有必要将有扶养能力并且愿意签订遗赠扶养协议的法人和其他组织都纳入扶养人的范畴。

3．扶养人的权利缺乏保障

遗赠扶养协议的特殊之处在于其是生前行为和死后行为的结合，因而导致遗赠扶养协议内容的实现具有阶段性。被扶养人的遗赠义务后于扶养人的扶养义务发生，而这无疑给扶养人的权利保障带来了一定程度上的不确定性。如果在扶养人履行了扶养义务后，被扶养人在生前擅自处分了其财产，则可能会导致扶养人的权利无法实现。因此，如何克服这种不确定性，从而保护扶养人的合法权益成为一个突出的问题。我国继承法对此没有做出相关规定。尽管《最高人民法院关于贯彻执行〈中华人民共和国继承法〉若干问题的意见》第56条规定，“扶养人或集体组织与公民订有遗赠扶养协议，……遗赠人无正当理由不履行，致协议解除的，则应偿还扶养人或集体组织已支付的供养费用”，除此之外，相关法律未规定其它救济措施。这对于保护扶养人的合法权益显然是远远不够的，而且不利于遗赠扶养协议的推广和应用。

（三）遗赠扶养协议的立法改进

1. 完善立法，确保可操作性

就遗赠扶养协议而言，继承法应当明确规定以下内容：第一，遗赠扶养协议的签订主体。第二，缔约人的能力。缔约人应当具有完全民事行为能力。第三，协议的形式。遗赠扶养协议应当采用书面形式，因为采用书面形式有利于协议的双方当事人明确权利义务关系，有助于全面适当地履行协议，从而避免纠纷的发生。同时，倡导当事人采用公证形式。对于遗赠扶养协议的公证，实行法律援助制度，予以免费公证。第四，协议的有效要件。应当包括协议双方具有相应的民事行为能力、意思表示真实、不违反法律和行政法规的强制性规定、不违反社会公共利益和公序良俗。第五，协议的无效情形。可以适用合同法的相关规定。第六，协议的撤销。因欺诈、胁迫、乘人之危、重大误解而订立的协议和显失公平的协议，当事人有权向法院申请撤销。第七，协议的变更。在原定的扶养费不足以维持生活或者双方的履行能力发生变化时，当事人有变更协议的权利。第八，协议的解除。双方协商一致可以解除协议，也可以约定一方或者双方的解除权。同时，法律应当规定，扶养人有虐待、遗弃被扶养人情形的，被扶养人有权解除协议；一方无正当理由不履行主要义务，明确表示或者以自己的行为表明将不履行主要义务的，对方有权解除协议；如果因被扶养人的过错导致协议解除的，扶养人可以要求被扶养人偿还已支付的扶养费用；一方因过错给对方造成损失的，应当予以赔偿。此外，继承法还应明确规定，在继承法没有规定的事项，准用合同法的相关规定。换言之，作为一种民事合同，遗赠扶养协议和其他民事合同一样，在继承法没有特殊规定的情况下，适用合同法总则的相关规定。

2. 适当扩大扶养人的范围

首先，应当将法定继承人纳入扶养人的范围。需要指出的是，将法定继承人纳入扶养人的范围并不是要排除其法定的扶养义务，而是设身处地地从被扶养人的角度出发，具体细化了被扶养人所要享受的扶养权利。允许法定继承人成为遗赠扶养协议的扶养人，至少在下列两种情况下是有益的：第一，如果被扶养人没有第一顺序的法定继承人，而有兄弟姐妹作为第二顺序的继承人时，根据《婚姻法》第29条的规定，“有负担能力的兄、姐，对于父母已经死亡或父母无力抚养的未成年的弟、妹，有扶养的义务。由兄、姐扶养长大的有负担能力的弟、妹，对于缺乏劳动能力又缺乏生活来源的兄、姐，有扶养的义务”。除此以外，法律不能强制兄弟姐妹之间履行扶养义务。在兄弟姐妹之间无法定扶养义务的情况下，如果允许被扶养人和兄弟姐妹签订遗赠扶养协议，则不但其兄弟姐妹易于接受，而且也有利于维护被扶养人的合法权益。第二，在被扶养人有两个以上的第一顺序的法定继承人时，如果被扶养人有两个以上的子女，虽然法律规定子女均应履行对父母的赡养义务，但司法实践中子女相互推诿的情况屡见不鲜。即使被扶养人可以通过立遗嘱的方式将自己的财产留给某一子女，以督促其积极地履行赡养义务，但这样往往会导致家庭矛盾。在此种情况下，如果允许被扶养人与其中一名子女签订遗赠扶养协议，则履行扶养义务的一方可以取得遗赠财产，未履行扶养义务的一方也容易接受这一事实，从而有利于保护被扶养人的合法权益[①]。我国《老年人权益保障法》第20条第1款规定：“经老年人同意，赡养人之间可以就履行赡养义务签订协议。赡养协议的内容不得违反法律的规定和老年人的意愿。”既然赡养人之间可以就履行赡养义务签订赡养协议，那么老年人和自己的继承人签订遗赠扶养协议又为何不可呢？

其次，应当将非自然人的扶养主体扩大为有扶养能力并且愿意签订遗赠扶养协议的法人和其他组织，但是机关法人除外。具体而言，非自然人的扶养人主体应扩大为社区、慈善组织、养老机构及相关的企事业单位等其他民事主体。随着经济的发展和社会的变化，继承法制定之初确立的非自然人的扶养人的范围已经远远不能满足人们的现实需求。遗赠扶养协议也应当与时俱进，不断改革完善，才能顺应社会不断发展变化的需求，得到更广泛的适用。允许集体所有制组织之外的其他组织、机构以及企事业单位等民事主体和自然人签订遗赠扶养协议，正是顺应社会不断发展变化的体现，也是符合

① 参见张昕：《论遗赠扶养协议的完善》，载《法学杂志》2007年第6期。

自然人的现实需求的体现，同时也顺应了养老商业化的需求，有助于缓解国家的养老压力。

3. 完善扶养人的权利保障制度

（1）确立遗赠扶养协议中的不动产预告登记制度

通常认为，不动产预告登记制度为德国民法所创立。物权法第20条规定："当事人签订房屋买卖合同或者其他不动产物权协议，为保障将来实现物权，按照约定可以向登记机构申请预告登记。预告登记后，未经预告登记的权利人同意，处分该不动产的，不发生物权效力。"该制度将物权的公示方法适用于债权请求权，在不动产登记簿上将该请求权予以登记，如此就使得本无对抗效力的债权请求权取得了物权的效力，可以以其登记对抗第三人，排除后来发生的与该请求权内容相同的不动产物权的处分，确保将来只发生该债权请求权所期待的法律后果，实现债权请求权的既定目的。

因为遗赠扶养协议的扶养人和被扶养人之间履行义务的异时性，所以扶养人取得权利存在一定的风险，有可能会发生被扶养人擅自处分已经遗赠财产的行为，导致扶养人受遗赠的权利无法实现。如果将物权法的不动产预告登记制度植入遗赠扶养协议制度之中，将会大有裨益。在扶养人和被扶养人签订遗赠扶养协议后，双方按照约定可以向登记机构申请预告登记，将遗赠的不动产进行预告登记，在权属登记簿上记录，这样就使得本无对抗效力的扶养人的债权请求权取得了物权的效力，能够确保扶养人将来获得遗产，从而使扶养人可以全面适当地履行协议，实现扶养人和被扶养人权利义务的一致与对等。

（2）扶养人可以行使不安抗辩权和撤销权

如前所述，遗赠扶养协议属于双务合同，因此双方当事人享有相应的抗辩权。作为合同一方当事人的扶养人，可以行使合同法第68条规定的不安抗辩权以及第74条规定的撤销权。

首先，扶养人可以行使不安抗辩权。当被扶养人有转移财产、故意损毁财产以及在财产有受损可能而故意不采取补救措施等恶意妨碍扶养人受领足额财产的情形时，扶养人可以提出异议，要求其恢复财产的价值或者提供担保。在此期间，扶养人可以中止履行扶养义务，此权利可被视为行使不安抗辩权的表现。

其次，如果被扶养人无偿转让财产或者放弃到期债权，对扶养人的受遗赠权造成损害时，扶养人可以请求法院撤销被扶养人的行为。法院应当认可扶养人行使合同法上的撤销权，这有利于更好地保护扶养人获得遗赠财产的权利。

4．构建遗赠扶养协议的监督机制

法谚云，徒法不足以自行。一项良好的制度不仅需要自身的完善，而且需要有效的监督机制，才能发挥其应有的作用。对于遗赠扶养协议而言，也不例外。

（1）设立协议监督人

在遗赠扶养协议中设立协议监督人制度，可以有效地监督扶养人和被扶养人双方的行为，从而促使协议得到全面适当地履行，有助于减少不必要的纠纷，保障当事人的合法权益。具体而言，设立协议监督人的目的如下：一方面，在遗赠扶养协议中，被扶养人多是老弱病残之人，扶养人有可能会不全面不适当地履行协议约定的义务，甚至虐待被扶养人，设立协议监督人可以监督扶养人按照协议全面适当地履行义务。另一方面，由于遗赠扶养协议的双方当事人履行义务的异时性，扶养人履行义务在先，但却只能在被扶养人死后取得协议约定的财产，设立协议监督人可以监督被扶养人不正当的处分行为。一旦发现被扶养人擅自处分遗赠财产的情况发生，监督人可以提出异议。因此，确立相应的监督制度具有可行性。

至于遗赠扶养协议的监督人的选任，可以由双方当事人平等自主地协商。同时，双方当事人可以和协议监督人约定协议监督人的报酬。

（2）相关监督组织、机构的介入

《中华人民共和国老年人权益保障法》第20条规定："经老年人同意，赡养人之间可以就履行赡养义务签订协议。赡养协议的内容不得违反法律的规定和老年人的意愿。基层群众性自治组织、老年人组织或者赡养人所在单位监督协议的履行。"

上述法律规定可资借鉴。基层群众性自治组织、老年人组织或被扶养人所在单位、妇联、残联等组织、机构，都可以作为遗赠扶养协议的监督组织、机构，发挥其监督作用，监督遗赠扶养协议的履行，维护双方当事人的合法权益。

第六章　关于无人承认继承问题的研究

一、无人承认继承的含义

无人承认继承，指的是继承开始时，继承人有无不明的状态。笔者认为，对无人承认继承这一概念的理解，应注意以下方面：第一，既然是继承人有无不明，则如果确实有继承人，仅仅是所在之处不明，不应认定为无人承认继承。在这种情况下，应为所在之处不明的继承人选任遗产管理人，以管理其财产，或申请死亡宣告。第二，继承人尚未决定是否承认继承时，也不应将这种状态认定为无人承认继承。第三，数个继承人中，只有一个人确实生存的情形，也不应认定为无人承认继承。在这种情况下，因共同继承的遗产为共同共有，应由生存的继承人加以管理；之后，如果再无其他继承人出现，该人的应继份，根据共同共有的本质，归属于确实生存的继承人。第四，遗产无人继承又无人受遗赠的情况如果已经确定，也不应认定为无人承认继承，但仍然有对遗产予以管理、清算，将其剩余财产归属国家或集体所有制组织的必要。第五，共同继承人全部抛弃继承权时，也不应认定为无人承认继承，但仍须准用关于无人承认继承的规定。第六，当尚未确定某人是否具有继承人资格或是否存在继承权丧失的事由时，也不可认定为无人承认继承。综上所述，真正的无人承认继承，为血亲继承人和配偶继承人有无不明的状态①。

---

① 参见戴炎辉、戴东雄、戴瑀如：《继承法》，（台北）顺清文化事业有限公司2013年版，第258页。

二、无人承认继承制度的历史沿革

在罗马法上，遗产无人继承时，被称为“绝产”。根据罗马裁判官法的规定，继承人有无不明时，死者的债权人可以请求对遗产的占有，并可以以债权团的名义出卖该遗产，根据其债权数额，按比例获得清偿。古罗马帝政初期，奥古斯都为了缓解国家财政的困难，颁布了《优利亚法》和《帕披亚·波拜亚法》，将无人继承的遗产收归国库，遗产由国库继承时，应就遗产清偿死者的债务，并交付其所为的遗赠。与现行《德国民法典》不同的是，国库有拒绝接受的权利。到了公元2世纪末，马可·奥雷勒准许死者的奴隶或第三人，接受无人承认继承的遗产，但须提供担保，并承认遗产所负的债务①。在日耳曼法上，无人承认继承的情形与上述无人承认继承的含义有所不同。按照日耳曼法的规定，继承人虽然存在，但不在一定期间内取得其遗产的，或死亡者为无被继承能力的私生子的，都被认定为无人承认继承②。无人承认继承时，在部族法时代，如果遗产经特定程序被认定为无人继承的遗产，则归属于国王；封建法时代，则归属于领主；都市法时代，则归属于都市。近代以来，欧洲各国编纂的民法典，绝大多数都确立了无人承认继承制度。《法国民法典》第768条规定，遗产无人继承时，归属于国家所有。《德国民法典》第1966条规定，只有经过遗产法院确认不存在国库以外的继承人后，才能由作为法定继承人的国库对遗产主张权利，或对作为法定继承人的国库主张权利。《瑞士民法典》第555条规定了两种情形：第一，主管官厅如果没有确定被继承人是否有继承人或全部继承人是否均已知悉，应以适当方式发出公告，以催促权利人在一年内提出继承的申请；第二，在上一种情形规定的期限内，无人申请继承且继承人仍然不确定时，遗产归属于有继承资格的国家机关，但遗产回复之诉，不在此限。根据《日本民法典》第951条的规定，继承人有无不明时，被继承人生前所遗留的财产的法律地位为法人。英国1925年的遗产管理法和1952年的无遗嘱遗产法均规定，在无人对遗产主张继承时，遗产归王室。《美国统一继承法》和《加拿大继承法》中也有关于无

① 参见陈朝璧：《罗马法原理》，法律出版社2006年版，第506页。

② 参见李宜琛：《日耳曼法概说》，中国政法大学出版社2003年版，第207页。

人继承遗产归国家所有的规定。

在我国古代，也存在着所谓“户绝”的规定。户绝是指被继承人没有宗祧继承人，即死者没有男系血亲卑亲属。例如，《唐律疏议》中规定：“无后者，为户绝。”无后，指没有宗祧继承人。无人继承宗祧的，即为户绝。大清律例（户律）规定：“户绝财产，果无同宗应继之人，无所生亲女承受。无女者，听地方官详明上司，酌拨充公。”由此可见，我国古代有关绝产的规定，应从以下四个方面加以理解。第一，继承人的范围。我国古代的绝产，指没有继承宗祧的“同宗应继之人”，如嫡子、嫡孙等，且限于被继承人的男性晚辈直系血亲。第二，遗产归属的条件和性质。古代绝产的充公，要具备两个条件：一是“果无同宗应继之人”；二是“无所生亲女承受”。第三，遗产处理方面。古代的绝产，其最后归属限于充公。所谓充公，是归官府、皇室。第四，绝产的含义。古代的绝产制度不承认女子的继承权，当死者无同宗应继之男子时，亲女只有遗产的承受权，而没有继承权。

清朝末年，我国的《大清民律草案》在继承编中对“无人承认之继承”设有专章规定。《大清民律草案》第1555条规定：“继承开始时无继承人，或第一千四百六十八条之承受人出而承认不能明其有无者，其继承财产作为法人，由亲属会选定管理人，管理遗产。”第1556条规定了遗产管理人的职务，其一，编制继承财产目录；其二，为保存遗产必要之处置；其三，声请审判衙门依公示催告程序，公告债权人及受遗人，令为债权及愿否受遗赠之声明；其四，依债权人或受遗赠人之请求，报告继承财产之状况；其五，清偿债权或交付遗赠物；其六，实行前款职务时，遇有必要情形，得拍卖继承财产；其七，有继承人或受遗赠人出而承认，或遗产归国库时，清算交代。第1557条规定，亲属会在必要的情形下，可以要求管理人提供相当的担保。第1558条规定，债权人或受遗赠人非在公告期满后，不得请求债权或遗赠。若在期内不行声明者，只可以对剩余财产主张权利。第1559条规定，亲属会选任管理人后，须申请审判衙门公告，公告继承人与承受人出面承认继承，且规定公告期间必须在一年以上。第1560条规定，在前一条公告期间内，如果有继承人或承受人出面承认继承或承受，其法人视为没有成立，遗产管理人视为继承人或承受人的代理人。第1561条规定，第1559条公告期满，如果没有继承人或承受人出面承认继承或承受遗产，该遗产归属于国库，其他人不得再主张权利①。

我国民国时期民法参酌德国、瑞士等国民法的规定，也设有遗产的无人承认继承制度。我国民国时期民法第1147条规定继承因被继承人死亡而开始，再根据该民法第1148条规定，继承人从继承开始时承受被继承人财产上的一切权利义务。我国民国时期民法采当然继承主义与概括继承主义，其主要目的在于避免因被继承人的死亡而产生无主物的问题。在继承人有无不明时，为了避免遗产成为无主物，需要一套制度加以规范。具体而言，当继承人有无不明时，如果将遗产放置不管，则被继承人的遗产便有毁损灭失的危险，对以后即将出现而承认继承的继承人而言，相当不利。反之，如果继承人始终不出现，则对于继承债权人及受遗赠人也有损害。不仅如此，无人承认继承的遗产在清偿债权、交付遗赠物后如果有剩余，归属国库，如果不加以管理，也会给国库造成损失。换言之，遗产虽然可以一时没有主体，但不可以没有管理人。为此，我国民国时期的民法仿照外国立法例，再参酌我国的实际情况，就无人承认继承的制度，设有详细的规定。在无人承认继承的场合，一面从事继承人的搜索，另一面又对遗产加以管理及清算，以保护可能出现的继承人、继承债权人及遗产最终归属者。

我国民国时期的民法关于“无人承认之继承”有9个条文。其中，第1177条规定了遗产管理人的选定：“继承开始时，继承人之有无不明者，由亲属会议于一个月内选定遗产管理人，并将继承开始及选定遗产管理人之事由，向法院报明。”第1178条规定了继承人的搜索：“亲属会议依前条规定为报明后，法院应依公示催告程序，定六个月以上之期限，公告继承人，命其于期限内承认继承。无亲属会议或亲属会议未于前条所定期限内选定遗产管理人者，利害关系人或检察官，得声请法院选任遗产管理人，并由法院依前项规定为公示催告。”第1179条规定了遗产管理人的职务，遗产管理人的职务如下：第一，编制遗产清册；第二，为保存遗产必要之处置；第三，声请法院依公示催告程序，限定一年以上之期间，公告被继承人之债权人及受遗赠人，命其于该期间内报明债权及为愿受遗赠与否之声明，被继承人之债权人及受遗赠人为管理人所已知者，应分别通知；第四，清偿债权或交付遗赠物；第

① 参见杨立新主编：《中国百年民法典汇编》，中国法制出版社2011年版，第216-217页。

五，有继承人承认继承或遗产归属国库时，为遗产之移交。第1180条规定了遗产管理人的报告义务："遗产管理人，因亲属会议、被继承人之债权人或受遗赠人之请求，应报告或说明遗产之状况。"第1181条规定了清偿债务或交付遗赠物期间的限制："遗产管理人非于第一千一百七十九条第一项第三款所定期间届满后，不得对被继承人之任何债权人或受遗赠人，偿还债务或交付遗赠物。"第1182条规定了未依期限报明债权及声明受遗赠的效果："被继承人之债权人或受遗赠人，不于第一千一百七十九条第一项第三款所定期间内为报明或声明者，仅得就剩余遗产，行使其权利。"第1183条规定了遗产管理人的报酬请求权："遗产管理人得请求报酬，其数额由亲属会议按其劳力及其与被继承人之关系酌定之。"该条于2015年1月14日被修订为："遗产管理人得请求报酬，其数额由'法院'按其与被继承人之关系、管理事务之繁简及其他情形，就遗产酌定之，必要时，得命声请人先为垫付。"修订理由如下："（一）为因应现代社会亲属会议功能不彰之情势，乃删除亲属会议规定，并参酌（我国台湾地区）'家事事件法'第一百四十一条准用第一百五十三条规定，由'法院'酌定遗产管理人之报酬。（二）又遗产管理人之报酬，具有共益性质，依实务见解亦认属（我国台湾地区）'民法'第一千一百五十条所称之遗产管理费用，自得于遗产中支付"①。第1184条规定了遗产管理人行为效果之拟制："第一千一百七十八条所定之期限内，有继承人承认继承时，遗产管理人在继承人承认继承前所为之职务上行为，视为继承人之代理。"第1185条规定了剩余遗产的归属："第一千一百七十八条所定之期限届满，无继承人承认继承时，其遗产于清偿债权并交付遗赠物后，如有剩余，归属'国库'。"

三、我国无人承认继承制度的现状与不足

（一）我国无人承认继承制度的现状

我国继承法中并没有就无人承认继承制度设立专门的规定，该制度的具

① 来胜法商研究中心：《学习式六法》，来胜文化事业有限公司2016年版，第360页。

体内容散见于我国继承法第 24、32、33 条及《最高人民法院关于贯彻执行〈中华人民共和国继承法〉若干问题的意见》第 57 条。概而言之，为无人承认继承遗产的确定、无人承认继承遗产的管理以及无人承认继承遗产的最终归属。我国继承法第 24 条规定："存有遗产的人，应当妥善保管遗产，任何人不得侵吞或者争抢。"第 32 条规定："无人继承又无人受遗赠的遗产，归国家所有；死者生前是集体所有制组织成员的，归所在集体所有制组织所有。"第 33 条规定："继承遗产应当清偿被继承人依法应当缴纳的税款和债务，缴纳税款和清偿债务以他的遗产实际价值为限。超过遗产实际价值部分，继承人自愿偿还的不在此限。继承人放弃继承的，对被继承人依法应当缴纳的税款和债务可以不负偿还责任。"《〈继承法〉意见》第 57 条规定："遗产因无人继承收归国家或集体组织所有时，按继承法第 14 条规定可以分给遗产的人提出取得遗产的要求，人民法院应视情况适当分给遗产。"此外，由于我国并没有在继承法中设立独立的无人承认继承制度，实务当中对无人承认继承遗产的处理，适用我国民事诉讼法第 15 章第 5 节"认定财产无主案件"的程序。我国民事诉讼法第 15 章第 5 节中，第 191 条规定："申请认定财产无主，由公民、法人或者其他组织向财产所在地基层人民法院提出。申请书应当写明财产的种类、数量以及要求认定财产无主的根据。"第 192 条规定："人民法院受理申请后，经审查核实，应当发出财产认领公告。公告满一年无人认领的，判决认定财产无主，收归国家或者集体所有。"第 193 条规定："判决认定财产无主后，原财产所有人或者继承人出现，在民法通则规定的诉讼时效期间可以对财产提出请求，人民法院审查属实后，应当做出新判决，撤销原判决。"

（二）我国无人承认继承制度的不足

针对继承人有无不明的情形，我国继承法、《〈继承法〉意见》及《民事诉讼法》虽做出了相应的规定，但不足之处亦显而易见。

第一，我国无人承认继承制度欠缺完备的遗产临时保管制度。被继承人死亡后，如果出现继承人有无不明的情形，其遗产将会处于无人保管的境地。遗产无人保管，不仅仅会威胁潜在继承人的继承权，而且会给遗产债权人、遗产债权人之外的其他利害关系人和国家、集体的财产利益造成危险。我国继承法并没有设置专门的遗产管理人制度，遗产临时保管的规定也缺乏可操作性。因此，有必要借鉴其他国家的立法经验，并结合我国国情，设立完备的无人承认继承遗产的临时保管制度。

第二，欠缺对潜在继承人、遗产债权人和其他利害关系人的搜索程序。被继承人死亡后，继承人有无不明时，需要对潜在继承人、遗产债权人和遗产债权人之外的其他利害关系人进行搜索。我国继承法并没有规定对潜在继承人、遗产债权人和遗产债权人以外的其他利害关系人的搜索程序。我国民事诉讼法第15章第5节“认定财产无主案件”的特别程序如果适用于无人承认继承潜在继承人、遗产债权人和遗产债权人以外的其他利害关系人的搜索，其缺点不言自明。其一，无人承认继承遗产的潜在继承人、债权人和债权人以外的其他利害关系人的搜索程序，其目的在于维护上述民事主体与遗产有关的财产利益，而我国民事诉讼法中的“认定财产无主案件”的特别程序，其目的在于确定财产无主这一法律事实，以稳定财产法律关系，发挥财产的效用；其二，法律实务中，申请认定财产无主的当事人，除相关国家机关、集体所有制组织以外，其申请认定财产无主的目的，不在于维护潜在继承人、遗产债权人和遗产债权人以外的其他利害关系人的财产利益，而在于取得遗产的所有权；其三，在目前的法律实务中，认定财产无主的案件，不论遗产的价值大小，均需要向人民法院提出申请，由人民法院通过相关公告程序发出公告予以解决。这种方式往往耗费了大量的司法成本而又收效甚微，有违诉讼的经济原则。

第三，欠缺无人承认继承遗产的清算程序。根据我国继承法第32条的规定，无人继承又无人受遗赠的遗产，归国家所有；死者生前是集体所有制组织成员的，归所在集体所有制组织所有。根据该条的文义，国家或集体所有制组织并非无人继承又无人受遗赠遗产的继承人。因而，国家或集体所有制组织取得无人继承又无人受遗赠遗产的方式，并非继受取得而是原始取得。被继承人死亡时，其生前所遗留的债务并不因死亡而消灭。如果国家或集体所有制组织在原始取得无人继承又无人受遗赠的遗产之前，没有完备的清算程序以规范该遗产的清算，则无人承认继承遗产的债权人和其他利害关系人的财产利益便有可能受到威胁。遗产的清算一般包括编制遗产清册、收取被继承人的债权、清偿债务、向遗产酌给请求权人分配适当的遗产、将剩余遗产交付国家或集体所有制组织等内容。而综观我国继承法及其解释，有关遗产清算的程序显然过于简陋，缺乏可操作性。

四、我国无人承认继承制度的完善

针对我国无人承认继承制度的不足，笔者认为，应结合比较法上的规定一一进行完善。在大陆法系，对于继承人有无不明时的调整，有两种立法例值得借鉴。一种以《法国民法典》《日本民法典》为代表，对继承人有无不明的相关规定设有专门章节。另一种以《德国民法典》为代表，将国家规定为最后顺序的继承人，从而未对无人承认继承制度设有专门章节规定。《法国民法典》《日本民法典》之所以对无人承认继承制度设有专门章节，其前提是未将国家列入法定继承人的顺序。《德国民法典》之所以未将无人承认继承制度设专门章节规定，其前提是将国家列入法定继承人的顺序。《德国民法典》第 1936 条规定："在继承开始时，不存在被继承人的血亲、配偶或者生活伙伴的，被继承人在继承开始时最后住所地所在的州，或者在无法认定此种住所时，其惯常居所地的州，为法定继承人。在此之外，由联邦继承。"本规范的意旨在于，针对欠缺其他法定继承人的情形，为国家设置辅助性的法定继承权，以此避免发生遗产无主性的问题，进而维护法律规定的统一。国家的法定继承权不为公权力上的归属权或者先占权，而为归属于私法的继承权：在既不存在远亲属，也没有配偶或者生活伙伴的情形，国家被指定为最后顺序的法定继承人①。笔者认为，在未来民法典继承编制定中，这两种立法例可任选一种。如果将国家或集体所有制组织取得无人继承又无人受遗赠遗产的方式设定为原始取得，则《法国民法典》《日本民法典》专章节规定无人承认继承制度的立法例可资借鉴；如果将国家或集体所有制组织设定为法定继承人，则《德国民法典》对无人承认继承制度不设专章规定的立法例可资借鉴。

不论是否对无人承认继承制度设专章节规定，在血亲继承人和配偶继承人有无不明的情况下，完备的遗产临时保管制度都应规定于民法典继承编中。

---

① 参见杜景林、卢谌：《德国民法典——全条文注释》（下册），中国政法大学出版社 2015 年版，第 1135 页。

《德国民法典》第1960条规定了遗产的临时保佐制度："在继承承认前，遗产法院应当保全遗产，但以有此需要为限。继承人不明的，或者不能确定其是否已经承认继承的，适用相同的规定。遗产法院特别是可以命令存放印章，提存金钱、有价证券和贵重物品，以及制作遗产目录，并且为成为继承人的人选任遗产保佐人。"本规范的意旨在于，针对继承人不能或者不须自行管理遗产的情形，为遗产提供必要的保护照顾。具体手段就是法院的遗产保护照顾。遗产法院的保护照顾义务仅存在于下述情形：遗产确实存在保护照顾的需要。此项需要性由遗产法院依职权审查。继承人不明，例如可以表现为：继承人在继承开始时尚未生存但已经受胎；被指定为继承人的财团尚未设立；死因处分的有效性尚存争执；一个人的继承权尚存在疑问等等。如遗产法院以极大的可能性认为继承人享有继承权，则继承人为知名。若有值得信赖的临时继承人管理遗产，抑或有为继承人选任的监护人、照管人、保佐人或者遗嘱执行人管理遗产，则不存在保护照顾需要。遗产保全为遗产法院的义务，只是在手段的选用方面，其享有自由裁量权。遗产保佐可以表现为保全性保佐，也可以表现为诉讼性保佐。遗产保佐人由遗产法院选任。遗产保佐人虽然可以处分遗产标的物，但不能够处分继承权；也就是说，其既不能够承认也不能够抛弃遗产，并且也不能够出让和转移继承份额[①]。笔者认为，上述规定可资借鉴。但考虑到我国的司法体系中并不存在遗产法院，遗产的临时保管可以设定为基层民政部门的职权之一。

关于潜在继承人、遗产债权人和其他利害关系人的搜索程序，我国台湾地区所谓"民法"第1178条规定了潜在继承人的搜索程序："亲属会议依前条规定为报明后，'法院'应依公示催告程序，定六个月以上之期限，公告继承人，命其于期限内承认继承。无亲属会议或亲属会议未于前条所定期限内选定遗产管理人者，利害关系人或'检察官'，得声请'法院'选任遗产管理人，并由'法院'依前项规定为公示催告。"第1179条规定了被继承人的债权人和受遗赠人的搜索程序："遗产管理人之职务如左：……三，声请'法院'依公示催告程序，限定一年以上之期间，公告被继承人之债权人及受遗赠人，命其于该期间内报明债权及为愿受遗赠与否之声明，被继承人之债权

---

① 参见杜景林、卢谌：《德国民法典——全条文注释》（下册），中国政法大学出版社2015年版，第1145页。

人及受遗赠人为管理人所已知者，应分别通知之。”由上可以看出，在我国台湾地区所谓“民法”“继承编”中，对潜在继承人、遗产债权人及受遗赠人的搜索，皆由“法院”通过公示催告程序进行。在我国未来民法典继承编中，笔者认为，应将搜索的范围扩大至潜在继承人、遗产债权人及其他利害关系人。同时，考虑到我国司法机关的工作任务繁重，出于节约司法资源的考虑，应将搜索程序的实施者规定为基层民政部门。

关于无人承认继承遗产的清算程序，笔者认为，应由被继承人主要遗产所在地的民政部门或其指定的被继承人主要遗产所在地的村民委员会、居民委员会进行。在无人承认继承遗产的清算过程中，被继承人主要遗产所在地的民政部门或其指定的被继承人主要遗产所在地的村民委员会、居民委员会是唯一具有收取债权并清偿债务、交付剩余遗产的主体。在诉讼法上，被继承人主要遗产所在地的民政部门或其指定的被继承人主要遗产所在地的村民委员会、居民委员会具有与清算遗产相应的诉讼主体资格。

第七章　论我国限定继承相关制度的完善

我国继承法第33条第1款规定："继承遗产应当清偿被继承人依法应当缴纳的税款和债务，缴纳税款和清偿债务以他的遗产实际价值为限。超过遗产实际价值的部分，继承人自愿偿还的不在此限。"该条规定确立了我国继承法无条件的限定继承原则。根据该原则，继承人无须具有呈交遗产清册等条件，只需承认继承，就可以以被继承人的遗产实际价值对遗产债权人承担债务清偿责任，即使继承人有情节重大的隐匿遗产行为、情节重大的在遗产清册中为虚伪记载的行为和以诈害遗产债权人权利为目的而做出的遗产处分行为，也不会丧失限定继承的利益①。与限定继承相对应的概念为无限继承，这两个概念是以继承人对被继承人债权人承担责任的性质为标准而对继承所做出的分类。无限继承要求继承人以其所继承的财产之上的积极财产及其本人的固有财产对被继承人的债权人的债权做出清偿，因而更大限度地维护了被继承人的债权人的利益。与无限继承相比，限定继承更注重对继承人人格独立的尊重，使其不因"子承父债"而影响人格的自由发展。但如果限定继承作为继承法的原则而没有相关制度对其进行限制，则可能发生继承人滥用该原则危及被继承人债权人利益的情形。笔者仔细研究了我国继承法的各项规定，并未发现该法定有限制限定继承原则的相关制度，有关司法解释对此的相关规定也是凤毛麟角。

---

① 参见我国台湾地区所谓"民法"第1163条2009年6月10日修改前第1款第4项的规定和修改之后的规定。

一、我国继承法限定继承相关制度的缺失

有关限制限定继承原则的制度，首先应当为继承人丧失限定继承利益情形的规定。限定继承原则的适用，应当是有条件的，即继承人应当遵守诚实信用原则，善意地对被继承人的遗产做出处理，先清偿债务，后分割遗产，而不应滥用该原则危害被继承人的债权人的利益。如果继承人违背诚实信用原则，滥用限定继承危害被继承人的债权人的利益，则法律应使其丧失限定继承利益。遍查我国继承法及其相关司法解释，对继承人滥用限定继承而丧失相应利益的规定为立法的空白。

继承人对于继承债务以所得遗产上的积极财产为限负清偿责任，该被继承人遗产之上的积极财产的多寡，对于该被继承人的债权人的债权受偿可能性影响甚大。现实生活中，被继承人在生前将财产赠与继承人，以减少继承开始时继承人所得遗产，从而影响被继承人的债权人的利益的情况时有发生。而我国继承法及相关司法解释对这种情形并没有规制的措施。

继承人对被继承人的遗产为限制继承，意味着继承人对于继承债务以所得遗产上的积极财产为限负清偿责任。因此，有必要将继承人的固有财产与被继承人的遗产加以分离，即继承人对于被继承人的权利、义务，不因继承而消灭。而我国继承法及其相关司法解释并没有对此做出规定。

被继承人死亡之后，为了避免被继承人生前的法律关系因其死亡而陷入不明及不安定的状态，也使继承人可以通过一次程序的进行，厘清所继承的法律关系，为以后的遗产清算做准备，应使继承人在知悉其可以继承之时起在法定期间内开具遗产清册陈报法院。如果继承人没有开具遗产清册陈报法院，只要其能够使债权人公平受偿，则不对其限定继承产生任何影响。但如果其没有开具遗产清册陈报法院以启动清算程序，又没有使被继承人债权人获得公平受偿，则应以其固有财产清偿被继承人债权人应受清偿而未获清偿的部分。如果因此给被继承人的债权人造成损害，则应以其固有财产承担赔偿责任。而有关开具遗产清册陈报法院以启动清算程序的规定，及未为此行为的法律后果，我国继承法及相关司法解释也没有提及。

在限定继承条件下，遗产的清算既是保障继承人承担有限责任的基础，

也是保护遗产债权人之公平受偿权及债权之一般担保不被侵吞的重要措施①，而我国继承法对遗产清算这一攸关遗产债权人利益的事项却未做出相关规定。有关遗产清算的规定，《最高人民法院关于贯彻执行〈中华人民共和国继承法〉若干问题的意见》第61条中有所提及："继承人中有缺乏劳动能力又没有生活来源的人，即使遗产不足清偿债务，也应为其保留适当遗产，然后再按继承法第33条和民事诉讼法第180条的规定清偿债务。"该条所指的"民事诉讼法第180条的规定"，为我国1982年3月8日通过的《最高人民法院关于贯彻执行〈中华人民共和国继承法〉若干问题的意见》第180条的规定。该条规定的内容为："被执行人被执行的财产，不能满足所有申请人要求的，按下列顺序清偿：（一）工资、生活费；（二）国家税收；（三）国家银行和信用合作社贷款；（四）其他债务。不足清偿同一顺序的申请人要求的，按比例分配。"结合我国继承法第33条、《〈继承法〉意见》第61条的规定，《最高人民法院关于贯彻执行〈中华人民共和国继承法〉若干问题的意见》第180条仅仅为遗产债务清偿顺序及遗产实际价值不足清偿同一顺序债务时的清偿方式提供了准用性依据。于当今社会非专属于被继承人本身的权利义务关系日趋复杂的状况而言，我国继承法及其配套制度有关遗产清算的规定，远远无法满足遗产清算的实际需要。

2014年10月23日，中国共产党第十八届中央委员会第四次全体会议通过了《中共中央关于全面推进依法治国若干重大问题的决定》，该决定将制定民法典作为"完善以宪法为核心的中国特色社会主义法律体系"的重要步骤。以自然人的死亡所产生的财产法上的后果为内容的继承编②，在民法典体系中占有举足轻重的地位。笔者认为，民法典继承编的制定，应继续沿用我国继承法第33条有关限定继承的规定，以体现近现代民法尊重独立人格的精神。同时，为了避免被继承人生前法律关系因其死亡而陷入不明及不安定状态，并通过一次性程序的进行，厘清所继承的法律关系，以充分保障遗产债权人的利益，维护交易安全，应以民法典继承编的制定为契机，对限定继承的相关制度予以完善。

他山之石，可以攻玉。1955年5月，我国开始起草继承法草案。在继承

---

① 参见仲科、韦宇宁：《论遗产清算》，载《烟台大学学报（哲学社会科学版）》2003年第4期。

② 参见〔德〕迪特尔·梅迪库斯：《德国民法总论》，邵建东译，法律出版社2001年版，第21页。

法草案的起草过程中，我国除比较了《苏俄民法典》《捷克斯洛伐克民法典》《保加利亚继承法》之外，还参考了台湾地区的有关规定①。海峡两岸同宗同源，继承法具有共同的文化基础，继承法术语大多可以相互引用，故具备共同的制度基础②。有鉴于此，笔者认为，此次民法典的制定，应继承我国民法的这一传统。

二、未来民法典限定继承相关制度的完善与立法建议

在我国民法典继承编的制定过程中，应考虑我国的国情，结合我国法律体系中的相关规则，并充分发挥法院之外的其他组织的作用。

在我国民法典继承编的制定过程中，有关限定继承的相关规定，可以做出如下完善：

第一，保留我国继承法第 33 条第 1 款规定的内容，并增订继承人丧失以遗产之上积极财产为限偿还债务的利益的特定情形作为该条的第 2 款，将该条原第 2 款规定的内容置于第 3 款。笔者认为，有关特定情形的规定，我国台湾地区所谓“民法”“继承编”经过 2008 年 1 月 2 日、2009 年 6 月 10 日两次修正，内容和分寸上已较为合理，能够兼顾被继承人的债权人及继承人之间的利益平衡，因而在调整相关表述之后，可以予以移植。修正后的条文如下：

继承遗产应当清偿被继承人依法应当缴纳的税款和债务，缴纳税款和清偿债务以他的遗产实际价值为限。超过遗产实际价值部分，继承人自愿偿还的不在此限。

继承人以遗产实际价值为限缴纳税款和清偿债务，应当遵守诚实信用原则。继承人中有下列各项情形之一的，丧失以遗产实际价值为限缴纳税款和清偿债务的利益：

1．隐匿遗产情节重大的；

2．在遗产清册中作虚假记载，情节重大的；

---

① 参见李秀清：《中国移植苏联民法模式考》，载《中国社会科学》2002 年第 5 期。

② 参见张平华：《海峡两岸继承法比较研究》，载《中国民法典基本理论问题研究》，人民出版社 2004 年版。

3．以损害被继承人的债权人的债权为目的处分遗产的。

继承人放弃继承的，对被继承人依法应当缴纳的税款和债务可以不负偿还责任。

第二，为避免被继承人在生前将财产赠与继承人，以减少继承开始时继承人所得遗产，从而影响被继承人的债权人的权益，笔者认为，应参考我国台湾地区所谓“民法”2009年6月10日修正后的第1148条之1规定，将相关规定设计如下，以维护被继承人的债权人的利益的同时，兼顾被继承人的意思自治：

继承人在继承开始前二年内，从被继承人处获得财产赠与的，在继承开始后，该财产视为所得遗产。

前项财产如果已经转移或灭失，其价额，根据赠与时的市场价格计算。

第三，被继承人死亡后，应当将被继承人的遗产与继承人的固有财产相分离。此项制度在设计时，可参考我国台湾地区所谓“民法”第1154条2009年6月10日修正后的内容：

继承人对于被继承人的权利、义务，不因继承而消灭。

第四，继承开始后，继承人对于被继承人的债务，虽仅须以所得遗产之上的积极财产为限负清偿责任，但为了厘清被继承人的债权债务关系，应规定继承人开具遗产清册以陈报法院作为遗产清算的准备工作。但考虑到我国人口众多、基层人民法院任务繁重、司法资源有限的现实国情，在制度设计上，应以减轻基层人民法院工作压力、节约司法资源为重要的考虑因素。有鉴于此，笔者认为，可以充分发挥我国法院系统之外的组织机构的功能，让公证机构参与到继承活动中，承担遗产清册的实质审查责任。对于继承人陈报的遗产清册，基层人民法院只承担形式审查责任。参考我国台湾地区所谓“民法”2009年6月10日修正之后的第1156条，将具体规则设计如下：

自继承人知道可以继承之日起三个月内，应将经过公证的遗产清册陈报被继承人死亡时住所地或主要遗产所在地基层人民法院。

公证机构在审查继承人提交的遗产清册时，应当履行如下职责：

1．查验继承人提供的权属证明和其他必要材料；

2．就有关公证事项询问继承人；

3. 如实、及时对有关事项进行公证

4. 法律、行政法规规定的其他职责。

遗产清册的有关情况需要进一步证明的，公证机构可以要求继承人补充资料，必要时可以实地查看。

公证机构应当依法履行职责，因故意或重大过失使遗产清册的公证失实而损害被继承人债权人利益的，应当与继承人承担连带责任。

第1款规定的三个月期间，被继承人死亡时住所地或主要遗产所在地的基层人民法院可以依继承人的申请，决定是否予以延长。

在继承人有数人的情况下，其中一人已经根据第1款规定将公证后的遗产清册陈报被继承人死亡时住所地或主要遗产所在地的基层人民法院，其他继承人视为已经陈报。

参考我国台湾地区所谓“民法”2009年6月10日修正后的第1156条之1，在继承人因不知被继承人的债权人存在而认为没有必要按照前条第1款所定的期间向法院陈报经公证的遗产清册时，可以设计如下规定，使债权人有权向法院申请命债权人陈报遗产清册，一方面可以使原不知债权存在的继承人知悉，另一方面也可以使债权人及继承人有借由陈报法院进行清算的机会：

被继承人的债权人可以向被继承人死亡时住所地或主要遗产所在地基层人民法院申请命继承人在三个月内提供经公证的遗产清册。

被继承人死亡时住所地或主要财产所在地基层人民法院知悉被继承人的债权人以诉讼程序或非诉程序向继承人请求清偿继承债务时，可以依职权命继承人在三个月内陈报经公证的遗产清册。

前条第2款及第3款规定①，准用于第1款及第2款情形。

第五，进入遗产清算程序后，法院首先应当进行公告。参考我国台湾地区所谓“民法”2009年6月10日修正后的第1157条，设计如下：

继承人根据前二条规定将经过公证的遗产清册陈报被继承人死亡时住所地或主要遗产所在地基层人民法院时，该基层人民法院应依公示催告程序进

① 第1款规定的三个月期间，被继承人死亡时住所地或主要遗产所在地的基层人民法院可以依继承人的申请，决定是否予以延长。

在继承人有数人的情况下，其中一人已经根据第1款规定将公证后的遗产清册陈报被继承人死亡时住所地或主要遗产所在地的基层人民法院，其他继承人视为已经陈报。

行公告，命被继承人的债权人在一定期限内报明其债权。

继承人在前款所规定的一定期限内，不得对被继承人的任何债权人偿还债务。

第1款所规定的一定期限，应为三个月以上。

第六，对于被继承人的债权人在法定期间内报明的债权以及继承人已经知道的债权，在法定公告期届满后，继承人在遗产之上积极财产足以清偿的情形下，应当及时足额清偿。如果遗产之上的积极财产不足以清偿被继承人全部债务时，应参考我国台湾地区所谓“民法”2009年6月10日修正之后的第1159条规定，并参照《企业破产法》第113条有关破产财产清偿顺序的规定，将遗产的清偿顺序设计如下：

遗产按照如下顺序清偿债务：

1. 合理的丧葬费用、遗产管理费用、遗嘱执行费用等继承费用；

2. 被继承人所负担的以被继承人合法财产担保的债务；

3. 被继承人生前所欠的职工的工资和医疗、伤残补助、抚恤费用，所欠的应当划入职工个人账户的基本社会保险费用，以及法律、行政法规规定应当支付给职工的补偿金；

4. 被继承人生前所欠缴的税款；

5. 被继承人生前所负担的普通债务；

6. 遗赠扶养协议与继承扶养协议中扶养人取得遗产的权利；

7. 受遗赠人取得遗产的权利。

遗产不足以清偿全部遗产债务时，同一顺序的债权按比例受清偿。

继承人对于继承开始时未届清偿期的债务，也应当根据第1款规定予以清偿。

前款未届清偿期的债务，在继承开始时，视为已到期。其没有利息的，其债权额应当扣除自公告期满时起到到期时止的银行同期存款利息。

有缺乏劳动能力又没有生活来源的继承人的，即使遗产不足以清偿债务和税款，也应当在清偿前为其保留必要遗产份额。

第七，进入遗产清算程序中的继承人，如果没有按照遗产的清偿顺序清偿债务，参照我国台湾地区所谓“民法”2009年6月10日修正后的第1161条，应对其进行如下规制：

进入遗产清算程序的继承人，如果没有按照本法所规定的遗产清偿顺序清偿债务，致使被继承人的债权人受到损害的，应当承担赔偿责任。

前款受到损害的人，对于不当受领的债权人或受遗赠人，可以请求返还其不当受领的数额。

继承人对于不当受领的债权人或受遗赠人，不得请求返还其不当受领的数额。

第八，如果被继承人的债权人没有在法定公告期间内报明其债权，而又为继承人所不知的，其法律效果，参照我国台湾地区所谓“民法”第 1162 条的规定，设计如下：被继承人的债权人如果没有在法定公告期间内报明债权，而又为继承人所不知的，仅可以就剩余遗产向继承人主张清偿。

第九，如果继承人在法院命依申请、依职权命令其提出遗产清册时仍然不愿意或认为没有必要向法院提交经过公证的遗产清册并进行清算程序的情况下，该继承人并不丧失限定继承利益，其法律后果，参考我国台湾地区所谓“民法”修正后的第 1162 条之 1，并结合我国的实际情况，设计如下：

继承人没有根据有关规定将经过公证的遗产清册陈报相关人民法院的，对于被继承人的债权人的全部债权，仍应当按照本法所规定的遗产清偿顺序以遗产分别清偿。

继承人对于继承开始时未届清偿期的债权，也应当根据前款规定予以清偿。

前款未届清偿期的债权，在继承开始时，视为已到期。其没有利息的，其债权额应当扣除自清偿时起到到期时止的银行同期存款利息。

第十，继承人没有按照法定遗产清算程序而自行清偿遗产债务，又没有根据上一条所设计的规定清偿的，其法律后果，参照我国台湾地区所谓“民法”2009 年 6 月 10 日修正后的第 1162 条之 2 规定，设计如下：

继承人没有按照法定遗产清算程序清偿遗产债务，又没有按照本法所规定的遗产清偿顺序清偿债务的，被继承人的债权人可以就应受清偿而未受清偿的部分，对该继承人主张债权的清偿。

继承人对于前款债权人应受清偿而未受清偿的部分的清偿责任，不以所得遗产为限。但继承人为无行为能力或限制行为能力人，不在此限。

继承人没有按照法定遗产清算程序清偿遗产债务，有没有按照本法所定的遗产清偿顺序清偿的债务，致使被继承人的债权人受有损害的，应负赔偿责任。

前款受有损害的人，对于不当受领的债权人或受遗赠人，可以请求返还其不当受领的数额。

继承人对于不当受领的债权人或受遗赠人，不可以请求返还其不当受领的数额。

第八章　遗产继承与遗产债务清偿法律关系考察

自然人的民事主体资格随着生命的消逝而丧失，但是，在一个尊重私人财产权利、注重个人信用关系的社会中，死者遗留的财产法律关系并不随之湮灭。对于这些尚未消灭的财产关系，一定会出现新的权利人，才能维持财产私有的社会秩序，也一定要对现存的债务关系进行清理，才能维护正常的社会信用。遗产继承和债务清偿两个看似互不相干的法律问题，因为被继承人死亡这一法律事实而紧密联系在一起，成为各个国家的继承立法都要面对的一对矛盾。我国的继承立法和理论研究普遍认为，继承就是将死者遗留的个人合法财产及其他可以继承的权利转移给其继承人的法律制度，而死者债务的清偿仅仅是遗产处理中的一个环节。这种观点在商品经济不太发达、个人财产关系相对简单的社会尚无大碍，但是在自然人参与的经济关系日益广泛复杂的情况下，继续将债务清偿作为继承法的一个边沿性问题已经不合时宜。本部分试图对遗产继承与债务清偿二者由合到分的发展进程以及各国的立法状况进行考察，进而对我国继承立法的目的进行分析检讨，希望在未来的继承法修订中能够妥善处理二者的关系，实现保护私有财产继承和维护交易秩序安全之间的平衡。

一、无限概括继承：遗产债务清偿被遗产继承吸收

（一）东西方早期的无限概括继承

继承制度是伴随着私有制的产生而出现的，作为人类历史上最为古老的制度之一，无论是在习惯法还是在成文法中，继承都是转移死者财产的基本

方式。人类社会发展内在规律的一致性，决定了东西方各民族在继承制度发展历程中具有高度的相似性：在继承的客体上，早期的继承都带有地位承袭与财产承继的双重意义，即所谓的身份继承；在财产继承方面，继承人所继承的既包括财产权利也包括财产义务，即所谓的概括继承。

在罗马法早期，家庭具有和国家相类似的社会集体的性质，宗亲集团或家族并不一定会伴随着“家父”的死亡而解体为大量的“家庭”，而是仍旧保持着统一性。由此可以产生一种合理的假设：继承人准确地说曾是宗亲集团或者家族最高权力的接班人，而且只是作为其结果，才成为财产的继受人。也就是说，原始的遗产继承是为这种最高权力的转移而不是为财产的转移服务的①。由于继承主要是一种身份的传承，因此死者的一切法律关系均按照被继承人设立时的原样予以转移。在财产继承方面，继承人对死者遗产的继承既是一种概括继承，也是一种无限责任继承②。所谓概括继承，是指“继承人接替死者原有的法律地位，接替死者原有的全部财产关系，因而也继承死者的负担，继承债权和债务”③。无限责任继承则意味着“继承人要总括地继承被继承人一切财物和财产上的一切权利义务，而不问资产、负债的多少，纵使死者遗产中的负债远远超过资产，继承人仍然要全部继承下来，替死者还债”④。

在我国，从奴隶社会的夏、商到封建社会的清末，一直实行身份继承、祭祀继承和财产继承三位一体的继承制度，其中身份继承、祭祀继承居于主导地位，财产继承不过是身份继承和祭祀继承的附属物。在财产继承方面，“父死子继、父债子还”是传统社会的债务习惯，比如《大清民律草案》“继

---

① 参见［意］彼德罗·彭梵得：《罗马法教科书》，黄风译，中国政法大学出版社2005年版，第324页。

② 在目前的著述中，不少人将概括继承（又称包括继承）和限定继承相对应，认为概括继承意味着继承人需要对被继承人生前所欠的债务负全部清偿责任，这一观点有失偏颇。概括继承是大陆法系普遍采用的继承方式，它从继承的客体出发，指被继承人的一切财产权利和财产义务整体地转移给继承人。在概括继承之下，根据继承人是否以继承所得遗产的价值为限对被继承人的债务承担清偿责任，可以分为有限责任继承（又称“限定继承”）和无限责任继承（又称“无限继承”）。因此，概括继承和限定继承并不是相对应的概念，概括继承是限定继承的上位概念，和限定继承相对的概念应该是无限继承。

③ 参见［意］彼德罗·彭梵得：《罗马法教科书》，黄风译，中国政法大学出版社2005年版，第326页。

④ 参见周枏：《罗马法原论》，商务印书馆2001年版，第471页。

承编”的起草人认为，“吾国向有父债子还之说，故当继承之际，其父虽有莫大之债务，子之不能抛弃也明矣”[①]。这表明，在中国历史上，作为被继承人的父亲死亡后，作为继承人的儿子应该对家庭财产和家庭债务一并承受，并且对债务负完全的清偿责任，这与罗马法中的无限责任概括继承如出一辙。

任何国家的继承制度中，决定继承的因素都主要有两个：一个是所有者（被继承人）的选择，另一个则是家族关系，但这两个因素在不同国家、不同时代的影响是不一样的[②]。早期的继承制度中，家庭的功能是决定性的。从家庭的社会功能来看，无论是古代罗马时期还是传统中国社会，各个家庭的集合体都被视为整个国家和社会的基础，是行使权利和承担义务的基本单位，个人的一切关系都被嵌入在家庭这一结构中。相应的，继承的主要目的是转移对家庭的主权，“当一个人接受了另一个人的法律外衣，在同一个时候一方面承担其全部义务，另一方面享有其全部权利时，就发生概括继承”[③]。从家庭的经济功能来看，早期社会生产力水平很低，全部家庭成员共同劳作、共同生活，家产在很大程度上成为家庭的共有财产，家长被视为财产唯一的主体。比如中国古代强调“同居共财”，家长掌握家产的支配权，可谓“子妇无私货，无私蓄，无私器，不敢私假，不敢私与”[④]。如果家庭成员对外有任何负债，应该以整个家庭的财产进行偿还，在家长死亡以后，由继承家长地位的继承人继续承担债务，无限责任继承被认为是理所当然的事情。

（二）遗产债务清偿问题的隐没

早期的继承制度主要围绕身份关系的转移而展开，但这并不意味着死者遗留的债务无法获得清偿，相反，遗产债务清偿被裹挟在家长人格的延续和家长权力的继承中，意外地获得了充分的保障。只要家族和相应的身份关系得到延续，遗产债务就由继承人继续承担，因此不会成为一个问题。

但是必须看到，遗产债权人享有的扩张性权利并不是源自法律对债权债务关系的重视，也不是因为债权人地位的强大，而是绵延家祀的社会理念所

① 参见俞江：《继承领域内冲突格局的形成——近代中国的分家习惯与继承法移植》，载《中国社会科学》2005 年第 5 期。

② 参见赵万一：《民法的伦理分析》（第 2 版），法律出版社 2012 年版，第 290 页。

③ 参见［英］梅因：《古代法》，沈景一译，商务印书馆 1984 年版，第 101 页。

④ 参见《礼记·内则》。

导致的附带结果。人类历史从宗法社会进入商业社会以后，身份继承逐步转变为财产继承，但是遗产范围却没有变化——包括积极财产和消极财产，遗产权利的转移时间也保持不变——自继承开始就属于继承人，在这种情况下，无限继承的不公平和不合时宜开始日益显现出来。

首先，无限继承对继承人及其债权人太过苛刻。当死者所欠的债务超过其遗留的积极财产时，继承人仍然要对死者的债务承担无限偿还责任，这不仅对继承人不公平，还有可能损及继承人的固有债权人，增加固有债权人的受偿风险。其次，无限继承也可能对遗产债权人不利。当死者的遗产殷实而他的继承人负债累累时，如果让二者的财产混合，遗产债权人本应享有的保障可能因此而丧失。最后，要求继承人为死者的债务承担责任不仅与逻辑不符，而且与罗马法长期以来的债权观念相冲突，造成了法律体系内部的混乱和反常。从罗马法遥远的起源时期起，债务人的财产就被视为其债权人的担保，债权人只应当在财产的范围内获得清偿①，继承法领域的无限责任却赋予债权人超出债务人财产范围的保障，这种做法与债法的一般原理相违背，导致债权人的法律地位在同一制度体系内无法保持一致。

二、限定继承的确立：遗产债务清偿问题凸显

（一）限定继承的兴起

无限继承对继承人和遗产债权人都表现出严重的不公平，在罗马法的发展过程中，概括继承、无限责任继承等做法不断受到限制，并且被新的制度和司法裁判所动摇。在帝国中后期，大法官为了保护继承人的利益，通过司法实践创造了“不参与遗产权”“财产分别利益”和“财产清册利益”等制度。“不参与遗产权”允许继承人在死者资产状况不好时放弃遗产处理，并将遗产交由遗产债权人出卖用于偿债，不足清偿时，继承人也不负责清偿。“财产分别利益”是当奴隶被主人立为继承人时，可以对家主资产不足以清偿的“有损遗产”申请以自己的名义把它出卖，以清偿死者的债务，不足之数不另

① 参见［意］彼德罗·彭梵得：《罗马法教科书》，黄风译，中国政法大学出版社2005年版，第327页。

负责[①]。“遗产清册利益”则允许所有的继承人要求将死者的财产和自己的财产区别开来，并且不对超过遗产负荷力的债务部分负责，只要他按照财产清单向死者的债权人做出清偿保证[②]。这些做法赋予继承人以被继承人的遗产范围为限承担责任的权利，限定继承制度由此得以正式确立。

大陆法系各国在继承制度的发展上基本沿袭了罗马法的做法，在限定继承方式的继受上也遵循着大体一致的发展轨迹。资产阶级革命胜利以后制定的近现代民法典中，限定继承成为各国继承法普遍认同的基本原则，德国、法国、日本、瑞士等国的继承法均允许继承人以遗产数额为限承担有限责任，只有在继承人自愿选择或者在法定条件下才要求继承人承担无限责任。我国自晚清开始借鉴西方立法，传统的继承法律制度也逐步走向现代化，1930年国民党时期制定的“民法继承编”仿效德、法两国，它实行概括继承，以无限继承为原则，以限定继承为例外，允许继承人在开具遗产清册的情况下办理限定继承，也允许继承人抛弃继承。诞生于1985年的现行继承法则走向了极致，实行无条件的限定继承。

限定继承逐步被认可和接受，不仅表明继承领域由身份继承到财产继承的过渡完成，更主要的是反映以家族或家庭为社会核心组合力量的观念的淡化，同时亦象征着以各自独立的个人为组合社会或国家力量的观念的逐步崛起[③]。从家族的社会功能看，随着古代社会向近代社会的发展，“家”的观念日益淡化，家族的解体使得继承人不再继承对家族成员的权力。罗马帝国中后期，罗马人的“父子”之间已经没有了先前神圣特权的继承内容，而被继承人和继承人之间也没有自然的紧密亲情体验，那么，在公正的罗马裁判官看来，叫继承人担负利益损失，显然有悖公平之常理[④]。从家族的经济功能来看，在宗法社会向商业社会的转变中，家族以及家庭在社会生产中的地位以及人们对它的依赖程度大大降低，个人替代家族或家庭成为社会的基本构成主体，而由承法，如果族逐步走向的基本构成，而死者所遗留的债务也并非

---

① 参见周枏：《罗马法原论》，商务印书馆2001年版，第472页。

② 参见［意］彼德罗·彭梵得：《罗马法教科书》，黄风译，中国政法大学出版社2005年版，第338页。

③ 参见陈苇：《外国继承法比较与中国民法典继承编制定研究》，北京大学出版社2011年版，第499页。

④ 参见袁瑜琤：《“权利”的伦理属性——解读古罗马法人的“父权”观念及其限定继承制度》，载何勤华主编：《法与宗教的历史变迁》，法律出版社2010年版，第80页。

为了家族所需，强迫继承人对遗产债务承担无限责任的做法已经丧失了共同的经济基础。除此以外，另一个不可忽视的重要因素是法律思潮的发展。受18世纪启蒙运动中“法律面前人人平等”思想的影响，新兴的资产阶级特别强调人格独立、意思自治、行为自由，每个人只应该对自己的行为承担责任，在继承法律领域，立法不应该强制继承人为他人的债务承担清偿责任，在遗产债务超过的情况下，继承人可以自由决定是否放弃继承。

（二）遗产债务清偿问题的显现

限定继承将继承人从无限责任的深渊中解救出来，体现了现代法治的基本精神，但也给遗产债权人的利益带来了前所未有的挑战。其原因在于：一方面在遗产范围上继续实行概括继承。继承法律制度的核心虽然由身份继承转向了财产继承，但是罗马法中概括继承的做法并没有发生变化，遗产范围既包括积极的财产权利也包括消极的财产义务，财产继承和遗产债务清偿两者不可避免地会彼此牵制。另一方面在遗产处理上采取直接继承主义。这种做法使得继承人从继承开始就取得遗产的所有权，如果存在遗产管理人或遗嘱执行人，继承人对遗产的支配控制尚有一定的法律屏障，如果没有设定遗嘱执行人，继承人极有可能会成为遗产管理人，进而在遗产管理和处分中处于绝对优势地位①。

上述两个原因导致遗产债权人在死者遗产处理中处于相对弱势地位，他们对遗产的状况既不能充分了解，也无权参与处理，其债权能否公平地受偿就仰赖于继承人的行为是否公允。如果继承人利用占有遗产的便利挥霍、浪费、隐匿、侵吞、毁坏、转移、虚报死者遗产，就会给遗产债权的实现制造种种障碍，侵害遗产债权人的正当权益。鉴于上述情形，遗产债务清偿问题

---

① 大陆法系各国继承法一般都规定了遗产管理人选任制度，继承人和第三人均可以担任遗产管理人。通常情况下，被继承人未在遗嘱中指定遗产管理人的，遗产首先由继承人负责保管；在继承人尚未确定或者继承人有不当行为时，则可以由法院或其他机构另行选定遗产管理人。比如，根据《德国民法典》第1959条第（1）款的规定，继承人在拒绝遗产继承之前处理遗产事务的，像无因管理人一样享有权利和负担义务。同时该法典第1984条第（1）款规定，法院发布遗产管理命令时，继承人丧失管理遗产和处分遗产的权利。上述条文表明，如果继承人没有放弃继承权或者法院没有另行指定遗产管理人，一般都是由继承人自行负责管理和处分遗产。由继承人担任遗产管理人是大陆法系普遍的做法，如《法国民法典》第815条，《瑞士民法典》554条，《日本民法典》第926条，我国台湾地区所谓“民法”第1152条、1176条等条文均从不同角度予以认可。

已经不能被财产继承所吸收和涵盖，遗产债权人利益的保护成了继承法不得不正视的一个独立问题。也正是如此，近世的学者将保障继承人生活和保护继承债权人作为继承法的两大课题，并认为二者为平行关系，无上下之分①。各国继承立法的目的也呈现出双重性，一方面要保障继承权的实现，使财产私有的秩序在继承法律领域能够继续体现和延伸；另一方面也要确保遗产债权人的利益不因继承的发生而受到影响。

三、现代各国继承法：遗产继承与遗产债务清偿的交织与并行

（一）遗产继承与遗产债务清偿在大陆法系的交织

受罗马法的影响，大陆法系各国的继承法普遍实行直接继承主义和概括继承方式，遗产继承和遗产债务清偿这两个问题始终交织在一起。基于公平保护二者的原则，各国立法通过巧妙的制度平衡来继承人和遗产债权人的利益，并将这一精神贯穿于继承开始到结束的各个环节。

在继承开始之后，各国立法都允许继承人做出第一个选择，即选择接受或者放弃继承。而在古代社会中，不管是否愿意，继承人原则上都不能拒绝继承，因为继承代表了个人对家庭和国家的责任，直到查士丁尼时代，拒绝继承的权利才作为一项制度确立下来，并为现代各国立法所认可。“接受与放弃继承制度的立法宗旨是，寻求继承人及其债权人与遗产债权人利益的最佳平衡点，从而充分体现继承自愿原则和公平、诚信原则”②。如果被继承人的债务明显超过资产，为了保护继承人的利益不因继承而受到损害，继承人可以放弃继承，但继承人若有隐匿财产等不当行为，法律则会强制其接受无限继承。

如果继承人接受继承，进而可以做出第二个选择，即选择无限继承或者限定继承。这一制度安排最为集中地体现了继承人和遗产债权人利益之间的微妙平衡。若继承人选择无限继承，就要对被继承人的全部债务负清偿责任，

① 参见陈棋炎、黄宗乐、郭振恭：《民法继承新论》，三民书局2006年版，第6页。

② 参见陈苇：《外国继承法比较与中国民法典继承编制定研究》，北京大学出版社2011年版，第87页。

这种选择为意定的无限责任继承，体现了对继承人意思自治的尊重，同时遗产债权人的风险也最小。若继承人选择限定继承，继承人仅需在遗产价值范围内对遗产债务进行清偿，遗产债权人的风险增加。为了保护遗产债权人的利益，各国立法进一步对限定继承的适用条件和程序做出了详细规定，比如德国规定了遗产管理、遗产破产以及编制遗产清册制度①，法国规定了声明限定继承的程序和条件②，瑞士有"公示财产清单"和"官方清算"制度③，日本规定了"遗产清单目录"制度④，等等。如果继承人不符合限定继承的法定条件和程序，或者有其他不当行为，就必须对遗产债务承担无限责任，此为法定的无限责任继承，体现了对违法行为的制裁。

上述两个选择让继承人在充分了解遗产状况的基础上，根据自己的意愿进行适当取舍，它不仅体现了私法自治的精神，而且在动态平衡中构建了继承人和遗产债权人利益的公平保护机制。除此以外，各国继承法中还有大量规范涉及遗产债权的保护和实现，比如遗产债务范围的确定、共同继承人在债务清偿中的法律关系及责任、遗嘱继承中的债务清偿、受遗赠人的债务清偿、无人继承遗产的债务清偿、遗产债务的清偿顺序和程序，等等。

可以说，在大陆法系各国，如果以继承权为中心的遗产继承制度是继承法律制度构建的一条明线，那么以遗产债权人利益保护为中心的遗产债务清偿制度则是继承法编撰的一条暗线，二者相互交织和发展，共同实现对继承人利益和遗产债权人利益的保护。

（二）遗产继承与遗产债务清偿在英美法系的并行

英美法系采取间接继承主义，继承开始后，遗产不直接归属于继承人，而是由遗产管理人或者其他法定清算机关清算，然后将剩余的净财产分配给继承人⑤。英美法系的这一做法导致继承法在以下两方面表现出相对的独立性。

一是遗产继承和遗产债务清偿在处理过程上的相对独立。间接继承主义

① 参见《德国民法典》第1980条、第1981条、第1993条、第1994条、第1995条。
② 参见《法国民法典》第793条、第794条、第795条。
③ 参见《瑞士民法典》第580条、第582条。
④ 参见《日本民法典》第922条、第924条。
⑤ 参见张玉敏：《继承法律制度研究》，法律出版社1999年版，第14页。

将遗产债务清偿分离并且前置，遗产处理具有阶段性：第一阶段是遗产的管理，由专门的机构清理遗产并按照法定的范围、程序和次序对遗产债务进行清偿；第二阶段是遗产分配，遗产管理人依照法律规定或者遗嘱要求，将剩余遗产分配给遗产受领人。这种模式将债务清偿问题交由第三方处理，更有利于公平地保护继承人和遗产债权人双方的合法权益。

二是继承法律规范形式上的相对分离。判例法是英美法系继承制度的主要渊源，但是也有大量成文的单行法对判例形成的一般法律原则和规则进行归纳和总结，大部分继承单行法是由不具有立法权的机构编纂而成的[①]。由于财产处理的阶段性，遗产继承和遗产债务清偿有的由不同的单行法调整，有的虽在同一部法律中却分属不同章节，二者的关系泾渭分明。比如，英国的《遗产管理法》（1925 年）主要对遗产管理和遗产债务清偿进行了规定，遗嘱及遗产分配等问题主要规定在《财产法》（1925 年）、《遗嘱条例》（1937 年）、《无遗嘱继承条例》（1952 年）、《家庭供养条例》（1966 年）等一系列法规中。在美国，统一州法律委员会 1969 年公布了《美国统一遗嘱检验法典》，目前已经被十余个州采用或者在不同程度上修改后采用，该法典共包括七编，第三编专门对遗产管理和债务清偿问题做出了规定。在我国香港地区，《遗嘱认证及遗产管理条例》（1971 年）对遗产债务清偿问题做了详细规定，而遗产继承及分配主要由《遗嘱条例》（1970 年）、《无遗嘱者遗产条例》（1971 年）加以规定。

总之，在英美法系的间接继承主义模式下，遗产处理与遗产债务清偿相对独立，并行不悖，这不仅使二者的法律关系更加清晰，也表明了遗产债务问题在继承制度体系中的独立存在价值。

四、我国立法和理论：遗产债务清偿在继承法中的被忽视及其修正

（一）现行立法及理论对遗产债务清偿的态度

我国继承法于 1985 年制定实施，其第 1 条规定，继承立法的目的是“保

① 参见李双元、温世扬：《比较民法学》，武汉大学出版社 1998 年版，第 961－962 页。

护公民的私有财产的继承权”。基于这一认识，继承法主要围绕死者与其亲属之间的继承关系展开，对遗产债务清偿问题规定得极为简单、粗略、失衡。在对待遗产债务的基本态度上，继承法实行无条件的限定继承，继承人不需要编制遗产清册，即使继承人存在转移、隐匿、挥霍浪费等不当行为也不会丧失限定继承的权利①。在具体制度上，继承法对继承人表示接受或放弃继承的期间规定的极其宽松，对遗产债务的范围、共同继承人之间的清偿责任、遗产管理、遗产债务的清偿顺序等实体问题以及相关程序性问题均缺乏具体规定。

随着社会经济的发展，继承立法对遗产债务的疏忽导致实践中侵害遗产债权人利益的现象屡屡发生，也引发了理论界和实务界的广泛关注。为了更加周全地保护遗产债权人的利益，学者们提出了种种完善措施，但是考察学者的研究不难发现，对于遗产债务清偿在继承法律制度中的地位是存在明显分歧的。

一种观点仍然沿袭以往的思路，将债务清偿作为继承法的局部性问题加以考虑。比如，有人认为，对遗产债权人的关怀应当主要是债法的目的而不是继承法的目的，继承法中保护遗产债权人的法律条款不属于实质意义上的继承法②。有的专家立法建议稿继续将“保护自然人的私有财产继承权”作为继承立法的唯一宗旨③。

另一种观点则将遗产债务清偿与遗产继承置于同等地位。有学者明确指出：“一个人死后，有两方面的财产关系需要处理，一是哪些人有权取得死者的财产，以及在他们之间如何分配；二是死者的债务如何处理，换言之，死者债权人的利益应如何保护”④。有的立法建议稿将继承立法目的界定为“保

① 我国继承法第 33 条规定：“继承遗产应当清偿被继承人依法应当缴纳的税款和债务，缴纳税款和清偿债务以他的遗产实际价值为限。超过遗产实际价值部分，继承人自愿偿还的不在此限。继承人放弃继承的，对被继承人依法应当缴纳的税款和债务可以不负偿还责任。”从上述条文可以看出，我国继承法实行限定继承原则，而且立法也没有规定丧失限定继承权利的任何事由，所以属于无条件的限定继承。

② 参见侯国跃：《继承法原则体系的构建》，载《贵州师范大学学报》（社会科学版）2004 年第 5 期。

③ 参见龙翼飞：《制定中国民法典财产继承编的思考与建议》，载《中华女子学院学报》2002 年第 4 期。

④ 参见张玉敏：《继承法律制度研究》，法律出版社 1999 年版，“序言”第 2 页。

护自然人私有财产的继承权和遗产债权人的合法民事权利”[①]。有的认为是“保护民事主体在遗产继承中的合法权益”[②]，显然，这里的“民事主体”不应当限于继承人，遗产债权人等其他利害关系人也应包含在内。

学者的观点分歧从表面上来看是对遗产债务清偿的地位存在不同认识，深层的原因则是对继承立法目的存在不同认识。目的法学派的代表耶林认为，“目的是全部法律的创造者。每条法律规则的产生都源于一种目的，即一种实际的动机”，法律在很大程度上是国家为了有意识地达到某个特定目的而制定的[③]。法律目的为法律控制提供了内在驱动力，从法律的目的入手了解制度存在的正当性和基础，对于清晰把握立法的宗旨、合理构建法律制度以及准确运用法律规则具有不可替代的作用。在梳理遗产继承和遗产债务清偿二者的关系之时，不可避免的一个问题是：继承法的任务是清理自然人死亡后遗留的财产关系，还是完成死者的遗产转移？如果是前者，那么遗产债务清偿就是继承法的目的之一；如果是后者，那么遗产债务清偿就仅仅是遗产分配前的附带性问题。

（二）我国继承立法目的之调整

立法目的不仅是法律制定的起点，而且贯穿于法律条文之中，最终体现在法律的实效之中，立法目的受到法律性质、价值理念、调整对象与手段、社会背景等诸多因素的影响。通过对继承法律制度的深入考察，笔者认为，在我国继承法的修订中，应该将保护私有财产继承权和维护遗产债权人利益共同作为继承立法的目的。

首先，从继承法的调整对象来看，现代法上的继承制度已经与“身份”“祭祀”无关，仅仅是财产继承。如学者所言，任何一种法律制度都不能回避一个问题：当一个人死亡以后，他的财产关系会发生什么样的变化？“这一问题被一系列因素复杂化了，其中最重要的事实是，死者的遗产除了诸如土地

---

① 参见何丽新、谢美山、熊良敏、刘新宇：《民法典草案继承法编修改建议稿》，载《厦门大学法律评论》（第7辑），厦门大学出版社2004年版，第279页。

② 参见杨立新、杨震：《〈中华人民共和国继承法〉修正草案建议稿》，载《河南财经政法大学学报》2012年第5期。

③ 参见［美］E. 博登海默：《法理学：法律哲学与法律方法》，邓正来译，中国政法大学出版社1999年版，第109页。

或货物等类的有体实物之外，还可能包括有他人欠他的债务。另一方面，在他去世时，他还可能欠下别人的钱”①。因此，继承法并不是单纯的遗产转移法，而是以处理死者遗留财产关系为目的的法，无论是积极的财产关系还是消极的财产关系，均是继承法的调整对象。随着限定继承的兴起，遗产债务清偿问题已经不能被遗产继承所涵盖，而成为继承法中一个不可忽视的独立问题，和遗产继承具有同等地位。

其次，从社会经济发展的现实需要看，遗产债务问题能否公平处理，直接影响到人们创造财富的积极性和社会经济秩序的稳定。“继承法最清楚地说明了法对于生产关系的依存性”②。现行继承法制定于生产力发展水平较为落后的计划经济时代，自然人参与的经济关系相对简单，虽然立法对遗产债务清偿规定得极为简单粗糙，在早期的司法实践中也没有发生太多问题。但是随着市场经济的发展，人们的财产数量、范围和形态更加多样，参与的经济关系也更加广泛和复杂，继承法中的规定已经远远不能满足现实需要。在一个注重交易安全、讲究个人信用的社会里，各类主体的财产关系都是社会经济链条中的一环，正如企业破产以后要对所欠的债务进行清理一样，为了维持经济秩序的稳定，自然人死亡以后也要对其遗留的债务关系进行处理，因此，继承法应该将遗产债务的公平清偿作为立法任务之一。

再次，从法律背后蕴含的价值理念来看，“遗产继承与债权清偿，犹如自由与秩序两个方面”③，都是继承法应该自觉追求并且加以保证的。就遗产继承来看，它是财产私有观念必然的逻辑延伸，“因有继承制度存在，所有权始有其完整的意义”④；就债务清偿来看，“欠债还钱”蕴含着不需要证明的朴素正义理念，代表着整个社会秩序维护的观念，“继承制度的存在根据之一便是保护交易的安全”⑤。大陆法系的直接继承主义使继承人对于遗产的管理和处分具有先天优势，如果完全以继承人的意志和行为来决定遗产债务的清偿，遗产债权人利益则无所保障，债权人背后的交易安全、经济秩序和社会信用

---

① 参见［英］F. H. 劳登、B. 拉登：《财产法》（第2版），施天涛等译，中国大百科全书出版社1998年版，第204页。

② 《马克思恩格斯全集》（第3卷），人民出版社1979年版，第420页。

③ 参见王歌雅：《〈继承法〉修正：体系构建与制度选择》，载《求是学刊》2013年第2期。

④ 参见陈棋炎、黄宗乐、郭振恭：《民法继承新论》，三民书局2006年版，第1页。

⑤ 参见林秀雄：《继承法讲义》，元照出版公司2005年版，第4－5页。

也将随之受损。为了实现二者的平衡和协调，需要明确遗产债务清偿在遗产处理中的地位，将保护遗产债权人合法权益作为一项重要的任务。

最后，从各国继承法的体系构成来看，遗产债务清偿是遗产转移的前提，二者处于同等重要的地位。继承法的任务是全面处理死者的财产关系，相应地，继承法自然而然地分为两个层面：其一为遗产管理和债务清偿；其二为遗嘱和无遗嘱继承。遗产债务清偿是大陆法系各国继承法的重要组成部分，零散分布在各个部分，但其所占的篇幅比例却不可忽视，有学者在考察台湾地区所谓“继承法”之后，发现有半数条文直接或间接产生债权人保护之效力①。在实行间接继承的英美法系，遗产债务清偿与遗产分配各自独立，遗产债务清偿是遗产分配的前提条件，相关的法律规范占据着继承法律体系的半壁江山，属于继承法不可或缺的组成部分。

基于上述认识，未来的继承法修订需要从立法目的的角度去审视和调整遗产债务清偿问题，因为立法目的是法律价值理念和思想灵魂在文本上的具体表现，是法律运行的内在动力，影响到法律规则的制定、理解适用以及社会成员对法律的遵守等各个方面。在立法过程中，基于预设的目标，法律对遗产债权人利益将从消极被动、分散零碎的调整转变为积极主动、有计划的保护，它便于从整体上设计有效的债权人利益保护机制，实现继承人和遗产债权人之间的利益协调，同时促进继承法各部分、各条文之间的和谐一致。在司法实践中，法官对法规用语的含义和范围如果产生疑问，根据规范目的来解释法律有助于确保法律适用的安定性和连贯性，将保护遗产债权人利益作为继承法的宗旨和任务之一，可以防止法官探究立法目的时的主观恣意，为法律解释提供更加清晰的判断标准。在法律调整社会关系的过程中，将保护遗产债权人利益明示为继承立法目的之一，能够使社会成员清晰了解法律的价值导向和政策目标，明确自己的权利义务范围和行为边界，在遗产处理过程中不与法律规定背道而驰，减少法律运行的成本和代价。

---

①　参见黄淳钰：《继承制度对于继承债权人之保护》，载杨立新、刘德权、杨震主编：《继承法的现代化》，人民法院出版社2013年版，第341页。

五、结语

在概括继承主义之下，遗产继承和债务清偿注定存在千丝万缕的联系。早期社会实行无限继承，债务清偿隐藏在遗产继承中，限定继承的兴起使债务清偿问题从幕后走向台前，成为与遗产继承相提并论的课题。我国现行继承法偏重于内部的遗产继承和分配，忽视了外部的遗产债务清偿，对遗产债权人极为不公。在继承法修订中加强对遗产债权人利益的保护是社会各界的共识，然而在保护的路径上，是将保护遗产债权人利益作为继承法的技术性问题从局部加以完善，还是将其作为继承立法的目的之一从整体上进行构建，这一点在理论上仍然存在分歧。不同的立法目的决定不同的制度规则，不同的制度规则产生不同的法律实效。作为处理死者财产关系的基本法，继承法不仅要实现遗产的传承和转移，而且要完成债务的清理和偿还，那么继承法的核心职能和立法目的就应该包括保护继承人的继承权和维护遗产债权人的合法权益。在未来继承法修订中，我们一方面要为遗产债务的公平受偿构建具体的规则，另一方面也需要从理念上将保护债权人利益作为继承立法的目的和宗旨之一。

第九章　遗产债务清偿中的实体法律问题

一、现行法关于遗产债务实体问题的规定

现代继承法已经由全部法律人格的继承发展到单纯财产法律地位的继承，妥善处理死者遗留的财产关系成为继承法的主要目的，因此在近现代立法中，“继承法的主要任务有两条：一是保证死者所遗留的财产在其近亲属之间公平地进行分配，二是保证死者的债权人能够就遗产公平地获得清偿”[①]。通观各国继承法，债权人利益保护始终是继承法的一个重要方面。由于历史的局限性，我国继承法绝大部分内容是以继承人及其继承权为中心展开的，对于遗产债权人利益的保护并未给予充分重视，导致实践中侵害遗产债权人利益的现象比比皆是。

遗产债权人利益的保护有赖于实体规则和程序规则的共同构建，从实体规则的角度来看，继承法对遗产债权人的保护存在明显的缺失及不足。

首先，对限定继承没有任何条件要求。限定继承是近现代各国普遍认同的继承法原则之一，各国都实行有条件的限定继承，继承人在主张有限继承时，必须遵循严格的条件和程序，否则将被强制要求承担无限责任。但是我国继承法对于限定继承的条件没有任何规定，即使继承人其行为不端，也不会丧失有限继承的利益，这对遗产债权人明显不利[②]。

其次，没有关于遗产债务的规定。确定债务范围是偿还债务的前提，但是继承法中并无“遗产债务”这一概念，该法第 3 条规定“遗产是公民死亡时遗留的个人合法财产”，第 33 条第 1 款规定“继承遗产应当清偿被继承人

---

① 参见张玉敏：《继承法律制度研究》，法律出版社 1999 年版，第 337－338 页。

② 限定继承在本书相关部分另有论述，在此不赘述。

依法应当缴纳的税款和债务”，但是哪些属于遗产债务并没有详细的规定，被继承人生前及死后的债务种类多样，哪些可以从遗产中获得偿付就成为一大难题。

再次，没有系统规定遗产债务的清偿顺序。遗产债务的性质和种类不同，其受偿顺序也不一样，继承法没有专门规定各类遗产债务的清偿顺序，相关内容主要在原民事诉讼法的个别条文和最高法院的司法解释中，这些规定过于零散、粗陋、不合理，并且随着民事诉讼法的修改，原有的规定已经无法适应现实需要。

最后，没有规定遗产处理顺序和共同继承人的责任。在继承法及相关司法解释中，并未规定分割遗产和清偿债务的先后顺序，也没有规定共同继承人对遗产债务的责任，这导致债务清偿程序混乱、共同继承人之间责任不清，不利于遗产债权人利益的保护。

只有清晰、合理的法律规则才能为实践提供明确的指引，毫无疑问，继承法关于遗产债务清偿的规定已经不能应对现实的需要，在民法典制定之际，亟须对继承制度加以改进和完善。以下将对遗产债务范围、清偿顺序以及共同继承人的债务清偿责任等实体法律问题加以分析。

二、遗产债务范围的厘定

（一）遗产债务的内涵

按照时间发生的先后，需要由遗产承担的债务一般可以分为三部分：第一部分是继承开始前的债务，即被继承人生前所负的债务，包括公法上的税款、罚款以及私法上的各项个人债务；第二部分是继承开始时的债务，包括扶养费、遗赠、遗产酌给等产生的债务；第三部分是继承费用，包括遗产管理费、遗嘱执行费、公示催告费、遗产清算与分割费等。

国内学者对于遗产债务范围的认识不太一致，总体来看有三种观点：第一，广义说。大部分学者认为遗产债务应该包括被继承人生前所负的债务、继承开始时的债务，以及继承费用三部分[①]。第二，狭义说。部分学者认为遗产债务包括被继承人生前所负债务和继承开始时的债务两部分，但是不包括继承费用[②]。第三，最狭义说。还有部分学者认为遗产债务仅包括被继承人生前所负的债务，指被继承人生前依法应当缴纳的税款和完全用于个人生活需要所欠下的债务[③]，其他部分应该叫作“与继承有关的债务”[④]，甚至有人认为被继承人生前所欠税款都不属于遗产债务的范围[⑤]。

上述观点的分歧在于，对“遗产债务”这一概念的内涵认识不同。遗产债务，究其本质而言，是指应该由遗产承担的债务[⑥]。除非继承人愿意承担无限责任，否则在限定继承下，不管是被继承人生前所负的债务，还是继承开始之时或开始以后发生的债务，上述所有的负担原则上都应该由遗产来承受，故将其称为遗产债务较妥适。相反，如果将遗产债务限定为被继承人生前所负的债务，遗产债务这一概念就无存在的必要了，直接称之为“被继承人债务”即可。从继承制度的目的来看，继承就是清理与遗产有关的权利义务，偿还对外负债，分配剩余遗产，处理善后事宜，上述各种负担的清偿顺序虽有先后，但是在法律性质、清偿程序和清偿原则等方面具有共性，统摄在遗产债务概念下能够使法律程序更加清晰。故笔者赞同前述第一种观点，并以此为基础对遗产债务的具体范围进行分析。

（二）被继承人生前所欠债务

“人死债不烂”是社会信用体系正常运转的必要，各国普遍将死者生前遗留的债务纳入遗产债务的范围[⑦]。从我国继承法前述第 33 条第 1 款的规定来

---

① 参见参见张玉敏：《继承法律制度研究》，法律出版社 1999 年版，第 160 页；张平华、刘耀东：《继承法原理》，中国法制出版社 2009 年版，第 427－428 页；陈苇主编：《外国继承法比较与中国民法典继承编制定研究》，北京大学出版社 2011 年版，第 553 页；杜江涌：《遗产债务法律制度研究》，群众出版社 2013 年版，第 172－173 页。

② 参见刘春茂：《中国民法学・财产继承》，中国人民公安大学出版社 1990 年版，第 552 页。

③ 参见郭明瑞、房绍坤、关涛：《继承法研究》，中国人民大学出版社 2003 年版，第 340 页。

④ 参见吴国平：《遗产继承中债权人利益保护问题探究》，载《政法论丛》2013 年第 2 期。

⑤ 参见卢文捷：《论遗产债务的合理界定》，载《天津法学》2015 年第 3 期。

⑥ 有学者认为“被继承人的债务”也称为“遗产债务”。这种观点有失妥当。（参见吴国平：《我国财产继承制度立法研究》，厦门大学出版社 2014 年版，第 78 页。）

⑦ 在概括继承主义之下，被继承人财产上的一切权利义务，均由继承人承受，个人债务作为“消极财产”亦同时承受。（参见《德国民法典》第 1967 条，《法国民法典》第 724 条，《瑞士民法典》第 560 条，《日本民法典》第 896 条。）

看，应当做同一理解。被继承人生前所欠的债务不限于合同、侵权、无因管理、不当得利以及其他原因产生的私法上的债务，还包括应当缴纳的税款、罚款、罚金等公法上的债务①。

在认定被继承人生前债务时，需要把握以下几点：一是在时间上，该债务应该是被继承人死亡之前欠下的债务。二是在债务主体上，应该是被继承人的个人债务，尤其要将夫妻共同债务、家庭共同债务或其他共同债务中不属于被继承人承担的部分分离出来。一般来说，判断是否属于个人债务不能仅从名义上看，关键是考察该项债务的用途，对于以被继承人名义欠下的、实为满足家庭共同所需的债务，要按照被继承人的实际消耗部分进行认定。三是该债务应该属于合法债务。根据债法的基本原理，如果债务发生的原因为非法行为，比如赌博、高利贷等行为产生的，则不应该给予保护。四是该债务应该具有可偿还性。纯粹财产性的债务一般可以纳入遗产债务由继承人偿还，但是具有较强人身属性或人身信赖因素的债务，比如演出、雇佣、委托、加工承揽合同等，此类债务具有较强的个人属性，如果因为被继承人死亡而无法履行，应该属于合同解除的法定事由，但对于被继承人已经收取的定金、预付款、报酬，以及合同解除以后的赔偿金等，可以归入遗产债务范围内。

认定被继承人生前债务时，还有一些特殊情况需要具体分析：

第一，被继承人生前所欠个人债务与继承人有直接关联。在实践中，有些债务是以被继承人的名义欠下的，但是该债务的产生原因与继承人有直接关联。一种情况是被继承人为了满足继承人求学、就医、结婚、购房等需求而以个人名义欠下的债务。对于这类债务，应该区别对待，如果该笔债务产生之时被继承人对继承人负有法定的扶养义务，则应该纳入遗产债务的范围内，否则应该由受益人自行承担。另一种情况是由于继承人没有尽到法定扶养义务，被继承人迫于生存所需对外所欠的债务。对于这类债务，有人认为被继承人生前可以通过诉讼途径进行救济，除有委托代理法律关系以外，应

① 德国1919年《税收通则法》运用债的理念和观点对税收进行了界定，把税收法律关系定性为国家对纳税人请求履行税收债务的关系。日本著名税法学者金子宏教授也认为，“税收法律关系最基本的内容，是国家对纳税人要求所谓税收这一金钱给付的关系，所以把它作为基本的原理性的债务关系来把握，其理由十分充分”（参见［日］金子宏：《日本税法原理》，刘多田等译，中国财政经济出版社1989年版，第20页）。

当属于被继承人的个人债务，不能由继承人承担①。笔者以为，在我国现行法律中，特定亲属之间的相互扶养，是一种法定义务，如果被继承人生前未予主张就不需要承担责任，不仅使法定义务形同虚设，而且还会助长逃避法定义务的行为，因此，这类债务不宜纳入遗产债务范围内，而应该由法定义务人负责偿还。

第二，附条件的遗产债务。附条件法律行为由于条件成就与否具有不确定性，如果等待确定后再作清偿可能会妨碍遗产处理程序的正常进行，因此需要立法对其专门做出规定。比如《日本民法典》第 930 条第 2 项规定："对于附条件的债权或者存续期间不确定的债权，应按家庭法院选任的鉴定人的估价，予以清偿"②。《德国民法典》第 1986 条第 2 款规定："债务的清偿在目前不能实行的，或者债务有争议的，仅在向债权人提供担保时，始可以进行遗产的交付。对于附条件的债权，在条件成就的可能性为期甚远，致使债权不具有当前的财产价值时，无须提供担保"③。我国立法未予规定，有学者主张由债权人与继承人通过协商解决，经协商无法解决时，可以诉请人民法院酌情估价清偿或者由人民法院选定鉴定人评定其数额④。笔者以为，酌情估价的判断标准过于模糊，难以操作，不妨借鉴企业破产法的做法⑤，将附条件债权涉及的财产进行提存，等待所附条件成就与否确定以后，再将该笔财产交付给相应的权利人。

第三，附期限的遗产债务。附期限的债务作为遗产债务在各国都得到认可，但如何偿付有两种做法。一种是法国的做法，对于未到期的遗产债务，其债权人不得求偿，债权也不停止计算利息⑥。另一种是日本的做法，对于未届清偿期的债权，也应该同其他债权人一样予以清偿⑦参见比较而言，法国的

---

① 参见徐文文：《被继承人债务清偿纠纷审判实务若干问题探讨——兼论遗产债务清偿制度的完善》，载《东方法学》2014 年第 4 期。

② 参见王书江：《日本民法典》，中国法制出版社 2000 年版，第 169 页。

③ 参见杜景林、卢谌：《德国民法典全条文注释》，中国政法大学出版社 2015 年版，第 1156 页。

④ 参见刘春茂：《中国民法学·财产继承》，中国人民公安大学出版社 1990 年版，第 566 页。

⑤ 《企业破产法》第 117 条规定："对于附生效条件或者解除条件的债权，管理人应当将其分配额提存。管理人依照前款规定提存的分配额，在最后分配公告日，生效条件未成就或者解除条件成就的，应当分配给其他债权人；在最后分配公告日，生效条件成就或者解除条件未成就的，应当交付给债权人。"

⑥ 参见《法国民法典》第 864 条。

⑦ 参见《日本民法典》第 930 条第 1 项。

做法使遗产分割处理难以终结，日本的做法则更加合理。学者在肯定日本做法的同时还进一步指出，应当扣除自实际清偿之日到清偿期到来之时这段时间的利息①。这种做法堪称合理，值得赞同。

（三）继承开始时的债务

被继承人死亡之时为继承开始的时间，继承的开始将导致遗赠、遗赠抚养协议、遗产酌给、必留份、特留份等发生效力，相应的权利人可以依法对遗产主张权利。继承开始时的债务应该包括哪些？由于我国立法未予规定，在理论上也有不同的观点。笔者以为，继承开始时的债务应该包括遗赠之债、遗赠抚养协议之债、遗产酌给之债和必留份之债，至于特留份，将其性质认定为继承权更加合适，不属于继承开始时的债务。

1．遗赠

根据我国继承法，遗赠是指被继承人通过遗嘱的方式，将其遗产的一部分或全部赠予法定继承人以外的人的一种民事法律行为。受遗赠人取得的究竟是物权还是债权，各国立法并不一致。按照史尚宽先生的观点，遗赠究竟发生何种效力，取决于民法的规定及物权变动的基本立场。在采取意思主义的法国民法和日本民法中，物权因意思表示而发生移转的效力，故采物权效力说为妥；而在采取形式主义的德国、奥地利以及瑞士的民法中，动产所有权的转移须经交付，不动产所有权的转移须经登记。所以除了继承人指定或者是为继承人指定外，无论概括遗赠还是特定遗赠，都只有债权的效力②。

在大陆学界，多数人认为遗赠只发生债权效力③，也有少数学者认为受遗赠人如果接受遗赠即获得遗赠物的所有权，享有物上请求权④。还有学者认为

① 参见刘春茂：《中国民法学·财产继承》，中国人民公安大学出版社1990年版，第565－566页。

② 参见史尚宽：《继承法论》，中国政法大学出版社2000年版，第516页。

③ 参见张玉敏：《继承法律制度研究》，法律出版社1999年版，第162－163页；张平华、刘耀东：《继承法原理》，中国法制出版社2009年版，第428页；陈苇：《外国继承法比较与中国民法典继承编制定研究》，北京大学出版社2011年版，第560页；马俊驹、余延满：《民法原论》（第4版），法律出版社2013年版，第955页；王利明：《物权法研究》，中国人民大学出版社2013年版，第291页。

④ 参见王丽萍：《婚姻家庭继承法学》，北京大学出版社2004年版，第451页。

其既不同于物权也不同于债权，而是具有独立的法律效力①。我国物权法第29条规定："因继承或者受遗赠取得物权的，自继承或者受遗赠开始时发生效力。"该条规定赋予了遗赠导致物权变动的效力，引起了学界广泛的探讨。笔者以为，在我国当前的立法模式之下，将遗赠认定为债权更合适。这是因为：

首先，从继承立法和司法实践来看，在清偿被继承人依法应缴纳的税款和债务之后，受遗赠人才能取得遗赠物，并且在遗产分割完毕发现还有债务未获清偿的，受遗赠人也应该返还所获财产用于清偿②。这一做法实际上是将其他债权人的利益置于受遗赠人之前，如果认为受遗赠人取得的是物权，这种做法明显不符合物权优先于债权的一般原理，所以继承法及其司法解释其实是否定了受遗赠人物权人的法律地位的。

其次，从物权变动的模式来看，我国原则上实行债权形式主义，特殊情况下采取债权意思主义，但是，遗赠的物权变动不宜采取意思主义。"因为遗赠是通过遗嘱做出的，而遗嘱通常具有秘密性，第三人无法知晓，且受遗赠人为法定继承人以外的人，范围很广"③，故将遗赠定性为债权更为合理。至于物权法第29条中"受遗赠开始"的时间，不能理解为遗赠生效之时，而应该进行目的性扩张解释，界定为动产交付之时或者不动产物权转移登记之时，在受遗赠开始以后交付及登记之前，受遗赠人只享有债权。

2. 遗赠抚养协议

遗赠抚养协议是受扶养人与扶养人之间关于扶养人扶养受扶养人，受扶养人将财产遗赠给扶养人的协议。遗赠抚养协议属于双务有偿行为，其内容的实现具有阶段性。对于扶养人来说，从协议生效时就应该履行扶养义务，对于受扶养人来说，只有在其死亡之时遗赠才发生效力。因此，随着受扶养人的死亡，扶养人可以作为债权人主张权利。

---

① 参见郭明瑞、房绍坤、关涛：《继承法研究》，中国人民大学出版社2003年版，第144页；刘春茂：《中国民法学·财产继承》，中国人民公安大学出版社1990年版，第486－487页。

② 继承法第33条规定："继承遗产应当清偿被继承人依法应当缴纳的税款和债务"。《最高人民法院关于贯彻执行〈中华人民共和国继承法〉若干问题的意见》第62条规定："遗产已被分割而未清偿债务时，如有法定继承又有遗嘱继承和遗赠的，首先由法定继承人用其所得遗产清偿债务；不足清偿时，剩余的债务由遗嘱继承人和受遗赠人按比例用所得遗产偿还；如果只有遗嘱继承和遗赠的，由遗嘱继承人和受遗赠人按比例用所得遗产偿还。"

③ 参见房绍坤：《遗赠能够引起物权变动吗》，载《当代法学》2012年第6期。

3. 酌给遗产

遗产酌给制度以扶养关系为依据，体现了死后扶养的人道主义精神。在其他立法中，遗产酌给请求权一般被认定为债权，属于法定的遗产债务。比如《德国民法典》第1969条、《瑞士民法典》第606条规定，在被继承人死亡时与其共同生活且由其供养的家庭成员，可以主张继承开始后30天的生活扶养请求权。我国台湾地区所谓“民法”第1149条也明文规定：“被继承人生前继续扶养之人，应由亲属会议依其所受扶养之程度及其他关系，酌给遗产。”英国《继承法（家庭和被扶养人的供养）》中，被继承人全部或部分供养的人员及其他共同居住者，在被继承人死亡后可以提出合理的供养费请求权[①]。澳大利亚也有类似做法[②]。

我国的遗产酌给制度并不是继受外国立法例而来，而是沿袭我国固有的制度[③]。按照继承法第14条的规定，“对继承人以外的依靠被继承人扶养的缺乏劳动能力又没有生活来源的人，或者继承人以外的对被继承人扶养较多的人，可以分给他们适当的遗产”，这里的继承人以外的人一般认为是应召继承人之外的人。国内学界普遍认为酌给遗产的性质属于债权，笔者也认同此说。

4. 必留份

必留份是我国继承法为保护缺乏劳动能力又没有生活来源的法定继承人的利益而专门设置的制度[④]。与域外的特留份相比较，我国的必留份制度有如下特点：一是主体范围不同。我国仅限于缺乏劳动能力又没有生活来源的法定继承人，即所谓的“双缺人”，对于其在法定继承人中的顺位没有特别要求；域外的特留份权主体为特定范围内的法定继承人，不考虑其劳动能力和生活条件，但都是与被继承人关系极为密切、继承顺位靠前的法定继承人。二是遗产份额标准不同。我国对必留份的份额标准没有具体规定，所谓“必要的遗产份额”主要由法官根据实际情况来判定，缺乏可操作性；域外立法

---

① 参见蒋月：《英国婚姻家庭制定法选集》，法律出版社2008年版，第80－81页。

② 参见陈苇：《外国继承法比较与中国民法典继承编制定研究》，北京大学出版社2011年版，第402－403页。

③ 参见林秀雄：《继承法讲义》，元照出版有限公司2009年版，第86页。

④ 继承法第19条规定：“遗嘱应当对缺乏劳动能力又没有生活来源的继承人保留必要的遗产份额。”《最高人民法院关于贯彻执行〈中华人民共和国继承法〉若干问题的意见》第37条也规定：“遗嘱人未保留缺乏劳动能力又没有生活来源的继承人的遗产份额，遗产处理时，应当为该继承人留下必要的遗产，所剩余的部分，才可参照遗嘱确定的分配原则处理。”

对不同主体的特留份份额均有明确的规定。三是权利优先性不同。我国司法实践中，即使遗产不足以清偿债务，也应该先满足必留份权利人的利益①；域外立法中的特留份权利只能在债务清偿以后才能够实现。四是立法宗旨不同。必留份以权利人的生存需要为出发点，体现了对弱者利益的保护；特留份考虑的是亲属关系的远近，体现了亲情关系的维持。

由于必留份和特留份有着上述区别，不少学者主张未来的立法在增设特留份的基础上，可以继续保留必留份制度②。如果继续保留必留份，那么必留份权的性质应该如何认定呢？有学者认为它是一种继承财产的权利③。笔者以为，尽管必留份的权利主体限于法定继承人，与特留份有类似之处，但是将必留份权定性为债权更为合适。这是因为：首先，必留份的立法宗旨是生存保障，是近亲属之间法定扶养义务的延伸，属于生活扶养费的范畴，而生活扶养费一般都属于请求权，应该归入债权；其次，将其定性为债权可以实现不同制度的协调，因为在《民事诉讼法》中，被扶养家属的生活必需费用在理论上普遍认为是具有优先受偿效力的债权④，必留份权与被执行人家属的生活必需费用在功能和目的上是一致的，应该做同一理解。最后，将必留份权定性为债权，并且赋予其优先受偿的效力，更容易解释为什么必留份可以优先于其他债权以及继承权获得支付的事实。

5. 特留份是否属于遗产债务

特留份指在遗嘱继承中，必须为特定的法定继承人保留一定遗产份额的制度。大陆法系各国普遍规定了特留份制度，如《德国民法典》第 2303 条规定，被继承人的直系卑亲属、父母和配偶如果因遗嘱而被排除于继承顺序之外的，可以向继承人请求特留份，特留份为法定应继份的一半。瑞士、日本、法国、意大利等域外立法虽然在权利人范围和份额多少上有所差异，但均规

---

① 《最高人民法院关于贯彻执行〈中华人民共和国继承法〉若干问题的意见》第 61 条规定："继承人中有缺乏劳动能力又没有生活来源的人，即使遗产不足清偿债务，也应为其保留适当遗产，然后再按继承法第三十三条和民事诉讼法第一百八十条的规定清偿债务。"

② 参见杨立新：《继承法修订入典之重点问题》，中国法制出版社 2016 年版，第 112 页；陈苇：《外国继承法比较与中国民法典继承编制定研究》，北京大学出版社 2011 年版，第 349 页；许莉：《我国继承法应增设特留份制度》，载《法学》2012 年第 8 期。

③ 参见刘春茂：《中国民法学・财产继承》，中国人民公安大学出版社 1990 年版，第 408 页。

④ 《中华人民共和国民事诉讼法》第 243 条规定："被执行人未按执行通知履行法律文书确定的义务，人民法院有权扣留、提取被执行人应当履行义务部分的收入。但应当保留被执行人及其所扶养家属的生活必需费用。"

定了特定近亲属的特留份权利①。特留份不考虑继承人是否有经济困难，而是根据血缘、婚姻等身份关系确定的，它体现了对亲属关系和家庭秩序的维持“是立法者在法定家庭继承和遗嘱自由之间作的一项妥协”②。

严格说来，我国现行法并没有规定特留份制度。早期曾经有学者认为，遗嘱除了应该为缺乏劳动能力又没有生活来源的继承人保留必要的遗产份额以外，在社会主义条件下，凡有劳动能力的继承人都可以通过自己的劳动，以保障自己的基本生活需要，因而没有必要保留特留份制度③。但是随着理论研究的深入，越来越多的学者认为继承法应该支持家庭成员的互助关怀并维持亲属之间的伦理情感，在未来的立法中规定特留份已经成为学界的共识。

关于特留份的性质，各国立法和学界观点并不相同。在立法上主要有两种做法：一种以法国、瑞士、日本为代表，将特留份权界定为法定继承权，因为特留份权是法定继承人才能享有的权利，被认为是法定继承权的一种表现；另一种以德国为代表，将其认定为债权，如《德国民法典》明文规定，权利人“可以向继承人请求特留份”（第2303条），在特留份权利人的应继份额不足法定应继份的一半时，可以向共同继承人请求补足（第2305条），足以表明其债权的性质。在大陆学界，对特留份权性质的认定也各不相同，有的认为属于法定继承权④，有的认为属于遗产债权⑤。

两种不同的观点在法律效果上会产生下列区别：一是继承权的放弃或丧失对特留份权的影响。如果将特留份权认定为法定继承权，当继承人放弃或丧失继承权时，特留份权也不复存在；如果将其认定为债权，则不受继承权放弃或丧失的影响。二是在遗产分割方式上，如果认定为法定继承权，特留份权利人以实物分割为原则，金钱补偿为例外；如果将其认定为债权，金钱补偿已足矣，这样可以避免对被继承人的财产进行零散分割。不论哪种性质，

① 参见《瑞士民法典》第471条、《日本民法典》第1028条，《法国民法典》第913条，《意大利民法典》第536条，我国台湾地区所谓“民法”第1223条。

② 参见［德］雷纳·弗兰克、托比亚斯·海尔姆斯：《德国继承法》，王葆时、林佳业译，中国政法大学出版社2015年版，第199页。

③ 参见房绍坤、郭明瑞、唐广良：《民商法原理（三）》，中国人民大学出版社1999年版，第673－674页。

④ 参见吴国平：《我国财产继承制度立法研究》，厦门大学出版社2014年版，第122页；刘耀东：《继承法修改中的疑难问题研究》，法律出版社2014年版，第224页。

⑤ 参见张玉敏：《继承法律制度研究》，法律出版社1999年版，第170页；陈苇：《外国继承法比较与中国民法典继承编制定研究》，北京大学出版社2011年版，第560页。

特留份都是在清偿完其他债务之后再进行计算，即以遗嘱人遗留的积极财产为基数，并且在权利实现的顺序上，各国对特留份权的安排也大体一致，因此，特留份权性质的选择更多是一个立法政策问题。我国现行法并没有规定特留份制度，在未来的立法中，笔者认为将其定性为法定继承权更加符合权利的本旨，因为它与法定继承权的出发点都是亲情伦理和家庭维持。

（四）继承费用

继承费用是指为进行遗产管理、分割、遗嘱执行以及处理相关后事所产生的费用。各国立法对继承费用都予以了专门规定，如《日本民法典》第885条将其称为“有关继承财产的费用”；我国台湾地区所谓“民法”第1150条规定：“关于遗产管理、分割及执行遗嘱之费用，由遗产中支付之。”

一般来说，继承费用主要包括以下几个方面：一是遗产保管相关的费用，包括遗产管理费和遗产管理人的报酬、做成遗产目录清册的费用等；二是遗嘱执行的费用，包括遗嘱的鉴定费、告知费、遗嘱执行人的报酬等；三是遗产分配的费用，包括变卖、拍卖、分割遗产的费用等。继承费用发生于继承开始之后，其目的是为了遗产清理和分配工作的顺利开展，对所有的遗产债权人、继承人和其他利害相关人都有利，因此各国立法通常都优先从遗产中予以支付。但如果该项费用是因为继承人或遗产管理人、遗嘱执行人的过失造成的，则由相应的行为人自行承担，不能从遗产中支付。在继承费用的认定中，以下两个问题值得探讨：

1. 死者丧葬费是否属于继承费用

对于这一问题，立法上有三种不同的做法：第一，明文将丧葬费纳入继承费用范围内，用遗产优先支付，比如依照《瑞士民法典》第474条规定，在计算被继承人死亡时的财产状况时，应该从中扣除被继承人的丧葬费。《葡萄牙民法典》第2068条也规定，被继承人的丧葬开支及附随的宗教仪式的开支，属于遗产负担的范围。第二，明文将丧葬费排除在继承费用之外，比如《德国民法典》第1968条明文规定，“继承人负担被继承人的殡葬费用”。第三，并未在继承制度中对丧葬费单独规定，而是在民法典关于优先权的部分将丧葬费作为优先权（先取特权）的一种进行规定，如日本、意大利等都是如此[①]。

国内学者对丧葬费的性质也提出了不同观点。一种观点认为，应该根据被继承人死亡时是否存在对其负有法定义务的继承人而定。如果存在负有法定扶养义务的继承人，对被继承人生养死葬是其法定义务，丧葬费就应该是继承人的义务而不是被继承人的债务；如果没有负有法定义务的继承人，丧葬费就属于被继承人的个人债务[②]。还有观点认为，应该根据立法模式来确定。如果未来的立法中规定了优先权，并将丧葬费作为一般优先权的一种，则继承法就不必把丧葬费列为继承费用；如果没有规定优先权，丧葬费也可以作为继承费用的一种[③]。第三种观点认为，丧葬费既不能列入继承费用，也不能列入遗产债务范围，而应当是继承人自身的债务[④]。

笔者认为第一种观点更为合理。在负有法定扶养义务的亲属之间，扶养义务不仅表现为生存期间的照料，还表现为死亡以后的安葬，丧葬费用理应由法定义务人承担；如果死者没有相应的法定义务人，则应该由其遗产来支付丧葬费。要特别说明的是，对于被继承人的墓地费用，如果是被继承人生前自行购买或委托继承人购买，相关费用应该属于被继承人生前所欠债务；如果被继承人的墓地是在办理安葬事务时才购买，相关费用则应该按照丧葬费处理。

2．遗产诉讼费用是否属于继承费用

大多数的立法并没有对遗产诉讼费进行专门规定，但是有的立法将诉讼费作为享有优先权的费用，也可以在遗产中予以支付[⑤]。我国也有学者认为，继承费用应该包括诉讼费用[⑥]。

对于这一问题，笔者认为应该根据诉讼的原因和目的进行区别对待：如果遗产诉讼是为了保持遗产的完整性，即维护所有受益人的共同利益，那么该笔诉讼费可以作为继承费用；如果是继承人之间产生的继承权纠纷，则不应该将诉讼费纳入继承费用的范围内。

---

① 参见《日本民法典》第306条，《意大利民法典》第2751条。

② 参见陈苇：《外国继承法比较与中国民法典继承编制定研究》，北京大学出版社2011年版，第546－547页；杜江涌：《遗产债务法律制度研究》，群众出版社2013年版，第177页。

③ 参见郭明瑞、房绍坤、关涛：《继承法研究》，中国人民大学出版社2003年版，第160页。

④ 参见蒙冬梅：《论遗产债务的清偿》，载《广西师范学院学报（哲学社会科学版）》2006年第2期。

⑤ 参见《法国民法典》第2375条。

⑥ 参见陈苇、宋豫：《中国大陆与港、澳、台继承法比较研究》，群众出版社2007年版，第408页。

三、遗产债务清偿顺序

（一）国外立法关于遗产债务清偿顺序的规定

遗产债务的清偿顺序始于罗马法，早在罗马法中，就要求在不损害优先权人的限度内，继承人依债权人告知的顺序而进行清偿①。此后，按照一定的顺序清偿遗产债务逐渐成为各国普遍认同的清偿原则。

大陆法系各国继承制度均对遗产债务的清偿顺序问题进行了规定。比如《瑞士民法典》第474条规定，计算被继承人可处分的遗产时，应该扣除被继承人的债务、丧葬费、遗产的封存费、财产目录的编制费，以及家庭成员一个月的生活费；第564条第1项规定，被继承人的债权人的请求权，优先于受遗赠人的请求权；第590条第3项规定，享有担保物权的债权任何时候均可以行使其权利。再如《日本民法典》第885条规定，继承费用首先由遗产承担；第929条规定，限定继承人应以继承财产对已经申报的债权及其他已知债权人按各债权的比例予以清偿，但是不得侵害有优先权的债权人的权利；第931条规定，受遗赠人只能在其他债权获得清偿后才能够清偿。我国台湾地区所谓“民法”第1150条规定了继承费用的优先受偿权；第1159条规定，对于在一定期限内已经申报的债权及继承人所已知的债权，应按照其数额比例计算，以遗产分别偿还，但不得损害优先权人的利益；第1160条规定，继承人只有在偿还债务以后才能交付遗赠。

总体来看，大陆法系关于遗产债务清偿顺序的规定较为零散，通常是在论及相应权利的时候予以规定，因此大都分散在不同的章节和条文中。学者对这些零散的规定进行整理后发现，各国通常按照下列顺序受偿：第一顺序是继承费用；第二顺序是被继承人的个人债务，其中担保债务优先于普通债务受偿；第三顺序是继承开始时产生的债务，包括临时扶养费、特留份（遗嘱扶养费）债务和遗赠债务②。

---

① 参见史尚宽：《继承法论》，中国政法大学出版社2000年版，第289页。

② 参见陈苇：《外国继承法比较与中国民法典继承编制定研究》，北京大学出版社2011年版，第551页。

（二）我国关于遗产债务清偿顺序的立法与学说

关于遗产债务清偿顺序的规定零散见于继承法和相关法律、司法解释中。继承法第5条规定："继承开始后，按照法定继承办理；有遗嘱的，按照遗嘱继承或者遗赠办理；有遗赠扶养协议的，按照协议办理。"第33条规定："继承遗产应当清偿被继承人依法应当缴纳的税款和债务，缴纳税款和清偿债务以他的遗产实际价值为限。"第34条规定："执行遗赠不得妨碍清偿遗赠人依法应当缴纳的税款和债务。"第19条规定："遗嘱应当对缺乏劳动能力又没有生活来源的继承人保留必要的遗产份额。"《最高人民法院关于贯彻执行〈中华人民共和国继承法〉若干问题的意见》第61条规定："继承人中有缺乏劳动能力又没有生活来源的人，即使遗产不足清偿债务，也应为其保留适当遗产，然后再按继承法第三十三条和民事诉讼法第一百八十条的规定清偿债务。"第62条规定："遗产已被分割而未清偿债务时，如有法定继承又有遗嘱继承和遗赠的，首先由法定继承人用其所得遗产清偿债务；不足清偿时，剩余的债务由遗嘱继承人和受遗赠人按比例用所得遗产偿还；如果只有遗嘱继承和遗赠的，由遗嘱继承人和受遗赠人按比例用所得遗产偿还。"

上述零散的规定主要涉及税款和债务、遗赠抚养协议、执行遗赠、保留必留份以及继承遗产等方面，综合上述条文可以看出其先后顺序大致为：保留必留份—缴纳税款和清偿债务—执行遗赠抚养协议—执行遗赠—继承遗产。

这些规定对于遗产债务的有序清偿具有一定的指导意义，但是就目前看来，已经存在严重的缺陷和不足，亟须立法的完善。首先，我国立法对遗产债务的分类过于粗糙，对继承费用、遗产酌给之债等问题没有涉及；其次，随着社会经济的发展，被继承人生前所欠债务较为复杂，除了公法上的税款以外，私法上的债务性质也更加多样，比如开办独资企业、合伙企业等欠付的企业职工工资和社会保险费等，上述各项债务的清偿顺序不能一概而论；再次，作为清偿顺序重要依据的1982年《中华人民共和国民事诉讼法（试行）》几经更迭①，现有的民事诉讼法第180条已经不再是关于债务清偿顺序的规定，原条文所涉债务之间的清偿顺序已经无法可依。最后，从目前来看，

① 1982年《民事诉讼法（试行）》第180条规定："被执行人被执行的财产，不能满足所有申请人要求的，按下列顺序清偿：（一）工资、生活费；（二）国家税收；（三）国家银行和信用合作社贷款；（四）其他债务。不足清偿同一顺序的申请人要求的，按比例分配。"

遗产破产制度短期内还不大可能建立，当遗产负债高于资产时，只能依赖继承制度的规则进行分配，所以，遗产债务的类型划分和清偿顺序对于债权人利益影响重大，更加需要仔细地斟酌和考查。

针对现行法的不足，理论界提出了不少立法建议，主要包括三顺序说①、四顺序说②、五顺序说③、六顺序说④、七顺序说⑤、八顺序说⑥、九顺序说⑦、十顺序说⑧等等。由于遗产债务的细化程度不同，顺序数量的多少并不能表明各种观点的本质差异，因此，重要的不是顺序的多少，而是对遗产债务范围认识的差异以及对不同债权背后法益的衡量与取舍。经过仔细比较，笔者发

---

① 第一顺序是优先债权；第二顺序是普通债权；第三顺序是遗赠。（参见刘春茂：《中国民法学·财产继承》，中国人民公安大学出版社 1990 年版，第 568－570 页。）

② 第一顺序是遗产管理费用；第二顺序是被继承人生前扶养的、无劳动能力的人的必要生活费用；第三顺序是被继承人生前所负债务；第四顺序是遗赠。（参见张玉敏：《中国继承法立法建议稿及立法理由》，人民出版社 2006 年版，第 67 页。）

③ 第一顺序是继承费用；第二顺序是被继承人的有物上担保权的债务；第三顺序是被继承人的普通债务；第四顺序是未于公告期内申报并为继承人及遗产管理人所不知的被继承人的债务；第五顺序是受遗赠人及遗嘱继承人的应受份额。（参见郭明瑞、房绍坤、关涛：《继承法研究》，中国人民大学出版社 2003 年版，第 159 页。）

④ 第一顺序是共益费用；第二顺序是确为维持生存所需要的特留份、酌给遗产；第三顺序是有担保的债权；第四顺序是遗赠扶养协议之债、劳动债权；第五顺序是死者生前所欠的第三、第四顺序以外的债务；第六顺序是遗赠。（参见杜江涌：《遗产债务法律制度研究》，群众出版社 2013 年版，第 229 页。）

⑤ 第一顺序是共益费用；第二顺序是劳动和社会保障之债；第三顺序是必遗份之债；第四顺序是维系生存必要的酌分遗产之债；第五顺序是普通债务和遗赠扶养协议之债；第六顺序是尽抚养义务较多之人的酌分遗产之债；第七顺序是遗赠之债。（参见徐梦堃、张华贵：《我国遗产债务清偿顺序研究》，载《广西警官高等专科学校学报》2016 年第 2 期。）

⑥ 第一顺序是继承费用；第二顺序是有优先权的债务；第三顺序是必遗份以及确为维持生存所需要的酌给遗产；第四顺序是劳动工资、医疗保险等债务；第五顺序是死者生前所欠的税款及第二、三顺序以外的普通债务；第六顺序是遗赠抚养协议之债；第七顺序是特留份之债；第八顺序是遗赠之债。（参见陈苇：《外国继承法比较与中国民法典继承编制定研究》，北京大学出版社 2011 年版，第 561 页。）

⑦ 第一顺序是酌分遗产之债、为维护生产所需的特留份之债、被继承人生前人身侵权之债、工资等劳动报酬之债；第二顺序是继承费用；第三顺序是生前所负医疗费、无因管理债务、遗赠抚养协议之债等因护理、扶助、赡养而形成的有对价的债；第四顺序是附特殊优先权及其他担保物权的生前债务；第五顺序是被继承人生前所负的对国家的税、费、罚款等；第六顺序是其他有对价的生前债务；第七顺序是遗产税；第八顺序是生前赠与及其他生前成立的无对价的负债；第九顺序是遗赠债务。（参见张力：《遗产债务清偿的顺序》，载《广西社会科学》2003 年第 1 期。）

⑧ 第一顺序是继承费用和共益费用；第二顺序是发生于税款之前的有担保的债务；第三顺序是必遗份、工资、劳保费之债，以及确为维持生活需要的酌给遗产之债；第四顺序是税款；第五顺序是发生于税款之后的有担保的债务；第六顺序是普通债务；第七顺序是遗赠抚养协议之债，第八顺序是为对被继承人尽抚养义务较多之人的酌给遗产之债；第九顺序是特留份之债；第十顺序是遗赠之债。（参见陈苇：《我国遗产债务清偿顺序的立法构建》，载《法学》2012 年第 8 期。）

现上述观点主要的分歧在于以下几点：一是继承费用与必留份之间的先后；二是遗产酌给之债是否要区分生存所需的酌给遗产和其他酌给遗产；三是税款的清偿顺序如何安排；四是遗赠抚养协议之债与普通债务之间的先后。这不仅仅是简单的顺序之差，而是不同价值和利益之间的权衡与选择。

（三）我国遗产债务清偿顺序的原则及安排

遗产债务的清偿顺序不仅体现了一个国家对交易安全、弱者保护、公平诚信等法律原则的综合衡量，还影响到法律体系和价值取向的协调统一。笔者以为，在遗产债务清偿顺序安排中，应当遵循的基本原则包括以下几个方面：

1. 继承费用随时偿付的原则

继承费用是遗产处理过程中必须支出的费用，是保证遗产处理顺利进行和全体受益人共同利益的费用。继承费用与破产程序中的破产费用和共益债务在本质上是一致的，如果继承费用不能及时偿付，遗产处理程序将无法进行，因此，首先偿付继承费用是许多国家共同的做法。比如在日本法中，继承费用属于享有先取特权的共益费用，而“共益费用的先取特权，对于受其利益的全体债权人，均有优先的效力”①。

我国继承法没有规定继承费用的问题，但是企业破产法的相关规定却体现了破产费用和共益费用的首先受偿地位。企业破产法第 113 条规定，破产财产只有在优先清偿破产费用和共益债务后，才用来清偿其他债务。自然人的死亡和企业破产的法律后果相似，都要对民事主体消灭之际的财产关系进行清理，相关费用的清偿顺序也具有借鉴性。在未来的立法中，应该学习国外的做法，同时也是和企业破产法的精神保持一致，赋予继承费用优先于其他各项债权受偿的地位。

2. 生存利益优先的原则

生存权是最基本的人权。《经济、社会及文化权利国际公约》第 11 条第 1 款规定：“人人有权为他自己和家庭获得相当的生活水准，包括足够的食物、衣着和住房，并能不断改进生活条件。”但是，生存利益的层次和必要程度是不同的，它既包括以满足温饱维续生命为目的的最低限度需求，也包括改进

① 参见《日本民法典》第 307 条、第 329 条。

生活条件、维持相当生活水准的需求，不同层次利益的保障程度是不同的。在遗产债务中，有三项债务与生存利益相关：一是必留份之债；二是以维持生存为目的的遗产酌给之债；三是被继承人生前所欠的职工工资、医疗、伤残补助、抚恤费用，以及应当划入职工个人账户的基本养老保险费、基本医疗保险费等。笔者以为，上述债务体现了不同层次的生存利益，其受偿顺序不应该完全一样。

首先，关于必留份之债。必留份之债的权利人为缺乏劳动能力又没有生活来源的法定继承人，其目的是为了维持他们的最低限度生存，而且被继承人对他们负有法定的扶养义务，因此，应该给予特别保障，将其置于继承费用之后进行清偿。

其次，关于维持生存的遗产酌给之债。虽然受益人为缺乏劳动能力又没有生活来源的人，但是被继承人对他们并没有法律上的扶养义务，如果不考虑遗产是否足以清偿债务就让其获得偿付，是将本应由国家承担的义务不合理地转嫁给债权人。因为按照宪法的规定，给予物质帮助和救济是国家应该承担的义务①，而且随着国力的增强和社会保障体系的构建，国家和社会承担养老育幼的职责已无现实障碍。有的学者还将酌给之债分为生存所需和非生存所需，笔者以为，酌给遗产都是以人情道义为基础，没必要按照功能再细分，也不宜在其他债务之前进行偿付，可以将其置于遗赠之债的前面。

最后，关于被继承人生前所欠的职工工资和社会保险费用等。这些费用涉及职工及家庭成员的生存和发展，需要法律给予特别保护，但是在顺序上不应该高于有担保的债权，可以在税款之前受偿，这不仅是保障交易安全的要求，也体现了和企业破产法内在价值的统一性。

3. 维护交易安全的原则

确保交易安全是现代经济活动的基本准则之一，遗产继承与企业破产都是在主体消灭之际对遗留的财产关系进行清理，二者在价值目标上存在共通之处。在企业破产的情况下，担保物权人可以不受破产程序的限制就担保财产别除受偿；在遗产债务清偿中，有物权担保的债权也应该享有类似的保护。

① 《中华人民共和国宪法》第45条规定："中华人民共和国公民在年老、疾病或者丧失劳动能力的情况下，有从国家和社会获得物质帮助的权利。国家发展为公民享受这些权利所需要的社会保险、社会救济和医疗卫生事业。"

有人主张发生于税款之前的有担保债务在税款之前受偿，发生于税款之后的有担保债务在税款之后受偿[①]，笔者认为这种做法有失妥当。

首先，上述做法出自2001年税收征收管理法第45条[②]，这一规定已被2006年企业破产法第109条所摒弃[③]，企业破产法第132条并不是要对有担保之债按照发生时间进行区别对待[④]，而是解决企业破产法颁布前后破产案件法律适用的过渡性措施，因此，就企业破产法的基本立场来说，有物权担保的债权在税款之前受偿当无疑义。

其次，将有物权担保的债权置于税款之前是合乎法理的。担保物权历来被认为是最安全、最有效的债权保障手段，如果有担保的债权不能得到有效保护，就很难有交易安全可言，将税款置于有物权担保的债权之后体现了对交易安全的维护。另外，税款不具有公示性，第三人无法知晓其数额，将其置于有物权担保的债权之前将会破坏债权人的预期。有物权担保的债权优先受偿还在于物权优先于债权的原理，税款虽然属于国家，但其为债权，有担保的债权则因为担保物权的存在而具有了优先于其他债权受偿的效力。

最后，即使与被继承人生前所欠的无物权担保的普通债务相比较，税款也不宜优先受偿。在我国现行法中，税款被赋予优先于一般债权的效力，这种做法隐含着国家利益至上的观念，虽然税款整体上具有社会公共福利的公益属性，但是具体到每一笔税款中，其公益性却未必那么突出，过分强调税款的优先性将会损害交易安全，增加交易风险[⑤]。研究表明，“没有任何迹象表明对税收优先权的废除会影响国库的收入。相反，却有许多债权人被迫放弃他们合理正当的请求权，以便使政府能得到优先受偿”[⑥]。正是因为税收优

---

① 参见陈苇：《我国遗产债务清偿顺序的立法构建》，载《法学》2012年第8期。

② 2001年《税收征收管理法》第45条规定：“税务机关征收税款，税收优先于无担保债权，法律另有规定的除外；纳税人欠缴的税款发生在纳税人以其财产设定抵押、质押或者纳税人的财产被留置之前的，税收应当先于抵押权、质权、留置权执行。”该条文使产生在先的税收之债成为优先于别除权的超级优先权，这一做法是否妥当，在理论上存在较大争议。

③ 企业破产法第109条规定：“对破产人的特定财产享有担保权的权利人，对该特定财产享有优先受偿的权利。”

④ 企业破产法第132条规定：“本法施行后，破产人在本法公布之日前所欠职工的工资和医疗、伤残补助、抚恤费用，所欠的应当划入职工个人账户的基本养老保险、基本医疗保险费用，以及法律、行政法规规定应当支付给职工的补偿金，依照本法第一百一十三条的规定清偿后不足以清偿的部分，以本法第一百零九条规定的特定财产优先于对该特定财产享有担保权的权利人受偿。”

⑤ 参见熊伟、王宗涛：《中国税收优先权制度的存废之辩》，载《法学评论》2013年第2期。

⑥ 参见李永军：《破产法律制度》，中国法制出版社2000年版，第334页。

先会损害交易安全，在不少国家的破产法律制度中，已经废除了税款的优先受偿权①。

基于上述分析，笔者认为，税款应该与被继承人生前所欠的其他普通债务同一顺序受偿。

4. 有偿之债优先于无偿之债

交易的本质在于财货的交换互易，“债的信用结合有偿，使财富通过交易而营资本之功能”②，故有偿之债为市场交易之常态，而无偿只能作为例外。在民法的基本原理中，有对价的交易关系向来优先于无偿的财产获取。遗赠属于无须支付任何对价的单纯受益行为，应该置于最后受偿，而且，不管是有限责任继承，还是无限责任继承，继承人都只以遗产为限负执行遗赠的义务，这是各国一致的做法③。

至于遗赠抚养协议，不少人将其置于普通债务之前或者与普通债务同等顺序受偿，笔者以为这种做法未必妥当。遗赠抚养协议旨在鼓励赡养老人、扶助弱者、减轻社会负担，在本质上属于双务有偿合同，应该在无偿的遗赠之前。但遗赠抚养协议之债和普通债务相比较，则应该在普通债务之后清偿，因为普通债务是在被继承人生前就已经生效并且应该清偿的，而遗赠抚养协议关于遗赠的内容是在被继承人死亡以后才发生效力，其隐含的内容是对被继承人死后遗留的积极财产的一种处置方式，所以须在普通债务之后。当然，如果扶养人认为受扶养人生前擅自处分财产，致使扶养人无法实现受遗赠权利的，扶养人有权解除遗赠抚养协议，要求受扶养人补偿其已经付出的扶养费，此时的扶养费则可以作为被继承人生前的债务来受偿。

基于上述分析，笔者建议遗产债务的清偿可以按照下列顺序安排：第一顺序，继承费用；第二顺序，必留份之债；第三顺序，有物权担保的债权；第四顺序，职工工资、医疗、伤残补助、抚恤费用，以及应当划入职工个人账户的基本养老保险费用、基本医疗保险费用等；第五顺序，税款等公法债

---

① 比如德国1999年破产法取消了所有优先清偿权，包括税收优先权；澳大利亚新破产法也取消了原先授予税收债权的优先权；2003年英国《破产法》第176A条取消了国家优先权；2004年瑞典也取消了国家税收的优先受偿权，将政府债权作为一般普通债权对待。（参见熊伟、王宗涛：《中国税收优先权制度的存废之辩》，载《法学评论》2013年第2期。）

② 参见林诚二：《民法理论与问题研究》，中国政法大学出版社2000年版，第139页。

③ 参见张玉敏：《继承法律制度研究》，华中科技大学出版社2016年版，第94页。

务、被继承人生前所欠的其他普通债务；第六顺序，遗赠抚养协议之债；第七顺序，遗产酌给之债；第八顺序，遗赠之债。

四、共同继承人对遗产债务的责任

被继承人死亡以后，如果其继承人仅为一人，根据其实行的是无限继承还是限定继承，在责任范围内进行清偿即可。但是在大多数情况下，继承人为两人或两人以上，各共同继承人之间如何承担遗产债务，成为事关债权人利益的重要事项。

（一）共同继承人对遗产债务责任的立法例

1．连带责任主义

此种做法以德国、瑞士为典型代表。连带责任主义之下，原则上应该先清偿债务再分割遗产，对于已经按照法定程序申报或者为继承人已知的债权，无论在遗产分割之前还是之后，不论是否为可分之债，各继承人都应该承担连带责任。

连带责任主义有如下几个特点：第一，连带责任主义认为遗产是共同共有的财产，各继承人对于共同的遗产债务，以承担连带责任为原则。第二，在清偿债务和分割遗产之间，原则上先清偿债务再分割遗产。如《德国民法典》第2046条规定："遗产应当首先用来清偿遗产债务"；第2047条规定："清偿遗产债务后剩余的财产按应继份的比例归属于继承人"。《瑞士民法典》第610条规定："各共同继承人，在分割前，得请求清偿或担保被继承人的债务"。第三，对于按照法定程序申报或者继承人所已知的债权，在遗产分割之前，各继承人之间为共同共有关系，遗产作为一个整体对外清偿债务，遗产债权人可以向全体共同继承人请求清偿；即使在遗产分割之后，对于上述债权，各继承人仍然要以自己继受的遗产份额在法定期限内（一般为5年）承担连带责任。"该规定虽然严厉，但却合理：因为共同继承人本应先清偿遗产债务，再分割遗产，他们不履行该义务所引起的损失不应由债权人承担"①。

① 参见［德］雷纳·弗兰克、托比亚斯·海尔姆斯：《德国继承法》，王葆时、林佳业译，中国政法大学出版社2015年版，第198页。

如《德国民法典》规定第2058规定："各继承人对共同的遗产债务作为连带债务人负责任"。《瑞士民法典》第639条规定："对于被继承人的债务，共同继承人在遗产分割后，仍应以其全部财产，对债权人负连带责任"。我国台湾地区所谓"民法"第1153条第1款规定："继承人对于被继承人之债务，负连带责任"。

2. 分割责任主义

这种做法以法国、日本为典型代表。分割责任主义之下，如果债务给付不可分者，各共同继承人应为不可分债务人而负责；给付可分者，各共同继承人按应继份而分割承担责任①。

分割责任主义有如下特点：第一，分割责任主义沿袭罗马法个人主义的立场，认为遗产属于分别共有，在遗产分割之前，各继承人已经享有各自独立的应有部分，遗产上的义务也按照应继份而进行分割，各继承人承担的债务是按份之债。第二，在清偿债务和分割遗产之间，遗产的分割不以债务清偿为前提，遗产债务未经清偿之前，继承人仍然可以分割遗产。第三，无论是在遗产分割之前还是在遗产分割之后，各共同继承人原则上按照自己的应继份承担按份责任，继承人之间不存在连带关系。如《法国民法典》第870条规定："共同继承人按照各自受领的遗产的比例，分担清偿遗产的债务和负担。"《日本民法典》第899条规定："各共同继承人，按其应继份，承受被继承人的权利和义务。"

3. 折衷责任主义

这种做法以荷兰和葡萄牙为代表。在遗产分割前，死者的遗产债权人可以就其债权的金额，对继承遗产请求清偿，即共同责任主义或连带责任主义；但在遗产分割后，则采取分割责任主义，即对于各共同继承人，按其应继份请求清偿②。如《葡萄牙民法典》规定，未分割遗产中的财产，须共同承担遗产负担的支付；遗产分割后，各继承人仅按其从遗产中所得份额之比例承担有关负担③。

上述三种做法对遗产债权人的保护程度是不同的，连带责任主义侧重保

① 参见史尚宽：《继承法论》，中国政法大学出版社2000年版，第200页。

② 参见刘春茂：《中国民法学·财产继承》，中国人民公安大学出版社1990年版，第553页。

③ 参见《葡萄牙民法典》第2097条、第2098条第1款。

护遗产债权人利益、分割责任主义侧重保护继承人利益，折中责任主义则是两种做法的中和。

（二）我国继承法对共同继承人清偿责任的选择

虽然共同继承是遗产继承中的常态，但是我国现行法对共同继承人的责任却没有做出任何规定。笔者以为，在未来的立法中，对于共同继承人的责任问题需要从以下方面加以明确：

1. 明确清偿债务与分配遗产之间的顺序

遗产处理的顺序与共同继承有密不可分的联系，因为当继承人为一人时，义务人始终为一人，先偿债还是先分配遗产对债权人没有很大的影响，但是当继承人为多人时，遗产债权人可能要分别诉请多个继承人偿还债务，这将会增加债权实现的难度和成本，因此，在共同继承中要明确债务清偿与遗产分配之间的顺序。针对这个问题，各国主要有两种处理方式：一种是原则上先清偿债务再分配遗产，如德国和瑞士；另一种处理方式对遗产处理的顺序没有特别要求，如法国、日本。笔者认为，先清偿债务再分配遗产更加合理。这种做法使遗产处理程序更加直接简便，而且继承人对遗产的接受从根本上来说是积极财产的接受（承担无限责任的情况除外），在清偿债务以后再将积极财产分配给继承人符合这一逻辑。

需要注意的是，先清偿债务不意味着继承一开始债权人就可以要求清偿，为了清理遗产和申报债权，各国在债务清偿时间上都会加以限制。比如《德国民法典》第2014条规定："继承人在继承承认后最初3个月的期间届满前，但在不超出编造财产清册的期间内，有权拒绝清偿遗产债务。"《日本民法典》第928条规定，在公示催告的期间届满前，限定继承人可以对继承债权人及受遗赠人拒绝清偿。《瑞士民法典》第586条也规定："在编制财产目录期间，不得强制履行被继承人的债务。"我国立法也应该采纳上述做法，要求债权人在公示催告期届满以后才可以要求继承人清偿债务。

2. 明确共同继承人之间对于遗产债务承担连带责任

继承法没有规定共同继承人之间的共有关系的性质，但是《最高人民法院关于贯彻执行〈中华人民共和国民法通则〉若干问题的意见（试行）》第177条表明，"继承开始后，继承人未明确表示放弃继承的，视为接受继承，遗产未分割的，即为共同共有”。国内理论界也普遍认为共同继承人对遗产的共有属于共同共有。

基于共同共有的法律关系，未来的立法应该进一步明确各共同继承人对遗产债务承担连带责任。这是因为：首先，按照债的一般原理，被继承人的全部财产是其债务履行的担保，被继承人死亡以后，各共同继承人整体地接受遗产和债务，仍然应该以全部遗产作为债务履行的担保。这种连带关系类似合同成立后当事人分立，分立后的主体对债权人承担连带债务①。其次，被继承人死亡和遗产分割是债务人单方面的变动，这种变动是债权人无法左右的，在债务履行上不应该影响债权人的利益。最后，要求共同继承人承担连带责任并不会影响继承人的利益，因为在限定继承原则之下，继承人以所接受的遗产为限承担责任，不需要用自己的个人财产承担责任，即使承担连带责任也不会损害继承人的固有利益。

值得注意的是，共同继承人的连带责任针对的是与债权人之间的外部关系，就各个继承人的内部关系来说，在遗产分割之前，基于共同共有的基本原理，共同继承人作为一个整体对外承担连带责任，各继承人没有具体的责任份额；在遗产分割之后，各继承人按照其应继份或者按照分割所得或者按照约定的比例，各自的责任份额是不一样的，如果某一继承人对外承担的责任超出了自己的份额，对其他的继承人享有相应的追偿权。

3．共同继承人的连带责任是否可以免除

我国继承法对此问题没有涉及。在其他立法中，共同继承人的连带责任可因为如下两种事由而免除：第一种事由是经过债权人的同意。比如依照《德国民法典》第 639 条规定，债权人对于债务的分割或承担，以明示或默示予以同意的，共同继承人可以不负连带责任。我国台湾地区所谓“民法”第 1171 条第 1 款规定：“遗产分割后，其未清偿之被继承人之债务，移归一定之人承受，或划归各继承人分担，如经债权人同意者，各继承人免除连带责任”。第二种事由是除斥期间的经过。如《瑞士民法典》第 639 条第 2 款、我国台湾地区所谓“民法”第 1171 条第 2 款均规定，共同继承人的连带责任，自遗产分割时起，如债权清偿期在遗产分割后，自清偿期届满时起，经过 5

---

① 参见张平华、刘耀东：《继承法原理》，中国法制出版社 2009 年版，第 433 页。

年而免除。《德国民法典》第 2060 条也有类似规定。笔者认为上述做法值得借鉴。连带责任的规定是为了保护遗产债权人，如果债权人同意或者怠于行使权利，则不应该通过连带关系继续约束共同继承人。

4. 受遗赠人应否作为共同继承人清偿债务

《最高人民法院关于贯彻执行〈中华人民共和国继承法〉若干问题的意见》第 62 条规定："遗产已被分割而未清偿债务时，如有法定继承又有遗嘱继承和遗赠的，首先由法定继承人用其所得遗产清偿债务；不足清偿时，剩余的债务由遗嘱继承人和受遗赠人按比例用所得遗产偿还；如果只有遗嘱继承和遗赠的，由遗嘱继承人和受遗赠人按比例用所得遗产偿还。"上述规定表明，司法实践将遗嘱继承人和受遗赠人置于同等的地位，受遗赠人也需要承担清偿债务的责任。笔者以为，上述做法混淆了遗嘱继承和遗赠的区别，破坏了遗产处理的秩序，是不合适的。

在大陆法系各国，关于遗赠的立法例并不完全相同[①]。我国继承法中，除了主体范围和接受权利的方式不同以外，遗赠和遗嘱继承的区别并不明显，立法的粗陋也导致司法实践中将受遗赠人和遗嘱继承人同等对待的错误做法。按照学界的通说，遗赠属于债权，受遗赠人只接受遗产权利，而不应该承受遗产债务。在先偿还债务再分割遗产的做法中，受遗赠人按照法定程序和顺序接受遗产后就不存在返还财产的问题。我国司法实践要求受遗赠人偿还债务的根源在于，没有遗产债务的公示催告程序，也没有要求先偿债再分配遗产，导致前顺序的债务还没有清偿的情况下就已经接受了遗赠分割了遗产，这时候要求后顺序的受遗赠人偿还债务，其实是追回错误分配的遗产，用以清偿前顺序的债权。前述司法解释要求受遗赠人和遗嘱继承人按比例承担债

---

① 大陆法系各国关于遗赠制度的立法例主要有以下几种模式：第一种模式以承受的遗产内容来区分遗嘱继承与遗赠。遗嘱继承人可以是法定继承人以内的人也可以是法定继承人以外的人，但是遗嘱继承人既继受遗产权利，又继受遗产债务；受遗赠人也可以是法定继承人以内的人或者法定继承人以外的人，但是受遗赠人只继受遗产权利，而不包括遗产债务。罗马法、德国法、瑞士法采用这一立法例。第二种模式是不区分遗嘱继承与遗赠。凡是遗嘱人通过遗嘱的方式将遗产指定给他人继受的，则继受人不论是法定继承人还是法定继承人以外的人，都成为受遗赠人而不成为继承人。在这种立法例中，遗赠可以分为概括遗赠和特定遗赠，前者不仅继受遗产权利还继受遗产债务，后者只继受遗产权利而不继受遗产债务。法国、日本采此立法例。第三种模式以遗产继受人与遗嘱人的关系来区分遗嘱继承与遗赠。遗嘱继承人仅限于法定继承人范围以内的人；法定继承人以外的人只能为受遗赠人。我国现行继承法采纳此种模式。（参见郭明瑞、房绍坤、关涛：《继承法研究》，中国人民大学出版社 2003 年版，第 137 页。）

务的做法也是不合理的，即使发现未予清偿的债权，也应该首先由遗嘱继承人来偿还，再要求后顺位的受遗赠人返还财产。当然，这种事后返还财产的做法破坏了遗产分配秩序，也不利于财产关系的稳定，是不应该纵容的。合理的做法是完善遗产债务的公告与申报程序，严格按照法定程序和法定顺序清偿债务，对于未按照法定程序申报的债权，只能在剩余遗产范围内受偿，而不能撤销其他债权的清偿，要求受遗赠人返还财产再清偿债务。

五、结语

合理的遗产债务清偿制度不仅能够兼顾继承人和遗产债权人的合法权益，还有利于社会经济秩序的稳定。遗憾的是，我国继承法在此方面存在严重的缺陷，不能给继承人和遗产债权人提供平等的保护，也导致遗产债权人利益频频被侵蚀。不论是从法律公平正义的角度，还是从维护社会信用和经济秩序的角度，保护遗产债权人的合法权益都是极其必要的。继承制度应该构建完整而严密的遗产处理机制，这里所论及的实体规则仅仅是这一机制的一个部分，在此之外，从理念到规则，从实体到程序，还需要更多方面相互配合、相互补充，才能为遗产债权人利益提供有效的保护。

第十章　遗产债务清偿中的程序法律问题

一、遗产债务清偿程序中的遗产债权人利益

在继承这一财产转移过程中，遗产债权人权益的保障程度与法律程序的设置密切相关，不同的遗产处理模式和继承方式之下，遗产债权人面临的风险和法律程序规范的重点是不一样的。

（一）遗产处理模式与遗产债权人利益

从世界范围来看，关于遗产的处理模式可以分为间接继承主义和直接继承主义，遗产债务的清偿程序和保障程度也存在较大差别。

在英美法系的间接继承主义之下，遗产债务清偿和遗产继承分阶段独立进行。按照这种做法，继承开始后，遗产并不是直接归属于继承人，而是成为独立的遗产法人，由作为第三方的遗产代理人负责管理。遗产代理人由遗嘱指定（遗嘱执行人）或者法院指定（遗产管理人），遗产代理人在缴纳税款、清偿债务以后如果还有剩余财产，再按照遗嘱继承或者法定继承将其分配给继承人；如果遗产不足以偿付债务，继承人也不需要对债权人承担个人责任①。间接继承主义中，遗产代理人需要妥善管理遗产，做成遗产清册，并且进行公告，但是，所有的程序都由无利害关系的第三方独立完成，继承人并不参与其中，可以有效避免继承人对遗产债权人利益的侵害。

在大陆法系的直接继承主义之下，继承开始之时，遗产所有权即由被继承人转移到继承人，遗产债权人实际是从继承人或遗产管理人（通常由继承

① 参见［美］彼得·哈伊：《美国法律概论》，沈宗灵译，北京大学出版社1998年版，第99－100页。

人担任）手中获得清偿，继承人和遗产债权人这一对利益冲突者将会直接面对，遗产债务清偿的规则由此变得更为复杂。债务清偿程序是否合理，对遗产债权的实现影响甚巨，各国立法通常都会采取相应措施确保遗产债权人的利益不因继承人的不当行为而受到损害。比如，规定遗产管理制度，避免遗产的损坏或散失；规定遗产清册制度，确保债权人获得关于遗产状况的真实信息；规定债权公告和申报制度，确保债权人能及时得知继承开始的事实并主张权利，等等。

比较上述两种不同的模式，英美法系间接主义的做法将遗产管理和分配事务交由第三人，不仅可以使遗产处理过程更加明晰，而且可以避免来自继承人的不当侵害，因此更加有利于遗产债权人利益的保护。

（二）继承方式与遗产债权人利益

在大陆法系各国的继承法中，继承的样态可以分为三类：放弃继承、无限继承、限定继承①。不同的继承方式中，继承人与遗产债权人之间的法律关系是不一样的，相应地，法律程序应该根据继承方式的差异为遗产债权提供不同的保障。

在放弃继承的情况下，遗产管理人在完成遗产清算后将剩余财产上缴国家或集体组织，继承人自始不与遗产发生任何关系，不会对遗产债权人造成损害，也不需要在程序上设定太多的防范措施。在立法上，放弃继承往往作为无人继承遗产的情形之一而另行规定。

在无限继承的情况下，继承人对被继承人的债务负无限清偿责任，遗产债权人不仅可以要求以被继承人的遗产偿还债务，还可以要求继承人以其固有财产承担清偿责任。无限继承扩大了责任财产的范围，一般情况下能为遗产债权的实现提供更多的保障，例外的是，当死者的遗产殷实而他的继承人负债累累时，如果让二者的财产混合，遗产债权人本应享有的保障则可能丧失或减少，反而对遗产债权人更加不利。因此在无限继承程序中，需要为遗产债权人提供适当的保护措施，避免其利益受到财务状况糟糕的继承人的不利影响。

---

① 参见郭明瑞、房绍坤：《继承法研究》，中国人民大学出版社 2003 年版，第 156 页。

在限定继承的情况下，继承人原则上以遗产数额为限对遗产债务承担有限责任，超出遗产范围之外的可以不予清偿。这种继承方式符合人格独立、自己责任的现代民法精神，被各国立法普遍认同。但是，直接继承主义之下的遗产主要由继承人一方管理或控制，当继承人欺诈债权人或者对债权人进行不公平清偿，遗产债权人的利益就会受到影响。因此，限定继承中的关键问题是，查明被继承人遗产的状况，妥善保管遗产，并且为遗产债权的申报和清偿提供公开、公平的程序机制。

总之，在大陆法系，只要继承人接受继承，不论是无限继承还是限定继承，遗产债权人都会面临无法公平受偿的风险，这就需要在不同程序中采取针对性措施防范风险的发生，避免遗产债权人的利益受到不当侵害。

二、大陆法系遗产债务清偿中的典型程序

为了兼顾继承人与遗产债权人的利益，尤其是防止遗产债权人的利益受到损害，大陆法系各国家和地区都为之设计了较为完备的程序。其做法大致可以分为三种：第一种，继承人做成遗产清册后，将遗产清册提交法院，并由法院或继承人进行公告，要求债权人在规定期限内申报债权、主张遗赠，期限届满后即由继承人按照法定顺序清偿。日本属于此类。第二种，继承人制作遗产清册并声明为有限责任继承之后，可以直接应债权人的要求进行清偿，只有在债权人提出异议时，才需要对遗产进行清算，或者按法官规定的程序或方法进行清算。法国和意大利采用此种做法。第三种，没有明确规定限定继承制度，继承人接受继承以后，可以通过编制遗产清册（瑞士则要求首先请求制作公示财产清单，然后请求进行官方清算）来限制自己的清偿责任，如发现遗产不足以清偿全部债务，应申请遗产破产。德国和瑞士采用此种做法[①]。总体来看，遗产管理[②]、编制遗产清册、公示催告等是各国遗产债务清偿中普遍存在的一般程序。除此以外，有些国家还规定了特别的保障程序，比如法国、日本和意大利的财产分离制度，德国的遗产管理和遗产破产制度，瑞士的官方清算制度，等等。以下将对这些具有较大代表性和借鉴意

---

① 参见张玉敏：《继承法律制度研究》，华中科技大学出版社 2016 年版，第 82－83 页。

② 遗产管理问题在本书的其他部分另有论述，在此不赘述。

义的典型制度进行介绍。

（一）编制遗产清册

继承人如欲以遗产范围为限承担有限责任，必须对被继承人的财产状况提供清晰完整、真实可靠的清单，即编制遗产清册。遗产清册制度可追溯至罗马法时期，罗马法的继承制度最初采取概括继承主义，随着身份继承逐步转变为财产继承，概括继承对继承人过分苛刻，于是大法官通过司法实践赋予继承人对被继承人的债务仅以其遗产为限负清偿责任的权利。优帝一世在公元531年规定，继承人有权就其继承的财产偿还被继承人的债务，但应依法对被继承人的遗产造具清册，称“遗产清册利益”。这一做法为后世各国继承法所采用①。

遗产清册记录着被继承人的资产和负债状况，是确定继承人责任范围的依据，也是债务清偿和遗产分割的基础，大陆法系各国对此均有详细规定。《德国民法典》规定，继承人可以在官方协助下自行制作遗产清册或者申请官方制作遗产清册；遗产法院应当依遗产债权人申请，为继承人指定1—3个月的编造遗产清册期间，该期间可以依继承人的申请而裁定延长；如果在期间届满之后未提交遗产清册，继承人对遗产债务应该承担无限责任②。按照《瑞士民法典》的规定，拒绝继承的继承人有权请求主管机关编制财产目录，财产目录的编制在债权催告公示期届满时结束，这一期限不得少于一个月③。《日本民法典》规定，继承人如果想要进行限定继承，应该在知道自己有继承权开始时起3个月内制作遗产目录并提交给家庭法院④。我国台湾地区所谓“民法”第1156条亦规定：“为限定之继承者，应于继承开始时起，三个月内，开具遗产清册呈报法院。前项三个月期限，法院因继承人之声请，认为必要时，得延展之。”

总体来看，编制和提交遗产清册是各国继承法实行限定继承的必备条件。在遗产清册的制作主体上，有的规定为继承人，有的为主管机关，有的要求

---

① 参见周枏：《罗马法原论》，商务印书馆2001年版，第471－473页。

② 参见《德国民法典》第1993－1995条、第2001－2003条。

③ 参见《瑞士民法典》第580－584条。

④ 参见《日本民法典》第924条。

继承人必须在官方的协助下或者直接由官方制作。在制作时间上，一般为1—3个月，有的立法还允许法院根据情况予以延长。在未按期提交遗产清册的法律后果方面，主要表现为丧失限定继承的资格并强制实行无限责任继承。遗产清册是由继承人单方面制作的，如果继承人不能保证其完整准确性或者利害关系人对其有异议，德国法要求继承人负无限责任，意大利则规定继承人不能对遗产债务进行清偿，转而开始遗产清算程序①。

（二）遗产债权公示催告

公示催告程序要求特定主体请求法院或其他机构发出公告，督促债权人在一定期限内申报债权及债务。公示催告是继承程序中必不可少的一环，它有利于权利人及时行使权利和遗产的清算。早在罗马法中，就要求在不损害优先权人的限度内，继承人依债权人告知的顺序而进行清偿。这一做法经由法国古法的延续和后期注释法学派的修正，逐步发展为现代各国的公告制度②。

根据《德国民法典》的规定，当事人应向遗产法院提交申请以启动程序，程序启动后，遗产法院做出公示，催促遗产债权人在一定期限内申报债权③。但是享有优先权利的遗产债权人以及特留份权利、遗赠和负担即使没有申报也不受影响；未申报的债权只能在剩余遗产中受偿，并且各共同继承人对其也不再承担连带责任，而仅仅承担与自己继承份额相一致的按份责任④。《瑞士民法典》规定，主管机关在编制财产目录时，应同时以适当的方式催告被继承人的债务人、债权人和保证人，在一定期限内申报其债权和债务。这一期限，不得少于一个月，自第一次公告之时起算。债权因被继承人的债权人怠于申报，而未被记载于财产目录时，继承人既不以其个人财产，亦不以其所取得的遗产负责；债权非因债权人的过错而未记载于财产目录时，或者虽已申报但未记载于财产目录时，继承人仅在其由遗产所受利益的限度内，负

---

① 参见《德国民法典》第2006条，《意大利民法典》第498条。

② 参见史尚宽：《继承法论》，中国政法大学出版社2000年版，第289页。

③ 参见［德］雷纳·弗兰克、托比亚斯·海尔姆斯：《德国继承法》，王葆时、林佳业译，中国政法大学出版社2015年版，第178页。

④ 参见《德国民法典》第1970–1974条、第2060条。

其责任；债权人对遗产物享有担保物权者，无论情形如何，均得行使其债权[①]。再如《日本民法典》规定，限定承认人于表示限定承认后五日以内，应对所有继承债权人及受遗赠人，公告已表示限定承认之事实及应于一定期间内申报其请求的意旨，但是，这一期间不得少于两个月。对于未于规定期间内申报的、且为限定承认人所不知的债权人及受遗赠人，只能就剩余财产行使其权利，但是，就继承财产有特别担保者不在此限[②]。我国台湾地区所谓“民法”亦规定，继承人在向法院呈报遗产清册时，法院应依公示催告程序公告，命被继承人之债权人于一定期限内报明其债权，这一期限不得在三个月以下；被继承人之债权人，如果未在一定期限内报明其债权，而又为继承人所不知者，仅得就剩余遗产行使其权利[③]。

从前述立法来看，公示催告的主体，有的规定为主管机关，有的规定为法院；催告相对人主要是被继承人的债权人和其他遗产债权人，有的还包括债务人、保证人以及受遗赠人；催告和申报期限一般为1—3个月；对于未及时申报的法律后果，大多数立法规定只能对剩余遗产行使权利，同时规定有物权担保的债权人无论是否申报都可以行使权利，比较特殊的是瑞士。瑞士法根据未能申报的原因区别对待，如果债权人有过错，继承人无须承担任何偿还责任，如果无过错则可以就剩余财产行使权利。

（三）财产分离制度

遗产分离制度同样起源于罗马法，罗马继承制度原则上实行概括继承，继承人接受继承以后，继承人与被继承人的财产就混为一体了。在被继承人的资产不足以抵偿负债，而继承人的财产较多，或者被继承人遗留巨额财产，而继承人负债累累的情况下，就有可能或者损及继承人及其债权人的利益，或者损及被继承人的债权人的利益。大法官法为了防止可能出现上述不公正的现象，允许被继承人的债权人或者不能拒绝继承的必然继承人申请“财产分别”，使两部分财产分别保持独立，不混同一起，即所谓的“财产分别利

---

① 参见《瑞士民法典》第582条、第590条。
② 参见《日本民法典》第927条、第935条。
③ 参见中国台湾地区所谓“民法”第1157条、第1162条。

益”[1]。

财产分离制度为无限继承中的利害关系人提供了有效的保护手段，符合公平正义的理念，得到了大陆法系许多国家的认可。在立法上，有的国家仅规定了被继承人的债权人单方有权申请财产分离，继承人的债权人没有此项权利，意大利即属此类[2]。有的国家不仅规定遗产债权人或受遗赠人有权请求财产分离，相对立地，继承人的债权人也有权请求财产分离，如法国及日本[3]。《日本民法典》关于财产分离的规定较为全面简洁，就遗产债权人申请的财产分离来说，继承债权人或受遗赠人，自继承开始时起三个月内，或者虽然该期间届满后，继承财产与继承人的固有财产未混合时，可以向家庭法院请求由继承人的财产中分离继承财产。家庭法院因前款请求命令分离财产时，请求人应于五日以内，就财产分离命令的发出以及应在一定期间内申报加入分配的意旨予以公告，公告期不得少于两个月。请求分离财产者以及经申报而加入分配者，就继承财产，先于继承人的债权人受清偿。对于未能以继承财产全部受偿的，权利人仍然可以对继承人的固有财产行使权利。

从各国立法来看，遗产分离的适用前提是继承人实行无限责任继承，一般由遗产债权人向法院提出申请，遗产分离的法律效力在于使申请人及申报人对分离出来的死者遗产有权优先于继承人的债权人受偿。

（四）遗产破产制度

遗产破产是指被继承人的遗产不足以清偿其债务，并且也无继承人继承遗产，或者虽有继承人，但继承人仅为限定继承人或全体抛弃继承时，经继承债权人、继承人、遗产管理人及对遗产有管理权的遗嘱执行人申请，由法院针对遗产所宣告的破产[4]。尽管各国继承法已经对遗产债务的清偿顺序、清偿程序以及继承人的限定继承等问题做了规定，但遗产破产对于继承人、遗产债权人以及整个社会经济秩序的正常运行都具有积极意义。从遗产债权人利益保护的角度观之，遗产破产制度的意义在于：其一，当遗产数额不够抵

① 参见周枏：《罗马法原论》，商务印书馆 2001 年版，第 570－573 页。

② 参见《意大利民法典》第 512－518 条。

③ 参见《法国民法典》第 878 条，《日本民法典》第 941－950 条。

④ 参见汤维建：《破产程序与破产立法研究》，人民法院出版社 2001 年版，第 109 页。

偿债务总额时，死者债权人可以通过申请宣布遗产破产，促使遗产完全脱离继承人的控制，遗产因此得到最大程度的保全；其二，一旦发现被继承人实施生前侵权从而导致遗产数额降低不能抵偿债务时，债权人同样可以向法院请求宣告遗产破产，被继承人生前某些行为将自动失效，死者非法处分的财产也将被追回，这样就可以有效地防范和制止生前侵权的发生①。

遗产破产制度涉及继承法和破产法两个领域，主要内容通常规定在破产制度中，但这并不妨碍在继承法中对两种制度的衔接做出规定。比如《瑞士民法典》中的官方清算就具有和破产清算类似的效果。该法规定，被继承人的债权人，在有理由担忧其债权不能得到清偿，经请求，既未得到清偿，亦未得到担保时，得在被继承人死亡或遗嘱开视后三个月内，请求官方清算，受遗赠人在前述相同的条件下，请求保全措施，以担保其权利。一般情况下，官方清算由主管机关或其委任的遗产管理人中的一人或数人为之，但是当遗产债务超过遗产时，清算由破产机构依破产法的规定为之②。《德国民法典》第 1980 条第 1 款规定，继承人知悉遗产无支付能力或者债务超过遗产的，应当不迟延地申请开始遗产无支付能力程序。违背此种义务的，对由此发生的损害，向债权人负责任。

还有些国家和地区虽然没有在继承法中对二者的衔接进行规定，但是在破产制度中专门规定了遗产破产。比如《法国司法重整与司法清算法》第 16 条规定："商人、手工业者或农业生产者在停止支付状态下去世的一年内，应继承人的申报或债权人传唤、法庭依职权或检察官的申请立案，其余程序适用个人破产程序"③。《日本破产法》第 5 条和第 12 条也承认了对继承财产的破产。我国台湾地区所谓"破产法"第 59 条亦规定，遗产不敷清偿被继承人债务，可以宣告破产。在英美法系的英国、澳大利亚和我国香港地区等立法中也有关于遗产破产的规定。

---

① 参见齐树洁、林兴登：《论继承法对债权人利益的保护》，载《厦门大学学报（哲社版）》1998 年第 3 期。

② 参见《瑞士民法典》第 594 条、第 595 条、第 597 条。

③ 参见金邦贵：《法国商法典》，中国法制出版社 2000 年版，第 298 页。

三、我国遗产债务清偿程序的立法现状

债务清偿和遗产分配是一个动态的过程，它以遗产处理模式为基础，并通过具体的程序规则展开。然而在我国，“重实体，轻程序”一直是立法的一大痼疾，这一问题在继承法领域表现得尤为突出。

（一）关于遗产处理的模式

我国自清末以来一直沿袭大陆法系的直接继承主义，继承开始以后继承人即取得遗产所有权，遗产债权人利益的妥善保护，需要继承人以及遗产管理人的谨慎行为，更需要立法的严格规范和周密设计。遗憾的是，我国继承法对于遗产债务的清偿程序规定的极为粗略。学界对此提出了各种改进建议，其中不乏有人提出以英美法系的立法例为标本，借鉴企业清算制度，将现有零散的遗产处理制度替换为遗产清算制度，通过一体化的遗产清算制度将清理遗产事务、清查遗产、清偿遗产债务和遗产分割涵盖在内[①]。笔者以为，这种思路固然可以克服现行法的诸多弊端，但未必具有可操作性。

首先，从理论上来看，间接继承主义之下遗产本身被视为独立的遗产法人，继承人接受遗产之前不会出现主体缺位的情况，而我国当前的立法还没有赋予遗产主体地位的可能性，这会造成继承开始后到遗产分配前遗产的归属问题无法解决。其次，从实践的角度来看，实行间接继承的国家通常都具有较为完善的司法条件，由专门的法院或者机构负责遗嘱检验、指定遗产管理人，而我国当前的司法资源仍然较为稀缺，不具备由专门机构进行遗产处理的现实条件。最后，从民众的继承习惯来看，遗产继承往往被视为自己家庭内部的事情，老百姓对外人普遍缺乏信任感，由继承人直接继承并加以管理仍然是最常见的选择[②]。因此，就我国的情况来说，延续大陆法系直接继承

---

① 参见谭启平、冯乐坤：《遗产处理制度的反思与重构》，载《法学家》2013年第4期；黎乃忠：《遗产范围界定的误区与修正》，载《法学论坛》2016年第1期。

② 学者对北京、重庆、武汉、山东四地的实证调查表明，对于死亡父母所遗留的财产，其子女或其遗嘱中所指定的遗嘱执行人是各调查地区民众都普遍认同的遗产管理者。（参见陈苇：《当代中国民众继承习惯调查实证研究》，群众出版社2008年版，第44页。）

主义的传统将是一个更为务实的做法。

（二）关于遗产债务清偿的具体程序

在直接继承主义之下，继承开始以后遗产的所有权即转移给继承人，遗产继承和债务清偿两个问题不可避免地会交织在一起，遗产处理程序特别需要解决两个方面的问题：一是查明遗产状况并保持被继承人遗产的完整性和独立性，避免死者遗产与继承人的固有财产混同在一起，从而确保被继承人的遗产首先用于清偿其遗留的债务；二是为遗产债权人申报债权、了解遗产状况以及保护自身权利提供必要的途径，确保各个遗产债权人获得公平、合理的偿付。

与域外立法相比，现行继承法在上述方面均存在严重不足，无法为遗产债权人提供有效的保护，具体表现在：

第一，没有要求查明、公开被继承人遗产的真实状况。继承法实行限定继承原则，但却是无条件的限定继承，立法没有要求继承人或遗产管理人提供遗产清册，这在世界范围内都是极为罕见的。如果继承人存在管理不善、挥霍浪费、转移隐匿遗产等行为，在我国并不会导致强制的无限继承，而仅仅是“可以酌情减少其应继承的遗产”①。这种做法对于遗产债权人和其他继承人来说极不公平，不仅不能有效保护遗产债权人的利益，反而会助长此类行为的发生。

第二，没有为遗产债权的申报提供有效的途径。继承法虽然规定了继承开始的通知，但没有规定公示催告制度。该法第 23 条规定：“继承开始后，知道被继承人死亡的继承人应当及时通知其他继承人和遗嘱执行人。继承人中无人知道被继承人死亡或者知道被继承人死亡而不能通知的，由被继承人生前所在单位或者住所地的居民委员会、村民委员会负责通知。”这一规定与大陆法系的公示催告制度不可同日而语。大陆法系公示催告的对象是债权人，目的是促使债权人及时申报债权，未予申报的债权还可能丧失一定的利益。我国继承开始的通知是向继承人和遗嘱执行人发出的，其目的是为了执行遗嘱继承遗产，完全没有考虑债权人的利益，如果继承人或者遗产管理人没有

---

① 《最高人民法院关于贯彻执行〈中华人民共和国继承法〉若干问题的意见》第 59 条规定：“人民法院对故意隐匿、侵吞或争抢遗产的继承人，可以酌情减少其应继承的遗产。”

及时通知遗产债权人，或者根本不知道遗产债权的存在，债权人就无法及时向继承人行使权利，而且还会导致先分配遗产再清偿债务的现象极为普遍，不利于遗产债权人利益的保护和财产秩序的稳定。

第三，没有任何制度保障被继承人遗产的相对独立性。我国虽然实行无条件的限定继承，但是按照继承法第 33 条的规定，对于超过遗产实际价值的部分，继承人可以自愿偿还，所以继承人仍然存在承担无限责任的可能。在此情况下，如果死者遗产丰厚而继承人负债累累，立法没有规定适当的措施分离二者的财产，对双方的债权人都是明显不利的。

第四，没有合适的程序处理遗产不足以偿还债务的情形。“限定继承的作用在于，基于继承人的意思将为继承债权人设置的责任财产限定于继承财产，它并不满足将继承财产平等分配给继承债权人之需要”①。遗产破产程序在遗产不足以清偿全部遗产债务时，通过严格的程序保全财产，并将其公平地分配给债权人。我国目前没有遗产破产制度，加之继承法关于遗产债权清偿顺序的规定过于简单，在遗产债务超过继承财产的情况下，无法为遗产债权人提供必要的保护。

四、完善我国遗产债务清偿程序的建议

完备的法律程序不仅是实体规则运行的条件，而且其自身也承载着法律的公平、正义等价值。为了规范遗产处理秩序，保护遗产债权人的合法权益，未来的立法必须完善遗产债务清偿程序。

（一）建立遗产清册制度

遗产清册制度旨在查明被继承人的财产状况，防止继承人或其他人侵吞遗产，是遗产处理过程的首要步骤。我国的继承制度应该借鉴大陆法系的普遍做法，要求继承人主张有限继承时必须提交遗产清册，未来的遗产清册制度需要明确下列问题：

第一，遗产清册的制作及呈报。声明承担有限责任的应召继承人，应当

① 参见［日］伊藤真：《破产法》，刘荣军、鲍荣振译，中国社会科学出版社 1995 年版，第 33 页。

制作遗产清册，在设立了遗产管理人或者遗嘱执行人的情况下，也可以由遗产管理人或遗嘱执行人制定遗产清册。为了确保该清册内容的真实完整性，可以借鉴德国官方介入的做法，要求公证机构对遗产清册进行公证后才发生效力。制作完毕的遗产清册应该呈报法院，并基于法院的受理而产生限定继承的效力。

第二，遗产清册的制作时间。考虑到自然人的财产数量和种类日益增加，债权债务关系越来越复杂，可以将制作遗产清册的时间规定为3个月，从继承人知道自己为应召继承人时开始计算，该期间在必要的情况下可以申请法院适当延长，但是延长的时间不应该超过3个月。为了保证各债权人获得公平受偿以及遗产清理工作的以顺利开展，在此期间，不得对各遗产债权人进行个别清偿。

第三，利害关系人的异议权。如果债权人等利害关系人对遗产清册记载的内容存有异议，可以申请法院进行裁定。

第四，遗产清册利益的丧失。如果继承人故意造成遗产清册中记载的内容不实，或者逾期未提交遗产清册的，将丧失遗产清册利益，应当对被继承人的全部债务承担无限责任。

（二）建立遗产债权公示催告制度

申报债权是实现债权的前提条件，它不仅可以使债权数额和遗产处理程序公开公正，而且可以避免遗产分割后才主张债权的诸多不便，在继承制度中引入公示催告程序是学界的共识。在构建公示催告制度时，需要明确以下问题：

第一，公示催告的申请人与公告人。公示催告的申请人为继承人或者遗产管理人、遗嘱执行人。公示催告的公告人，有人认为是公证机构，还有人认为应该由法院进行催告①，笔者认为法院更加合适，因为在民事诉讼法中已经有公示催告的完整规定，而且公示催告属于非讼程序，通过向法院申报，法院可审查其债权之合法性，增加公信力②。

第二，公示催告的相对人。公示催告程序的目的在于督促遗产债权人

---

① 参见吴国平：《遗产继承中债权人利益保护问题探究》，载《政法论丛》2013年第2期。

② 参见戴炎辉、戴东雄：《中国继承法》，三民书局1987年版，第187页。

积极申报权利，获得公平受偿，因此催告的相对人应该是遗产债权人，不论该债权是否有担保物权均包括在内。需要注意的是，对于已知的遗产债权人，即使未能申报债权，其权利亦不应该受到影响，因为债权既然已经为继承人或遗产管理人所知悉，则不需要另行申报。比较特殊的是受遗赠人，受遗赠人属于已知遗产债权人的范畴，并且在受偿顺序中居于最后，因此有学者认为不受其是否申报的影响①。笔者认为受遗赠人也属于公示催告的相对人，因为在我国，受遗赠人需要主动做出接受或者放弃受遗赠的表示，到期没有表示的，视为放弃受遗赠，因此受遗赠人也需要及时申报权利。

第三，公示催告的方式和期限。关于公示催告的方式，可以由法院发布公告，也可以通过报纸、网络等媒体发布。继承人或遗产管理人应该在遗产清册编制完成的同时向法院申请公示催告，至于公示催告的期间，为了与《民事诉讼法》的规定保持统一，以两个月为宜。

第四，未及时申报债权的法律后果。立法应该明确规定，如果在公示催告期内未申报、且为继承人或遗产管理人所不知的债权，只能在剩余遗产范围内受偿，但是有物权担保的债权仍然可以行使担保物权。在剩余遗产范围内受偿，意味着未经申报的债权失去了按照清偿顺序与其他债权受偿的机会，即使该笔债权的顺位在先，也不能撤销已经完成的清偿，而只能对剩余的遗产请求受偿。至于剩余遗产的范围，当然包括继承人应得的份额，但是否包括遗赠，在立法和理论上存在不同见解。如法国法认为，未在规定期限内申报债权的人，可以向已经受偿的受遗赠人提出求偿，瑞士法也要求受遗赠人返还财产用于清偿未申报的债权，德国法允许通过强制执行法，依照返还不当得利的规定要求受遗赠人返还财产，日本法则将受遗赠人与其他债权人同等对待，未申报的债权人不能要求其返还财产②。在理论上，有学者主张应该区别继承人是否已经交付遗赠，对于经完成交付的，未申报的债权人不能要求受遗赠人返还财产，在交付遗赠之前，未申报的债权人则可以先于受遗赠

① 参见郭明瑞、房绍坤：《继承法研究》，中国人民大学出版社2003年版，第158页。

② 参见《法国民法典》第799条，《瑞士民法典》第565条，《德国民法典》第1973条，《日本民法典》第927条。

人而受偿[①]。还有学者主张，遗产债务往往基于一定的给付对价而发生，遗赠则是无偿受益行为，未申报的债权应该优于受遗赠人，即使受遗赠人已经接受遗产，也应该让其返还财产用于清偿未申报债权[②]。笔者认为，虽然有对价的债权应该优先于无偿的债权，但未能按时申报债权主要是债权人自身的疏忽，第一种观点根据遗赠是否已经交付而区别对待，更有利于财产秩序的稳定，值得赞同。

（三）建立财产分离制度

在限定继承中，遗产清册制度已经达到了保持遗产独立的目的，因此这里的财产分离主要发生在无限继承中。虽然现行法没有明文规定无限继承，学界普遍认为我国未来的立法应该规定无限继承，包括自愿无限继承和强制无限继承。在无限继承的情况下，为了防止被继承人遗产与继承人财产的混同，建立财产分离制度就显得尤为必要。未来的财产分离制度需要对下列问题加以规定：

第一，财产分离的申请人与申请时间。为了公平保护遗产债权人与继承人的债权人，我们可以借鉴日本的做法，不论是遗产债权人还是继承人的债权人，均有权申请遗产分离。至于申请的时间，只要二者的财产还没有完全混合，就可以提出申请。

第二，财产分离的受理与公告。为了确保程序的公开性，财产分离的申请宜由法院受理，法院在受理以后可以给予两个月的公告期，告知其他遗产债权人申请加入程序。

第三，财产分离的法律后果。财产分离的申请人及加入者，可以就分离出来的财产优先受偿，但是财产分离毕竟不是限定继承，对未获清偿的部分，遗产债权人仍然可以就要求以继承人的固有财产受偿。

（四）建立遗产破产制度

世界上主要的成文法国家都有自然人破产制度，遗产破产就是自然人破产制度的重要组成部分。我国目前只有企业破产法，自然人破产以及遗产破

---

① 参见史尚宽：《继承法论》，中国政法大学出版社 2000 年版，第 300 – 301 页。

② 参见郭明瑞、房绍坤：《继承法研究》，中国人民大学出版社 2003 年版，第 161 页。

产在我国都还是相对陌生的概念，但不论是企业法人还是自然人，在主体资格消亡之际，都需要将有限的财产进行公平分配，因此从长远来看，建立自然人和遗产破产制度是不可回避的趋势。有关遗产破产的具体规定在其他立法中主要是由破产制度来规定的，在此不予展开。如果遗产破产制度在我国未来的立法中能够被认同，不妨借鉴德国、瑞士的做法，在继承制度中通过简单的条文对遗产破产的原因或条件进行必要的规定，即当遗产不足以清偿被继承人债务时①，可以进入遗产破产程序，从而为两种制度提供衔接。

① 关于遗产破产的原因，有的规定为支付不能和资不抵债，如德国；有的规定为债务超过，如瑞士、日本。大部分学者认为，债务超过应该是遗产破产的唯一原因，因为遗产是固定的，以后也不再有增加的可能。

第十一章　财产传承与信托制度的完善

我国改革开放以来，经济发展迅速，居民个人财富不断积累，对个人财产的身后规划的现实需求也不断增长，人们希望自己生前创造的财富能够尽可能按照自己的意愿得以传承或者物尽其用。但我国继承法所确立的法定继承、遗嘱继承、遗赠以及遗赠抚养协议四种遗产处置方式均仅能实现向既存主体的一次性遗产转移，无法实现遗产的保值增值、多次的遗产转移（即在不同的期间内分配给不同的主体）以及向将来可能出生的人分配遗产，极大地限制了个人对遗产处置的自由[①]。

而在继承法以外的民商事法律提供的诸多制度工具中，滥觞于英国为遗产的传承而产生的信托制度在财产传承方面具有独特的优势，被普遍认为可以弥补继承法的上述缺陷，在实现遗产保值增值的同时，完成遗产的多次转移或者向将来可能出生的人转移遗产，最大限度实现财产传承的自由。首先，要实现财产在死后得以保值增值，往往需要借助第三人的力量，因为实践中遗产承受人可能是没有财产管理能力的未成年人、残疾者，或者有挥霍的习惯等，而具有财产管理功能的制度工具有很多，例如：委托代理、有限合伙、公司、人寿保险、基金会等。但这些制度工具中，委托代理、有限合伙及公司均无法同时实现财产转移。当然，委托合同中可以增加第三人利益条款从而构成第三人利益合同时，便兼具了财产转移功能。因此，第三人利益委托合同、人寿保险及基金会同信托一样可以同时实现财产转移与财产管理功能，而且这些制度工具均可以实现向将来可能出生的人转移财产。在第三人利益合同中，受益人并不限于订约时既有之人，将来可能产生之人亦可，且不必于订约时确定其人，仅约定可以确定之标准即可，但第三人在行使权利时应

① 参见宋刚：《关于遗嘱信托的几点思考——以继承法修改为背景》，载《北京师范大学学报（社会科学版）》2013 年第 3 期。

有权利能力[①]。而保险合同本身即为典型的第三人利益合同，我国保险法对保险受益人的资格也并无限制，一般也认为保险受益人可以是将来有出生之可能的人[②]。基金会设立时，章程中只要明确公益性的宗旨和业务范围即可，甚至禁止规定特定人为受益人[③]。信托中也仅要求受益人的范围是可确定的即可，否则信托无效，并未要求信托设立时受益人必须存在[④]。因此，上述四类制度工具具有类似的功能，这显然是因为这些制度具有类似的基本构造——即都存在三方关系人。但这其中，基金会仅能实现公益目的，而人寿保险可以管理的财产仅限于资金，不适用于股权、不动产等非资金类财产，这两类制度工具均具有局限性，不能作为主要的财产传承工具。综上所述，在财产传承方面，第三人利益委托合同似乎与信托具有同样的优势。

然而，笔者认为，相较于第三人利益委托合同，信托制度独特的构造特征使其可以兼具高度的灵活性与“意思冻结机能”两项优势（具体含义后述）。只有实现了这两项优势，信托才可以最大限度实现财产传承的自由。本章将分别围绕这两项优势在财产传承领域中如何实现，来探讨信托制度相关法律规则的设计。

一、信托之高度灵活性的实现

无论是英美法系还是大陆法系的学者均认可信托具有高度的灵活性[⑤]。其具体表现在很多方面。例如，信托目的具有多样性，既可以是公益亦可是私益，甚至可以是混合型目的。再如，无论何种类型的财产，原则上都可作为信托财产，而且，在信托设立后还可以追加信托财产。此外，向受益人支付信托利益的形式也并不限于金钱。但笔者认为，信托的高度灵活性更核心的是体现在信托受益权的设计方面。例如，在信托文件中，委托人可以将受益权赋予委托人自己或者第三人，还可以对受益权的取得附条件或者附期限，

---

① 参见王利明：《论第三人利益合同》，载《法制现代化研究》（第8卷），南京师范大学出版社2002年版，第370页。

② 参见张秀全：《保险受益人研究》，载《现代法学》2005年4期。

③ 参见《基金会管理条例》第13条。

④ 参见我国信托法第9条、第11条。

⑤ 参见赵廉慧：《信托法解释论》，中国法制出版社2015年版，第22－23页。

甚至可以将如何分配受益权的权利（即受益人指定、变更权）赋予受托人或者第三人。通过对受益权的灵活设计，委托人可以实现多样化的财产传承需求。以下探讨外国法或外国信托实务中常见的在财产传承领域较为实用的两类信托在我国的构建。

（一）遗嘱代用信托

提及信托在财产传承中的运用，首先可以想到的是遗嘱信托（testamentary trust），即通过遗嘱的方式设立的信托。我国2001年颁布的信托法第8条明确规定了遗嘱是与信托合同并列的信托设立方式之一。但我国信托法自颁布以来的十几年间，遗嘱信托制度的利用可以说一直处于空白状态。直到2016年才有媒体报道称，我国浙江舟山地区有居民设立了国内首例遗嘱信托[①]。该例遗嘱信托是以自然人作为受托人。而近年信托机构也开始针对高净值阶层开展包括遗嘱信托在内的家族信托业务[②]。遗嘱信托制度的价值正开始被我国社会所认识和重视。但由于信托具有的高度灵活性特征，通过对信托条款的灵活设计，委托人生前即生效的生前信托（inter vivos trust or living trust）相较于委托人死后才生效的遗嘱信托，可以实现更为多样化的财产管理与传承目的。

1. 美国及日本的制度概要

美国从20世纪中叶开始，可撤销生前信托（revocable inter vivos trust）逐渐作为遗嘱的替代被利用，现在已成为最常用的遗产计划（estate planning）工具。其在美国得以普及的主要原因在于其可规避遗嘱的严格要式性以及繁琐耗时且成本颇高的遗嘱检验程序（probate process）。在典型的可撤销生前信托中，委托人用其全部或部分财产设立该信托，指定其自己作为初始受托人（宣言信托）或者共同受托人之一，并同时指定在其死亡或者丧失行为能力时继续担任受托人的继任受托人或者其他共同受托人。为达到替代遗嘱的效果，信托文件中通常指定委托人自己为其生前的受益人（自益信托）[③]，并规定委

---

① 参见李茜：《遗嘱信托可妥善实现财富传承》，载《上海金融报》2016年3月29日第B4版。

② 参见胡萍：《家族信托竞争日趋白热化》，载《金融时报》2016年1月9日第6版。

③ 因此，在美国的实务中可能会出现委托人同时是其生前的唯一受托人及唯一受益人的情形。但是，此种情形并不会因利益合并原则（doctrine of merger）而导致该可撤销生前信托无效，因为用于替代遗嘱的此类信托中必定规定了委托人死后的受益人。See UNIFORM TRUST CODE § 402（a）（5）& comment（amended 2010）。

托人可以随时撤销①或变更该信托。当该信托被委托人撤销后，信托财产归属于委托人②。信托文件中同时还会指定委托人死亡后之受益人，在委托人死亡后，信托财产可以被分配给该受益人或者为该受益人的利益继续被继任受托人或者其他共同受托人所有和管理。此时，由于享有撤销权的委托人的死亡，可撤销信托转变为不可撤销信托③。

日本学界从制度功能的角度，将美国的可撤销生前信托称为遗嘱代用信托。日本旧信托法中并未禁止此类信托，实务中，部分信托银行也一直办理此类信托业务。但为应对高龄化社会对民事信托的需求，日本2006年信托法大修改时明确规定了遗嘱代用信托。根据日本新信托法第90条第1款的规定，遗嘱代用信托是指信托文件中规定有下列两项内容之一的信托：（1）委托人死亡时被指定为受益人的人取得受益权；（2）委托人死亡后，受益人开始接受信托财产相关之给付。（1）与（2）的区别在于，（1）中的受益人是从委托人死亡时才成为受益人，而（2）中的受益人在委托人死亡前已经是受益人。但两者的本质效果相同，（1）（2）中的受益人均从委托人死亡后才开始从信托财产接受给付，因此，学理上一般将这两类受益人统称为委托人死亡后之受益人。至于委托人生前的受益权分配或者信托利益的给付则无明确规定，实务中同美国相同，委托人可以指定其自己为生前受益人并接受信托利益的给付。

关于委托人是否可以自由撤销或变更遗嘱代用信托的问题，根据日本新信托法，对于信托的变更，原则上需要委托人、受托人及受益人三者的合意（149条第1款），在明显不损害受托人的利益时仅需委托人与受益人共同对受托人做出意思表示（149条第3款），而对于信托的终止，原则上需要委托人与受益人的合意（164条第1款），但上述规定均为任意性规范，信托行为另有规定的从其规定（149条第4款、164条第3款），因此，委托人可以在信托文件中保留自由撤销或变更信托的权利。但第90条第1款进一步明确规

① 委托人无须受托人或者利害相对人的同意即可撤销该信托。UNIFORM TRUST CODE § 103 (14)。

② 信托文件中通常会明确规定。美国《统一信托法》中也明确规定可撤销信托被撤销后，受托人应将信托财产交还委托人。See UNIFORM TRUST CODE § 602 (d) & comment。

③ 本文仅探讨单一委托人的情形。实践中还存在共同委托人的情形（如夫妻），此时，部分委托人死亡后，其他委托人可能依然享有撤销权，这取决于信托条款的设计。See Bradley E. S. Fogel, Trust Me? Estate Planning with Revocable Trusts, 58 St. Louis U. L. J. 805, 807 - 811 (2014)。

定，除信托行为另有规定外，遗嘱代用信托之委托人原则上享有变更受益人的权利。根据上述关于信托的变更与终止的原则性规定，委托人只要享有自由变更受益人的权利，实际上就可以实现自由撤销或变更信托。此外，第90条第2款还规定，除信托行为另有规定外，前述第90条第1款（2）中的受益人在委托人死亡前不享有受益人的权利。该规定进一步从原则上明确剥夺了在委托人生前已经被指定为受益人的受益人对变更或终止遗嘱代用信托的否决权。因此，在日本法中，信托文件中只要没有特别限制，委托人实际上可以自由撤销或变更遗嘱代用信托。法案起草者认为，遗嘱代用信托发挥着同死因赠与同样的功能，而由于死因赠与（因赠与人死亡而发生效力的赠与）准用遗赠的规定，赠与人可随时撤回①，因此，遗嘱代用信托之委托人原则上亦应如此②。

2. 在我国的可能性与必要性

那么，在我国现行信托法下，是否能够实现遗嘱代用信托。我国信托法承认自益信托（第43条第2款），并且，根据第54条，信托文件中可以指定信托终止时的信托财产归属主体。而且，根据第51条第1款第（四）项，委托人可以在信托文件中保留自由变更或终止信托的权利。因此，可以明确的是，在我国现行信托法下，可以实现委托人死亡时即告终止的遗嘱代用信托。但是否可以实现委托人死亡后继续存续的遗嘱代用信托则不明确。

笔者认为，我国信托法应确立完整的遗嘱代用信托制度，因为遗嘱代用信托相较于其他财产传承工具，具有下列诸多优势。首先，遗嘱代用信托具有替代遗嘱实现终意处分的功能，但与遗嘱处分（包括遗嘱信托）不同，其以委托人生前签订信托合同的方式设立，因而可规避我国继承法对遗嘱的严格要式性的要求，从而可以避免我国司法实践中多发的来自法定继承人等的对遗嘱有效性的挑战，确保委托人最终意思的实现。死因赠与虽然也具有该优势，但死因赠与不具有后述几项优势。其次，遗嘱代用信托之财产的转移在委托人生前即已完成，越过了遗产管理与遗嘱执行环节，这就可以规避繁琐且易发生纠纷的遗嘱执行程序，委托人死亡后之受益人接受受托人的给付更为简便快捷。最后，遗嘱代用信托具有信托的财产管理功能，且相较于仅

---

① 参见日本《民法》第554条、第1022条。

② 参见［日］寺本昌広『逐条解説新しい信託法（補訂版）』256頁（商事法務、2008年）。

能为受益人提供财产管理功能的遗嘱信托，遗嘱代用信托还可以为委托人提供财产管理功能，为委托人实现从生前至身后的连贯的财产管理与转移，而且，不会发生遗嘱信托中可能出现的被指定之受托人拒绝担任的情形①。

3. 在我国的构建

参照美国及日本的立法，我国在构建遗嘱代用信托制度时主要应考虑以下几点问题。

（1）概念的界定

如前所述，美国法中使用可撤销（生前）信托这一概念，但这一概念为上位概念，其外延既包括遗嘱代用信托，也可以包括替代生前赠与的信托，因此其实际上并未揭示出遗嘱代用信托的核心特征。遗嘱代用信托要替代遗嘱实现终意处分，必然需要在信托文件中规定委托人死亡后接受信托利益给付的受益人，至于委托人是否指定其自己为生前受益人以及是否保留撤销权均不是遗嘱代用信托的必然特征。而日本法对遗嘱代用信托的定义恰恰抓住了其核心特征，并明确了两种可能的指定委托人死亡后之受益人的方法。

美国《统一信托法》及《信托法重述（第三次）》均未定义遗嘱代用信托，其目的仅是因可撤销信托的特殊性而对实务中已经广泛存在的该制度予以了特别规范。而日本新信托法明确定义遗嘱代用信托概念的主要目的在于明确其有效性，并为其今后在实务中的应用提供基本的设计框架及规则。鉴于我国的情况同日本相同，我国信托法现阶段应借鉴日本法对遗嘱代用信托的概念做出明确界定。

（2）委托人之撤销权的规范性质

遗嘱代用信托具有与遗嘱处分及死因赠与相同的终意处分功能，因此，同遗嘱及死因赠与可随时撤销或变更相同②，委托人通常情况下希望在其生前保留随时撤销或变更遗嘱代用信托的权利，以应对信托成立后的情势或自身意愿的变化。根据美国传统的信托判例法理，与生前赠与相同，委托人原则

① 当然，虽然遗嘱代用信托具有诸多优势，但并不意味着没有必要继续完善遗嘱信托制度，因为遗嘱代用信托需要委托人在生前的事先规划，而遗嘱信托则可以应对临终前的紧急状况。

② 我国继承法第20条规定遗嘱人可撤销、变更自己所立的遗嘱，但对于死因赠与，我国合同法没有明确规定，如前所述，日本民法规定死因赠与准用遗赠的规定。

上无权撤销或变更生前信托，除非信托条款中明确保留了撤销或变更的权利[①]。但鉴于可撤销生前信托在美国被广泛利用的事实，美国《统一信托法》改变了传统判例法的立场，其第602条（a）款规定："除非信托条款中明确规定信托为不可撤销的，委托人可以撤销或者变更信托。"如前所述，日本新信托法实际上采用了同美国法相同的立场，但在条文的设计上稍显复杂。美国法及日本法对遗嘱代用信托的可撤销性的立场，符合委托人通常情况下的意思，可避免实务中由非专业人士起草的信托条款对是否可撤销问题的遗漏，同时也为有特殊意愿的委托人留下了意思自治的空间。我国信托法亦应将遗嘱代用信托中委托人的撤销权规定为任意性规范。

（3）委托人之债权人的保护

众所周知，信托财产具有独立性乃信托制度的一个重要特征。信托一经有效成立，信托财产即从委托人、受托人以及受益人的固有财产中分离出来，而成为一项仅为信托目的而存在的独立财产。在英美法中，信托常被称之为创设出不属于任何人的财产（nobody's property）的制度[②]。信托财产具有独立性首先便是针对委托人而言，信托财产的所有权转移给了受托人，委托人的债权人原则上不得对信托财产强制执行。当然，当委托人向受托人转移财产设立信托构成欺诈性财产转移（fraudulent conveyance/ transfer）时，美国大多数州采用的《统一欺诈性转移法》规定委托人的债权人可以撤销该信托[③]。

而对于可撤销生前信托而言，委托人在信托设立后可以随时撤销信托取回财产，亦可以任意决定由谁享有信托财产的收益，其依然对信托财产拥有决定性的控制权。因此，可撤销生前信托可以被认为是一种名义上的信托。美国学界也曾争论过其有效性，但毕竟信托财产的独立性不仅仅体现在与委托人的关系上，对其有效性的争论逐渐转变为对其特殊性的关注，尤其表现在委托人之债权人的保护问题上。

联邦最高法院在1879年的一个破产判例中认为，委托人在具有偿债能力时实施的财产转移是有效的，不会损害其既存债权人的利益，其有效性亦不

---

① See, Edward C. Halbach Jr., Uniform Acts, Restatements, and Trends in American Trust Law at Century's End, 88 Cal. L. Rev. 1877, 1898 (2000).

② 我国信托法第15－18、26－29、54条等规定也均体现了信托财产的独立性。

③ See UNIFORM FRAUDULENT TRANSFER ACT § 7.

受委托人保留撤销权之事实的影响，撤销权的保留不能推定其对将来债权人的欺诈目的。同时，破产管理人不能行使该撤销权，因为撤销权不是一项可以转移或者遗赠的财产权益，不属于破产财产①。但之后的《联邦破产法》一直规定，破产管理人可以行使破产债务人可能为其自己的利益行使的所有权利，但不包括破产债务人仅为他人的利益可能行使的权利②。信托委托人生前保留的撤销权似乎很显然包含于其中，破产管理人可以为债权人的利益行使该撤销权，取回信托财产。

而1959年的《信托法重述（第二次）》则明确采用了上述联邦最高法院的立场："除非制定法另有规定，委托人保留的撤销权不能被其债权人行使。如果委托人撤销了信托并取回了信托财产，其债权人可以要求以该取回的财产清偿债务，但不能强制委托人撤销信托"③。但已被大多数州完全采用的2000年《统一信托法》彻底改变了上述立场，其第505条（a）（1）规定："在委托人生前，可撤销信托的信托财产服从于委托人之债权人的权利主张。"该条（a）（3）规定："在委托人死亡后，在委托人有权指定偿债来源的前提下，委托人死亡时为可撤销信托的信托财产服从于委托人之债权人的权利主张、委托人遗产的管理成本、委托人的丧葬及遗物处置费用以及对在世配偶和子女的法定特留份（statutory allowances），但仅限于在委托人的遗嘱检验财产不足以支付上述权利主张、成本、费用及特留份的范围内。"据此，委托人之债权人在委托人生前可以强制执行可撤销信托的信托财产，且无任何限制条件，而当委托人死亡后，委托人之债权人应当首先从委托人遗产中获得清偿，遗产无法清偿的部分方可从可撤销信托的信托财产中获得清偿。对此，《统一信托法》的起草者并未给出明确的立法理由，仅对委托人死亡后的债权人保护规则做了简要说明，即因为"可撤销信托通常被用作遗嘱代用"④。随后的2003年《信托法重述（第三次）》亦追随《统一信托法》改变了立场，其第25条（2）规定："可撤销信托通常服从于对遗赠的实质性限制和解释规则以及其他适用于遗嘱处分的规则，同时，其信托财产视为由委托人所有。"

---

① See Jones v. Clifton, 101 U. S. 225 (1879).

② See 30 STAT. 566 § 70a (3) (1898); 52 STAT. 879 § 70a (3) (1938), 11 U. S. C. § 110a (3) (1940); 11 U. S. C. § 541 (b) (1) (1978).

③ RESTATEMENT (SECOND) OF TRUSTS § 330 cmt. o (1959).

④ UNIFORM TRUST CODE § 505 comment.

日本新信托法对此问题并无回应。笔者支持美国《统一信托法》的规定。如果一方面允许委托人通过保留撤销权或变更权实现对信托财产的实际控制，而另一方面又承认此类信托的破产隔离功能，这显然对债权人不公平。因此，理应将此类信托的信托财产视为委托人的责任财产。但由于委托人死亡后遗嘱代用信托才真正开始实现遗嘱处分功能，为保障遗嘱自由的原则并同时保护信托受益人的利益，有必要规定首先应竭尽委托人的遗产。而当委托人在世时则没有必要规定该限制条件，因为遗嘱代用信托的生前受益人通常为委托人自己，而且即便涉及第三人的信托利益，由于委托人尚在世，委托人可以再次设立信托，不会损害委托人财产处分的自由及第三人的利益。

至于债权人实现其债权的具体途径，根据我国信托法第 17 条的规定，对信托财产原则上不得强制执行。而根据我国合同法第 73 条的规定，债权人代位权的行使对象仅限于债务人的债权且行使范围以债权人的债权为限，债权人不可能通过代位行使委托人保留的撤销权或变更权而获得清偿。因此，有必要在信托法第 17 条第 1 款中追加一项例外，允许委托人之债权人对保留了撤销权或变更权的遗嘱代用信托的信托财产强制执行。

（4）委托人与受益人之间的权利分配

根据英美传统的信托法理，信托乃委托人为受益人的利益而设立，委托人一旦设立信托后便退出了信托关系，不再享有任何干预信托的权利，受托人仅对受益人负有信托义务①。即便是在可撤销信托中，根据美国传统的普通法，受托人亦应对所有的受益人负信托义务②。但是，随着可撤销生前信托逐渐发展成为代替遗嘱的工具后，委托人通常希望同遗嘱处分那样，在其生前可以完全支配可撤销信托的财产，其自身以外的受益人仅在其死亡后才知晓该信托的存在以及实际开始享有信托利益，委托人死亡后之受益人应同受遗赠人一样，在委托人生前仅享有期待权。如前所述，美国《统一信托法》及《信托法重述（第三次）》均尊重了这一倾向，从功能上将可撤销信托视为遗嘱，并规定生前信托的委托人原则上享有撤销权，同时明确将可撤销信托的财产视为委托人所有。

此外，为完全贯彻上述立场，《统一信托法》第 603 条（a）款进一步规

① 参见张淳：《中国信托法特色论》，法律出版社 2013 年版，第 189－191 页。

② See Ronald R. Volkmer, New Fiduciary Decisions, 39 Est. Plan. 43, 46 (2012).

定："当信托为可撤销的[①]，受益人的权利服从于委托人的支配，受托人仅对委托人承担义务。"该条的官方注释明确表明该规定为任意性规范，信托条款可作另行规定。据此，当可撤销信托之委托人尚具有行为能力时，原则上，受托人仅对委托人负信托义务，委托人享有对受托人的各类监督权、知情权等权利，委托人死后之受益人不享有受益人的各类权利。

对于《统一信托法》的上述规定的基本立场，即对可撤销信托的委托人与受益人的权利需要予以特殊分配，美国学界多持赞成态度，但对于该规定以委托人丧失行使撤销权的行为能力作为对委托人与受益人之间的权利进行特殊分配的时间点，美国学界则争议较大。就可撤销信托的功能而言，除具有遗嘱处分的功能外，还兼具财产管理的功能。强调其财产管理功能的观点认为，虽然委托人死亡后之受益人只能在委托人死亡后才可以获得信托利益的给付，但当委托人丧失行为能力后，为保护委托人死亡后之受益人将来获得给付的权利，应当赋予委托人死亡后之受益人知情权及各类监督权[②]。《统一信托法》的这一规定显然兼顾了可撤销信托的财产管理功能。但有反对意见认为，行为能力是否丧失的判断标准并不明确，在个案中较难判断。而且，如果严格遵从将可撤销信托的功能视为遗嘱，则理应与遗嘱处分适用相同的规则，不应考虑委托人的行为能力问题，应以委托人的死亡作为时间点。因为在遗嘱处分的情形，即便遗嘱人丧失了行为能力，受遗赠人也无权知晓遗嘱的具体安排[③]。鉴于上述理由，《统一信托法》在2004年修改时，对委托人行为能力的限制部分附加上了方括号，以允许各州在立法时取消该行为能力部分的限制或者对行为能力的丧失予以更加明确的定义。

日本新信托法亦对遗嘱代用信托中的委托人与受益人的权利予以了特殊分配，且同样为任意性规范。其第90条第2款规定，在遗嘱代用信托中，除信托行为另有规定外，委托人死亡后开始接受信托财产相关之给付的受益人，在委托人死亡前不享有受益人的权利。其第148条进一步规定，在遗嘱代用信托中，除信托行为另有规定外，当受益人尚不存在或者因信托条款规定受

---

① 且委托人尚具有行使撤销权的行为能力时。

② See David M. English, The Uniform Trust Code (2000): Significant Provisions and Policy Issues, 67 Mo. L. Rev. 143, 188 (2002).

③ See UNIFORM TRUST CODE § 603 comment.

益人从委托人死亡后才开始接受信托财产相关之给付而尚不享有受益人的权利时，委托人享有第145条第2款中列举的受益人享有的各项监督权限，受托人对委托人承担第145条第4款中列举的通知、报告等义务。但显然，日本法没有考虑委托人的行为能力问题。

笔者认为，考虑到遗嘱代用信托的特征及其通常情况下的运用方法，我国信托法亦应强化遗嘱代用信托之委托人的生前权利，同时剥夺委托人死亡后之受益人在委托人生存时的权利。至于对权利予以特殊分配的时间点，应采用美国《统一信托法》的立场，以委托人是否丧失行为能力作为时间点。因为当委托人丧失行为能力后，如果不赋予委托人死亡后之受益人知情权及各类监督权，那么这些权利只能由委托人的代理人或者监护人来行使，而委托人的代理人或者监护人可能并不是该信托的受益人，其不具有行使这些权利的诱因。同时，应明确对权利予以特殊分配及其时间点的规定均为任意性规范，以满足委托人的特殊需求。

（二）连续受益人信托

1. 概念与法律构成

为两名以上连续的受益人之利益而设立的信托[①]，即连续受益人（successive beneficiaries）信托在英美被普遍利用。如前文所述，遗嘱代用信托的核心特征在于信托文件中指定有委托人死亡后之受益人，但由于委托人通常会指定其自己为生前受益人以维持其自身的生活需要等。因此，遗嘱代用信托在实践中同时也多是连续受益人信托。由于信托制度的特性，在英美，委托人当然可以在信托文件中指定时间先后顺序不同的受益人在不同的时期接受信托利益的给付，对此似乎并无争议。

日本旧信托法对此类信托无明确规定，其有效性在实务中存在一定的疑问。但日本学界对其多持肯定态度，且实务界对其呼声也较高，新信托法明确了其有效性。根据日本新信托法第91条的规定，其是指信托中规定有因受益人的死亡，该受益人享有的受益权消灭，其他人取得新的受益权（包括因受益人的死亡，其他人依次取得受益权的情形）之意思的信托。无论信托行

① See RESTATEMENT (THIRD) OF TRUSTS § 79 (2003).

为是合同还是遗嘱，该条均可适用①。因此，无论是遗嘱信托还是遗嘱代用信托，均可以有效设计成连续受益人信托。例如，委托人 A 在其生前设立信托，其可以在信托条款中规定，当其自己在世时其自己为第一顺位受益人；当其死亡时，其妻子 B 成为第二顺位受益人；当 B 死亡时，A 与 B 之子 C 成为第三顺位受益人。

但上述规定仅将受益人的死亡作为后顺位受益人取得新的受益权的事由，而没有明确是否可以将其它类型的事由作为后顺位受益人取得新的受益权的条件或期限。其实际上只定义了一种类型的连续受益人信托，日本学界将此类型称之为后位遗赠型连续受益人信托。所谓后位遗赠（日文原称为后继遗赠）②，因对其具体的法律构成依然存在争议，其定义并不明确，从其效果上而言，是指第一次受遗赠人所接受的财产上的利益因一定条件的成就或一定期限的到来而转移给第二次受遗赠人的遗赠。后位遗赠是否有效在日本学界一直存在争议，否定说的主要根据是后位遗赠创设了附期限的所有权。但是，在信托中，受益人因并不取得信托财产本身的所有权，只是规定在一定时期分别连续取得受益人的地位，连续受益人信托在法律构成上不存在问题。因此，利用信托制度可以实现后位遗赠所要实现的效果。从上述规定可知，在连续受益人信托中，后顺位受益人并非从前一顺位受益人处继受其受益权，而是取得新的受益权，前一顺位受益人的受益权消灭。这就避免了因前一顺位受益人的受益权的转让或继承等原因而影响后顺位受益人取得受益权，保证了其连续性，从而确保了委托人意思的实现。

2. 在我国的可能性与必要性

根据我国信托法第 54 条的规定，信托文件中可以指定原受益人以外的主体作为信托终止时的信托财产归属主体，这本身隐含了连续受益人。因此，在我国现行的信托法下，在一定程度上可实现连续受益人信托，但在信托终止时最终接受信托财产的受益人之前，是否可以指定不同的受益人按时间的先后顺序在不同的时期接受信托利益的给付则并不明确。虽然我国信托法第

---

① 参见［日］天野佳洋，折原誠，谷健太郎编『一門一答・改正信託法の実務』253 頁（経済法令研究会、2007 年）。

② 我国学界多称之为后位继承，但由于我国继承法将遗嘱继承从遗赠中区分出来，因此，我国学界所称的后位继承概念涵摄于日本学界所称的后位遗赠概念之中。

45 条规定了共同受益人按照信托文件的规定享受信托利益，但此处的共同受益人一般认为仅指同时期内享有受益权的受益人。

如前所述，虽然在美国及日本，遗嘱代用信托通过与自益信托结合亦可实现连续受益人信托，但在我国，即便是明确了遗嘱代用信托的有效性，这样的条款设计是否有效也依然会产生争议。笔者认为，我国信托法亦应明确连续受益人信托的有效性，在我国继承法中后位遗赠是否有效尚不明确的情况下，连续受益人信托可以替代后位遗赠满足诸多的现实需求。①

例如，某高龄人士 S，配偶已经去世，有两个孩子 A 和 B。其中 A 身患残疾，生活无法自理，一直由 S 照顾。B 自己做生意但经营状况并不好，且对 S 和 A 的生活很少过问。现在 S 的体力尚可，但一直担心自己失去判断或行动能力后自己和 A 的生活无人照料，并且希望在自己死后将遗产用于维持 A 的生活，而不是按照继承法的规则由 AB 两人均等继承。此时，S 可以与自己信赖的亲朋 T 签订一个信托合同，用自己全部或大部分财产设立一个遗嘱代用信托，规定其自己为生前受益人（第一顺位），由 T 定期向 S 入住的养老机构及 A 入住的残障人士护理机构支付费用。在 S 死后，A 成为受益人（第二顺位），T 继续为 A 管理信托财产并定期向 A 支付生活及护理费用等。

再如，一对无子夫妇，丈夫 A 希望在其死后，其遗产能用于维持其妻子 B 的晚年生活。但又担心 B 死后遗产按照法定继承由 B 的兄弟姐妹等姻亲继承，其希望自己的遗产能够由其自己的兄弟等血亲来继承。那么，在后位遗赠的有效性尚不明确的情况下，A 可以通过遗嘱或者合同的方式设立信托，规定 B 为第一顺位受益人，在 B 死亡后，A 的兄弟成为第二顺位受益人。即使在后位遗赠制度被确立的情况下，连续受益人信托制度也有其特有的功能，比如，当 B 因患有老年痴呆症等而不能自行管理财产时，信托的财产管理功能便可发挥作用。

此外，在中小企业的继承领域，连续受益人信托也可发挥重要作用。中小企业继承的核心在于如何将公司股权集中由继任经营者承继，以防止股权分散造成经营的不安定。例如，某公司的控股股东 S 年岁已高，开始担心自

① 当然，这并不意味着我国不需要再深入探讨后位遗赠制度，因为可能很多人并不需要利用信托制度实现较为复杂的遗产安排，其可能仅希望其遗产能够顺利实现代际传承即可，而且，信托制度的运行需要受托人的存在，其成本要高于后位遗赠。

己一手打造的事业在自己身故后能否长久。S育有一子一女，儿子已经跟随S一起经营公司多年，其经营能力尚可。但S发现其孙子完全没有经营能力且对企业经营完全不感兴趣，而其外孙却已展现出了商业才能。S希望其儿子死后由其外孙继承股权接管公司。此时，S可以其持有的全部股权设立信托，指定其自己为生前受益人（第一顺位），当S死亡后其儿子成为受益人（第二顺位），当其儿子死亡后股权最终归属其外孙（第三顺位），同时在信托文件中规定在S生存时受托人按照S的指示行使表决权等股权并向S给付股息，在S死亡后受托人按照其儿子的指示行使表决权等股权并向其儿子给付股息，在其儿子死亡后将股权全部交付给其外孙。如此，现任经营者既可在其生前控制经营权，又可避免遗嘱处分的不确定性，保证股权得以长久集中承继。

另外，我国没有必要像日本法那样将连续受益人信托限定为后位遗赠型，即以前顺位受益人的死亡作为其受益权消灭的期限及后顺位受益人取得新的受益权的期限。日本也有学者主张以其他事由作为受益权消灭及产生的期限或条件的连续受益人信托应解释为有效①。前文所举例子均为后位遗赠型连续受益人信托，但如果允许将再婚、离婚、行为能力的丧失等事由作为受益权消灭及产生的条件或期限，那么连续受益人信托的功能将更加灵活，应用前景将更加广阔。例如，在前述第二个例子中，当丈夫A不希望在其妻子B再婚后继续对B给付信托利益时，可以B的再婚作为受益权消灭及产生的条件。再如上述最后一个例子中，如果以S及其儿子的行为能力的丧失作为受益权消灭及产生的条件，可能更有利于企业经营的稳定。

二、信托之“意思冻结机能”的实现

所谓意思冻结机能，是指信托不因委托人的死亡或者意思能力的丧失而终止，信托财产可以基于委托人当初设定的信托目的被持续性地管理或处分②。这是日本学者新井诚教授在总结信托作为高龄者的财产管理制度所具有的优势时提出的。该功能体现了信托制度因存在三方当事人且信托财产独立于这三方当事人的这一特殊构造而具有的连续性的特征，但更加强调按照委

① 参见［日］星田寛『遺言代用信託』金融・商事判例1261号180頁（2007年3月）。

② 参见［日］新井誠『財産管理制度と民法・信託法』170頁（有斐閣、1990年）。

托人之意愿的连续。信托，尤其是用于财产传承的遗嘱信托及遗嘱代用信托，只有具备了意思冻结机能才可能真正遵从委托人的意愿实现其财产传承的自由。那么，我国信托法是否可以实现意思冻结机能需要一定的探讨。

首先，作为财产传承工具，其基本前提是信托一旦有效成立后其效力不能因委托人的死亡或者民事行为能力的丧失而终止。对此，我国信托法第 52 条已做了明确规定。

其次，关于信托的成立，委托人在生前以合同方式设立的遗嘱代用信托自然需要受托人的承诺。但因为是在生前设立，所以不会产生无法设立遗嘱代用信托的问题。但对于遗嘱信托而言，其能否成立如果受到受托人承诺与否或存在与否等的影响，则会导致无法实现意思冻结机能。关于遗嘱信托的成立，我国信托法第 8 条第 3 款规定："采取信托合同形式设立信托的，信托合同签订时，信托成立。采取其他书面形式设立信托的，受托人承诺信托时，信托成立。"该规定似乎与遗嘱的单方法律行为的性质相悖。但该法第 13 条第 2 款又规定了当遗嘱中指定的人拒绝或者无能力担任受托人时的新受托人的选任规则，这实际上承认了遗嘱信托的设立亦为单方法律行为，无须受托人的承诺即可成立。

再次，信托有效成立后，其存续如果受到受托人存在与否等的影响，同样会导致无法实现意思冻结机能。对此，我国信托法有完备的规定，其第 52 条规定了受托人的死亡、民事行为能力的丧失、解散、被撤销、被宣告破产以及辞任原则上均不导致信托的终止，其第 40 条还规定了受托人职责终止时的新受托人的选任规则。

就以上几点而言，我国现行信托法的规则基本可以实现意思冻结机能。但就作为财产传承工具的遗嘱信托及遗嘱代用信托而言，还需要考虑委托人权利的继承问题。因为，在通常情况下，委托人设立遗嘱信托或者遗嘱代用信托的目的是为了实现与法定继承不同的遗产安排，这两类信托的受益人与委托人的继承人之间存在利害冲突。就遗嘱信托而言，虽然继承法第 20 条第 1 款规定遗嘱人（委托人）享有撤销与变更遗嘱的权利，但显然继承人不能继承该项权利，否则遗嘱制度便失去意义。但我国信托法还授予了委托人信托财产管理方法调整请求权（第 21 条）、受托人不当处分行为的撤销权及相关信托财产的恢复原状和损害赔偿请求权（第 22 条）、受托人解任权（第 23

条）以及新受托人的选任权（第40条），遗嘱信托之委托人是否享有这几类权利以及委托人的继承人是否可以继承这几类权利并不明确。日本新信托法第147条明确规定，遗嘱信托之委托人的继承人不因继承而承继委托人的地位，但信托行为中另有规定的从其规定。笔者认为，我国信托法亦应明确遗嘱信托之委托人的权利原则上不被继承人继承。因为如果允许委托人的继承人继承上述几类权利，可能对受托人执行信托事务构成干扰，不利于受益人的利益保护，进而影响到意思冻结机能的实现。而对于遗嘱代用信托，日本新信托法没有做出特别禁止规定，原则上委托人的权利被其继承人承继，但信托文件中当然可以做出限制性规定。但在美国《统一信托法》中，委托人仅享有两项权利，即在生前信托中原则上享有的信托撤销或变更权〔第602条（a）款〕以及请求法院解任受托人的权利〔第706条（a）款〕。其中，生前信托的撤销权在委托人死亡时消灭，即可撤销信托在委托人死亡时便成为不可撤销信托,① 因此，不可能发生撤销权的继承。笔者认为，遗嘱代用信托应同遗嘱信托一样原则上禁止委托人权利的继承，这更符合委托人通常情况下的意思，有利于意思冻结机能的实现。

三、结语

在我国，信托业已成为与银行、证券、保险等传统金融业并驾齐驱的四驾马车之一。信托制度主要发挥着为各类产业提供投融资服务的功能，但其在财产传承领域的独特优势正逐渐显现，民事信托的时代正在到来。借继承法即将修改之际，本书探讨了如何实现信托制度作为财产传承工具的独特优势的几点问题并粗略提出了完善建议，以期对民事信托在我国的发展有所裨益。但本书显然还远远不够，就信托制度本身而言，信托财产登记制度的构建、信托监察人制度的完善、信托存续期间的设计等等很多基本问题还有待深入研究。此外，当委托人利用信托侵害了必留份或者将来我国也可能确立的特留份时，必（特）留份权利人应当如何获得救济，该问题是集中体现了信托法与继承法相冲突的理论难题。

---

① See UNIFORM TRUST CODE § 103（14）comment.

后 记

本书是山东政法学院安宗林教授主持的2014年教育部规划基金项目“我国继承法修订难点问题研究”的课题研究成果，项目批准号是14YJA820001。该课题研究针对我国继承法出台较早、内容比较简单，无法适应现代社会发展的现状，从宏观层面的价值理念选择，中观层面框架体系的构建以及微观上的具体制度设计都进行了较为全面深入的研究，对我国继承法的完善和民法典的编纂都具有重要的现实意义和应用价值。

该课题在研究过程中，课题负责人安宗林教授提出研究的具体框架和思路，课题组成员陈英副教授（青岛科技大学法学院）、肖立梅副教授（山东政法学院民商法学院）、于晓博士（山东政法学院民商法学院）、阮卿斌博士（山东政法学院民商法学院）分别对相关专题进行了实际调研和理论研究，并在CSSCI来源期刊发表阶段性成果四篇。安宗林教授对本书进行全面统稿和修订。

本书在撰写过程中参考和借鉴了大量的学术资料，并从中汲取了宝贵的经验，很多观点使作者深受启发，创新了思路，在此向所有为本书撰写提供直接或间接帮助的专家学者表示衷心感谢！同时，由于作者研究和写作水平有限，研究内容难免会有疏漏或不严谨之处，敬请广大读者批评指正。

作 者

2017年7月